ESPÍAS PSÍQUICOS

JIM MARRS

ESPÍAS PSÍQUICOS

Ex militares revelan cómo usaron sus poderes paranormales en el servicio de inteligencia secreta más poderoso del mundo

alamah ESOTERISMO

Título original: PSI SPIES. The True Story of America's Psychic Warfare Program
Published by New Page Books
Copyright © 2007 by Jim Marrs

alamah

De esta edición:
D. R. © Santillana Ediciones Generales, S.A. de C.V., 2008.
Av. Universidad 767, Col. del Valle.
México, 03100, D.F. Teléfono (55 52) 54 20 75 30
www.alamah.com.mx

Argentina
Av. Leandro N. Alem, 720
C1001AAP Buenos Aires
Tel. (54 114) 119 50 00
Fax (54 114) 912 74 40

Bolivia
Avda. Arce, 2333
La Paz
Tel. (591 2) 44 11 22
Fax (591 2) 44 22 08

Colombia
Calle 80, n°10-23
Bogotá
Tel. (57 1) 635 12 00
Fax (57 1) 236 93 82

Costa Rica
La Uruca
Del Edificio de Aviación Civil 200 m
al Oeste
San José de Costa Rica
Tel. (506) 220 42 42 y 220 47 70
Fax (506) 220 13 20

Chile
Dr. Aníbal Ariztía, 1444
Providencia
Santiago de Chile
Telf (56 2) 384 30 00
Fax (56 2) 384 30 60

Ecuador
Avda. Eloy Alfaro, N33-347 y Avda. 6
de Diciembre
Quito
Tel. (593 2) 244 66 56 y 244 21 54
Fax (593 2) 244 87 91

El Salvador
Siemens, 51
Zona Industrial Santa Elena
Antiguo Cuscatlan - La Libertad
Tel. (503) 2 505 89 y 2 289 89 20
Fax (503) 2 278 60 66

España
Torrelaguna, 60
28043 Madrid
Tel. (34 91) 744 90 60
Fax (34 91) 744 92 24

Estados Unidos
2105 NW 86th Avenue
Doral, FL 33122
Tel. (1 305) 591 95 22 y 591 22 32
Fax (1 305) 591 91 45

Guatemala
7ª avenida, 11-11
Zona n° 9
Guatemala CA
Tel. (502) 24 29 43 00
Fax (502) 24 29 43 43

Honduras
Colonia Tepeyac Contigua a Banco
Cuscatlan
Boulevard Juan Pablo, frente al Templo
Adventista 7° Día, Casa 1626
Tegucigalpa
Tel. (504) 239 98 84

México
Avda. Universidad, 767
Colonia del Valle
03100 México DF
Tel. (52 5) 554 20 75 30
Fax (52 5) 556 01 10 67

Panamá
Avda Juan Pablo II, n° 15. Apartado
Postal 863199, zona 7
Urbanización Industrial La Locería -
Ciudad de Panamá
Tel. (507) 260 09 45

Paraguay
Avda. Venezuela, 276
Entre Mariscal López y España
Asunción
Tel. y fax (595 21) 213 294 y 214 983

Perú
Avda. San Felipe, 731
Jesús María
Lima
Tel. (51 1) 218 10 14
Fax. (51 1) 463 39 86

Puerto Rico
Avenida Roosevelt, 1506
Guaynabo 00968
Puerto Rico
Tel. (1 787) 781 98 00
Fax (1 787) 782 61 49

República Dominicana
Juan Sánchez Ramírez, n° 9
Gazcue
Santo Domingo RD
Tel. (1809) 682 13 82 y 221 08 70
Fax (1809) 689 10 22

Uruguay
Constitución, 1889
11800 Montevideo
Uruguay
Tel. (598 2) 402 73 42 y 402 72 71
Fax (598 2) 401 51 86

Venezuela
Avda. Rómulo Gallegos
Edificio Zulia, 1°. Sector Monte Cristo.
Boleita Norte
Caracas
Tel. (58 212) 235 30 33
Fax (58 212) 239 10 51

Primera edición: junio de 2008.
ISBN: 978-970-58-0413-7
Traducción: Alicia García Bergua
D.R. © Diseño de cubierta y de interiores: Fernando Ruiz
Impreso en México

ÍNDICE

Observen al leer que cito la fuente de las entrevistas con los espías psíquicos sólo una vez en las notas finales. Después de eso, los lectores pueden inferir que las citas a las que no hago referencia pertenecen a la entrevista mencionada previamente. Elegí referirme sólo en el primer caso para que el libro no se volviera inmanejable por la cantidad de notas finales. Toda la información relevante se incluye en las notas (a partir de la página 265) donde se incluyen las fuentes del libro.

PREFACIO

n 1992, como consecuencia del éxito de mi libro *Cross Fire: The Plot That Killed Kennedy*, empecé a examinar otros oscuros secretos que el gobierno federal había mantenido ocultos. Lo que encontré me condujo a un viaje increíble a través del tiempo y el espacio, la censura y la desinformación acerca de los OVNIS.

El viaje comenzó con mi descubrimiento de una capacidad psíquica llamada visión remota, o VR. Este fenómeno en el pasado recibía el nombre de clarividencia, profecía o adivinación. Aunque ha sido registrado en todas las culturas a lo largo de la historia, se creyó que era una simple fantasía, hasta que estudios científicos realizados en el siglo XX confirmaron su existencia.

Pese a que la visión remota fue desarrollada por varias agencias gubernamentales —entre ellas la CIA, la Agencia de Inteligencia para la Defensa, incluso el ejército de EUA—, la mayoría de los estadounidenses no había escuchado de esta capacidad.

Pero la visión remota cambió para siempre las vidas de los hombres y mujeres que se desarrollaron en este campo. Esto también sucedió con personas que sólo estaban conectadas superficialmente con los programas de VR financiados por el gobierno.

El libro se convirtió en una de las causas del conflicto continuo entre la ciencia y la secrecía militar sobre los OVNIS y el derecho del público a saber lo que sucedía en ese momento; y también entre la infinita competencia entre las agencias gubernamentales y la búsqueda de poder de los individuos.

Lo que leerán fue asombroso en el verano de 1995, cuatro meses antes de que el patrocinio gubernamental de la visión remota fuera revelado en un comunicado de prensa de la CIA.

La historia de la visión remota —que era uno de los secretos más celosamente guardados— actualmente se ha filtrado en ciertos sectores informados del público, en los que continúa provocando una creciente fascinación e interés. Ahora varios videntes experimentados están dando a conocer esta sensacional técnica a una mayor audiencia. Otros han hablado de ella en libros, artículos o en conferencias. Incluso se dice que ciertos empresarios recomiendan ahora lecturas psíquicas para entrenarse en VR.

Para entender esta transición en que la VR pasó de ser un proyecto secreto de Estado a un tema que ha hecho furor entre el público, invito al lector a que siga mi propia experiencia con la visión remota.

Como viajero a lo largo del país en las jornadas de los medios de comunicación durante 1991 y 1992, en cualquier oportunidad preguntaba: "¿Cuál piensa que será el próximo gran secreto que el gobierno encubra?"

La respuesta fue casi unánime; yo diría que el público tenía curiosidad por el fenómeno OVNI. Y descubrí que yo también. Aunque había estado pendiente y tenía curiosidad por las historias de OVNIS desde que era un joven en los cincuenta, no estaba cerca de alguien más que me ayudara a saber la verdad sobre este asunto. Por eso decidí que investigaría y escribiría sobre este tema.

Cuando empecé a establecer y restablecer contactos con la comunidad de investigación de OVNIS, escuché la ponencia de un funcionario de la inteligencia militar en un evento público en Atlanta, a principios de 1992, la conferencia Treat IV. En esa conferencia, el entonces capitán de la armada Ed Dames habló acerca de los OVNIS describiendo en términos precisos qué eran, de dónde venían y adónde iban.

Su tono seguro y preciso me intrigó, pues no era ningún soñador del movimiento *new age* sino un funcionario de inteligencia militar. Además, Dames no había perdido el juicio. Mientras exponía estuvo flanqueado por el coronel John Alexander, uno de los principales expertos en la investigación de armas no letales, que se movía muy libremente entre los programas militares y de inteligencia, y el mayor, general Albert Stubbleine, ex comandante del Comando de Inteligencia y Seguridad de la Armada. Dames le habló a su audiencia sobre el desarrollo de la visión remota, que describió como "esta profunda herramienta". También habló de "vehículos voladores de transporte utilizados para transportar un tipo de recurso, comúnmente de Marte a la Tierra, alguna vez en el tiempo. Habló de cavernas gigantes no habitadas en la Tierra y de marcianos hibernando en Marte, incluso de seres de energía "trascendental" que pueden entrar en cada mente.

Intrigado, contacté a Dames y pronto supe la historia de nuestros videntes remotos militares. Dames dijo que él y su compañero oficial de la armada estuvieron en contacto con un agente literario de Nueva York. Ambos oficiales dijeron que la historia de la VR era demasiado importante como para que permaneciera siendo un secreto militar. Estaban dispuestos a hablar. Y yo estaba dispuesto a escuchar, esa oportunidad era el sueño de un periodista vuelto realidad, aunque si la VR era algo fraudulento, era vergonzoso el gasto, el costo para los contribuyentes, pues los programas se solventaban con los impuestos de los ciudadanos.

Se alcanzó un acuerdo: escribiría sobre VR, el uso que hacía de ella el ejército, y Dames y Morehouse me ayudarían abasteciéndome de hechos, contactos e información. En junio de 1993 me comprometí a publicar un libro en Harmony Books, una empresa subsidiaria de Random House.

Mi contacto con Dames empezó en el verano de 1992. Pasé tres años trabajanado en la historia de la visión remota. Durante ese tiempo, mi investigación mostró que el fenómeno de la VR era una realidad que había sido registrada a través de la historia. Fui presentado con otros videntes militares, como Lyn Buchanan y Mel Riley. Conocí miembros del comité supervisor que monitoreaba el programa de VR, como el doctor Paul Tyler y el coronel Alexander. Entrevisté al doctor Hal Puthoff y a Ingo Swann, quienes con Russell Targ, fueron los más responsables del desarrollo de la VR.

El trabajo fue arduo, particularmente porque estuve luchando con que había mucha gente que no quería ser parte del proyecto, que no deseaba que se difundiera que estuvo involucrada en un programa secreto del gobierno. Muchas fuentes se rehusaron a ser entrevistadas y otras pedían mantener el anonimato; estos hechos eran difíciles de superar.

A mediados de 1995, cuando el libro estuvo cerca de publicarse sin mi autorización, un editor de Harmony pagó una pequeña suma a Morehouse para añadir algunos datos personales al manuscrito. Morehouse acababa de renunciar al ejército en circunstancias de conflicto e iba a trabajar para un agente de Nueva York.

La inclusión de las experiencias de Morehouse enojó a Dames, quien al parecer llegó a ver el libro como su propia biografía personal, pese al hecho de que todo lo que se había acordado inicialmente era que el libro trataría sobre la visión remota y la unidad militar y no acerca de un individuo.

Dames, quien para ese tiempo proclamaba haber estado en contacto con extraterrestres grises, envió una carta por medio de un abogado a Harmony, desautorizando el libro, pese a que había firmado una cláusula con una libertad sin precedentes basada en mi manuscrito una vez completado sin los párrafos de Morehouse. Encontré muy paradójico que el impedimento viniera de la persona que había iniciado el libro y de quien ninguna de sus contribuciones fueron alteradas o borradas. Algunos observadores vieron un propósito más oscuro tras los actos de Dames.

Este propósito más oscuro pareció confirmarse en los eventos siguientes. Primero, al editor del libro le ofrecieron de repente un trabajo fuera de Nueva York y dejó el proyecto. Curiosamente, algunos meses después de que el libro fue cancelado, regresó a su antiguo trabajo. El consejero legal principal, que había aprobado la publicación del libro haciendo una larga revisión del texto, de repente ya no estaba allí.

El asunto fue turnado al departamento legal de la firma que se había desconectado previamente del editor, y se me ordenó no ponerme en contacto ni hablar con el abogado de la firma, quien después decidió que el libro se cancelaría por las amenazas legales de Dames. Hablé con una nueva editora de libros quien pese a no haber entendido ni estar de acuerdo con el curso que habían tomado las cosas, no tenía poder para impedir la cancelación.

Me aseguré de que la única razón de la cancelación era la posibilidad de que Dames realizara alguna acción legal, le expliqué que él era sólo una de mis muchas fuentes y que podía ser borrado sin afectar el libro, éste fue cancelado de todas formas.

El libro se canceló a finales de julio de 1995, pese a las grandes demandas de los vendedores de libros. El 27 de agosto, la historia de la vR salió en un periódico de Londres. Se titulaba "Tinker, Tailor, Soldier, Psi"* y fue escrita por Jim Shanabel, quien antes en ese año había recibido una copia de mi manuscrito que le había enviado Dames. Shanabel publicó un libro sobre vR en 1997 que incluía muchos detalles de fuentes internas.

---

* Juego infantil anglosajón. Originalmente Tinker, Tailor, Soldier, Sailor (soldador, sastre, soldado, marinero) Variante: soldador, sastre, soldado, psíquico (N. de la T.)

Para principios de septiembre, la CIA estaba involucrada en una revisión de la visión remota de Ray Hyman y Jessica Tus. Considerando que, para empezar, Hyman era uno de los miembros principales del Committe for the Scientific Investigation of Claims of the Paranormal (CSICOP)y tenía prejuicios respecto a ESP y a esto se añadía el hecho de que la revisión se concentraba sólo en los trabajos más débiles sobre VR, el resultado nunca estuvo en duda.

Su reporte final, con fecha 29 de septiembre de 1995, era una mezcla fascinante de apoyo y condenación a la VR. El informe concluía que pese al hecho de un efecto "estadísticamente significativo —que había sido observado en experimentos de laboratorio— no se podía dar una explicación satisfactoria a los efectos observados... o, en otras palabras, para decir que un fenómeno ha sido demostrado, debemos conocer las razones de su existencia".[1]

Se sabe que la VR funciona, pero no sabemos cómo, por lo tanto, no debe funcionar. El informe fue un esfuerzo débilmente disfrazado para reducir el interés del público en la VR.

El informe también afirmaba que la visión remota "no había demostrado tener valor en las operaciones de inteligencia".[2] La CIA, coincidentemente, anunció que su trabajo de VR no era prometedor y que sería discontinuado.

La historia de que el gobierno ha utilizado psíquicos para espiar a sus enemigos salió a la luz pública a principios de octubre en un tabloide de supermercado titulado "How CIA's Psychic Spies Stole Russia's Star Wars Secrets" (Cómo los espías psíquicos de la CIA robaron los secretos rusos de la guerra de las galaxias). Este tratamiento amarillista obviamente filtrado por las fuentes gubernamentales, fue el beso de la muerte para cualquier corriente mayoritaria en los medios que se tomara el tema en serio.

La visión remota fue reconocida oficialmente en un comunicado de prensa de la CIA del 28 de noviembre de 1995. La historia recibió una cobertura superficial y poco cuidadosa en *The*

New York Times y *The Washington Post*, que describieron a los espías psíquicos únicamente como "un trío de ciudadanos con supuestos poderes paranormales que están ubicados en una base militar de Maryland".[3] Con esta diluida visión, la historia no fue más allá de la costa este. No se mencionaba que la visión remota está dispersa entre las agencias gubernamentales más secretas que la utilizan actualmente, según varias fuentes no oficiales independientes.

Tampoco en toda esta cobertura de la VR, en los principales medios de comunicación, se señalaba que este programa psíquico había sido financiado por más de un cuarto de siglo bajo cuatro administraciones distintas, la mitad republicanas y la mitad demócratas, lo que indica que alguien sintió que el programa merecía dinero gubernamental.

En 1996, el propio libro de Morehouse, *Psychic Warrior*, fue publicado por St. Martin's Press y con buena recepción de los lectores. Pero las revelaciones del libro lograron despertar un enojo perdurable en las autoridades militares que ya se habían enfurecido con Morehouse por andar dando a conocer detalles de otras operaciones secretas. Esta animosidad se propagó entre los antiguos camaradas del ejército de Morehouse y ocasionó profundas divisiones entre los más antiguos videntes remotos militares.

Además, Morehouse sufrió mucho por revelar la historia de la VR. Lo acusaron de haber tomado una máquina de escribir sin permiso y de adulterio con la esposa de otro soldado (matrimonio que estaba separado en ese momento). A Morehouse le habían hecho antes una corte marcial y fue admitido más tarde bajo vigilancia psiquiátrica dentro del Walter Reed Army Medical Center. En las ocasiones en que lo visité, estaba tan drogado que casi no podía levantar la cabeza.

Los cargos fueron cuidadosamente retirados después de que Morehouse aceptó renunciar a su comisión y aceptar una muy poco honorable licencia del ejército, y por lo tanto perder todas las prestaciones, sin mencionar el daño a su credibilidad.

Por otra parte, Dames, quien había iniciado las revelaciones sobre los espías psíquicos, no sufrió ninguna represalia y de hecho mantuvo el control sobre una empresa privada que él y Morehouse habían creado (PSI TECH). Pronto se dedicó a enseñar él mismo VR.

Como invitado frecuente de la radio de media noche, Dames siguió siendo popular pese a su continua pérdida de credibilidad. En una entrevista que le hizo una revista en 1993, Dames dijo que quería un encuentro cara a cara con los marcianos que hibernaban bajo el suelo en Nuevo México, y añadió: "Si no lo tengo para el fin de agosto, estaremos fuera del juego de los OVNIS.[4]" Tampoco sucedió.

Antes del arribo del cometa Hale-Boop en 1997, Dames le dijo a la audiencia del radio que su visión remota le había revelado que un contenedor lleno de patógenos que acompañaba al Hale-Boop mataría a las plantas. Dijo que las esporas arrasarían la Tierra matando a la mayoría de la población; además predijo un transtorno masivo en el sistema inmune de los humanos, la propagación de muertes por plagas exóticas y desastres en las plantas nucleares. Quizá la precisión de la VR de Dames había empeorado tras haber abandonado a los militares o ya seguía otra agenda.

Mientras tanto, el público estadounidense se había dedicado solamente a estudiar los trozos y fragmentos disponibles de información sobre visión remota. Cierta información provenía de antiguos espías psíquicos; la mayor parte de documentos científicos y gubernamentales y de algunas personas con motivos sospechosos.

En 2000 este libro se publicó en una edición limitada. La presente publicación es un esfuerzo para proporcionar a los lectores mi recuento de la historia de la visión remota. Así, éste es el original *Espías psíquicos* actualizado y aumentado.

CAPÍTULO I

INTELIGENCIA PSÍQUICA

l capitán David Morehouse nunca le hubiera hablado al psicólogo de su unidad sobre su experiencia fuera del cuerpo. Él nunca pensó que fuera gran cosa, pero el incidente permanecía en su mente, y quería compartirlo con alguien.

Compartirlo lo puso en un camino que alteró completamente su vida, lo confrontó con las preguntas fundamentales de la vida en la Tierra y su lugar en el Universo.

Todo empezó una mañana a principios de 1988. Mientras Morehouse manejaba a su trabajo con una unidad militar de inteligencia de alto nivel, sintió que tenía que hablar. La unidad era una extraña mezcla de soldados de las fuerzas especiales, oficiales de inteligencia, pilotos militares, expertos en comunicación, incluso algunos marines. Morehouse se sintió un poco fuera de lugar ya que los pasados diez años de su carrera había sido un oficial de infantería, que había dirigido una compañía de tropas de asalto en Panamá y después servido como oficial del equipo en el nivel de batallón.

Él y su esposa, su hijo y dos hijas vivían en una casa colonial de dos pisos en Bowie, Maryland. Aunque nunca tuvo el tipo de vida familiar íntimo que hubiera querido, vivían cómodamente.

Cada mañana Morehouse hacía el mismo trayecto de su casa a un edificio a las afueras de Fort Belvoir, donde trabajaba en las oficinas adjuntas a la unidad conocida sólo como ROYAL CAPE. El "acceso especial" a la unidad era guardado por unas oficinas modulares que fueron construidas dentro del inmueble que ya existía. Guardias armados, cerraduras para tarjetas clave y campos electrónicos protegían la unidad entera.

Al entrar por el pasillo grande del salón esa mañana de 1988, Morehouse se volteó hacia los guardias armados encerrados en su caseta de vidrio. A su izquierda estaba el oficial de la unidad de psicólogos, el coronel Ennis Cole —su pseudónimo, mientras trabajaba para el gobierno—, un hombre alto, delgado, con una cabeza grande y cabello castaño claro.

Morehouse sabía que el trabajo del coronel Cole dentro de la unidad era muy importante. Las responsabilidades del ROYAL CAPE incluían el manejo de operativos en países extranjeros. Estos operativos requerían personas muy estables; sin embargo, la gente que elegían para hacer ese tipo de trabajo era casi siempre inherentemente inestable.

Él sabía que existía una línea muy fina en el perfil psicológico de estos agentes para decidir quién se iría y quién permanecería. Era la unidad de psicólogos la que a final de cuentas tomaba la decisión. Estaba además el hecho de que nadie era contratado en el acceso especial de la unidad sin haber sido aprobado por el coronel Cole.

Probablemente él sabía más de los miembros de la unidad que sus propias familias. Morehouse miró a su derecha, al interior de la oficina de su comandante, para ver si algo parecía fuera de lo normal. Una vez que vio que todo estaba en orden, dobló a la izquierda y se dirigió a su propia oficina. Su pequeño cubículo era asfixiante. No tenía ventanas y nada colgaba de las paredes: ni fotos, ni pinturas, ni carteles, nada. Pocas semanas antes, Morehouse trató de darle vida a la habitación colgando en la pared sus condecoraciones militares, placas y trofeos, pero uno de sus superiores ordenó que quitara todo ese museo de veneración a sí mismo.

Morehouse quitó con tristeza sus cosas, todas excepto el casco de Kevlar que había traído de su viaje a Jordania el año anterior. La huella de la bala de un proyectil de 7.62 milímetros, se notaba en el casco. El disparo a su cabeza había sido rechazado por ese casco, pero el choque de la bala con el casco había abierto puertas en su mente que nunca imaginó que existían. Con el incidente había comenzado a vivir una serie de extrañas experiencias.

Con sólo acomodarse en su silla tras su gran escritorio de madera, Morehouse tomó su decisión: decidió ver al psicólogo y hablar de sus experiencias.

Caminó a lo largo del corredor del salón y entró en la oficina de Cole. El psicólogo estaba sentado tras su escritorio con la cabeza sumergida en un montón de papeles.

Cole hizo el montón a un lado, miró hacia arriba y dijo: "Hola Dave, ¿Qué pasa? Aún estás preocupado por el último hombre que analizamos?"

"No, tengo un asunto personal del que quiero hablar contigo", le dijo Morehouse. Cole se puso derecho en su silla y se inclinó hacia delante. "¡Oh!", dijo repentinamente interesado.

Morehouse empezó a titubear sobre su decisión de compartir sus vivencias con Cole. Sonaban un poco fuera de este mundo, y él mismo nunca había puesto mucha atención a las historias sobre lo paranormal. Pero, pasado el tiempo, desarrolló cierta confianza en él.

Se revolvió en su asiento un momento, estaba a punto de levantarse e irse cuando Cole le dijo: "Bueno, ¿qué sucede Dave? Sabes que puedes contarme lo que sea y que quedará sólo entre nosotros." "Sí, lo sé, pero esto es un poco extraño", replicó Morehouse.

Cole no dijo nada, Morehouse suspiró, se acomodó en su silla y empezó a contar su historia.

"Bueno, fue el fin de semana pasado. Algo sucedió mientras estaba en un viaje de campamento con mi hijo y su grupo de scouts, yo era uno de los adultos supervisores."

Cole se inclinó y se acomodó lentamente mientras Morehouse continuaba.

"Hacía mucho frío y la capa de nieve era algo profunda. Fue muy difícil conseguir un claro para poner el campamento. Estábamos todos cansados y nos fuimos temprano a la cama. Realmente disfruto salir con mi hijo y sus amigos, pero esta vez fue distinto para mí. Fue una salida extraña." "¿Qué quieres decir con extraña?" "Me sentí de alguna manera cercano a todo y a todos como si hubiera sido sintonizado en una frecuencia diferente o algo así. Una vez vi dentro de los ojos de mi hijo y casi empecé a llorar. Sentí que podía ver su vida, su futuro. Fueron visiones desordenadas, no les encontré ningún sentido. Sé que suena absurdo, pero así sucedió."

Cole se inclinó. "Bueno, pienso…"

Morehouse lo interrumpió: "Hubo algo más. Cuando todos nos fuimos a acostar, dormí fuera de la tienda y había luna llena y un cielo repleto de estrellas. Me acosté justo allí, absorbiéndolo todo. Estaba en ese estado alfa, tú sabes, ni lo bastante dormido, ni lo bastante despierto. De pronto, sentí que me elevaba lentamente sobre el piso. No tenía miedo, vivía una calma muy extraña. Me sentí sin peso y libre al pasar cerca de tres ramas. Al ver hacia abajo, a la derecha, vi un cuerpo oscuro sobre la nieve y supe que era yo. No tuve miedo, sólo sentí curiosidad, como si supiera que eso sucedería. Casi como si hubiera hecho eso antes.

"Recuerdo haber salido derecho de mi bolsa de dormir. Pienso que fui lanzado al cielo. Me pareció como si me hubieran elevado más de mil pies. Realmente me estaba moviendo. Vi la Luna y las nubes, lo más importante era que lo sentía todo. No era un sueño; había sido lanzado hacia la Luna tan rápido que me sentí físicamente enfermo. Sentía girar mi estómago por la aceleración. Me quedé detenido en la altura sobre la Tierra y vi todo lo que me rodeaba. Podía ver grandes distancias por la luz de la Luna; la nieve cubriendo las colinas, el bosque y la luz de las casas.

"Después iba avanzando y en otro momento estaba arriba de la casa de un amigo muy cercano. Me deslicé por el tejado y estuve viendo el interior de la casa, yendo de habitación en habitación."[1]

Morehouse se acomodó y fijó la vista en la pared, concentrado en el recuerdo del incidente.

Cole rompió finalmente el silencio. "Sí, bueno, entonces ¿qué pasó después?", preguntó con cautela.

Morehouse agitó la cabeza. "Me desperté", dijo.

Al notar la extraña mirada de Cole. Morehouse añadió rápidamente: "Bueno, no desperté precisamente, pues, verás, nunca había estado realmente dormido. Creo que podría decir que regresé. Recuerdo haber sentido que era el fin de la jornada al descender lentamente de nuevo a adonde estaba mi cuerpo. Me veía a mí mismo durante todo el camino hacia abajo, pero me perdí del todo justo en el momento antes de volver a ser yo de nuevo. Para entonces había regresado a mi bolsa de dormir como si nada hubiera pasado."

Morehouse se acomodó mirando al psicólogo, como si esperara a que le diera una sentencia de muerte.

Cole sonrió y dijo: "Dave, puedo ver la pregunta que me vas a hacer. No, no te vas a volver loco."

"Bueno, es un alivio —dijo Morehouse—, pero tienes que admitir que esto no es normal." Cole se levantó y empezó a dar pasos por su pequeña oficina. "Yo diría, por lo que me contaste, que tuviste una experiencia fuera del cuerpo Y comprendo que no es común que esto ocurra."

"¿De verdad?" Morehouse estaba asombrado, pues nunca había puesto atención a esos asuntos; siempre había pensado que esas historias de inmersión psíquica y abandono del cuerpo eran para los tabloides del supermercado.

"La literatura psicológica está llena de esos relatos", dijo Cole seriamente. "Por lo regular este fenómeno está conectado con alguna situación vital amenazante. Los soldados en combate, en peligro extremo, han reportado con frecuencia estas experiencias fuera del cuerpo.

"Muchos de los materiales en estos eventos son estrictamente anecdóticos pero ha habido también algunas pruebas científicas de que fueron reales. En condiciones de laboratorio, en los sujetos de prueba se pueden inducir experiencias fuera del cuerpo y obtener datos que no están disponibles con medios normales. De hecho, el ejército ha hecho un estudio de estas cosas."

Después de buscar en un archivero, el psicólogo puso juntos algunos papeles. Cole se los entregó a Morehouse diciendo: "Quiero que leas esto y me digas qué piensas." "Bueno", dijo Morehouse abstraído mientras hojeaba el material.

Al regresar a su oficina, Morehouse estudió el material con más cuidado. Incluía algunos informes del programa de la Esfera Dorada del Comando de Inteligencia y Seguridad del Ejército diseñado para aumentar el desempeño humano. En algún lugar de los documentos estaba estampado el sello: "Secreto" y los documentos llevaban el extraño acrónimo "GRILL FLAME" (flama para asar). Los informes trataban de temas como aprendizaje del sueño asistido, retroalimentación y manejo del estrés. También había referencias a la psicología y a algo llamado visión remota.

"¿Parapsicología? —pensó Morehouse—. No puedo creer que estén hablando aquí seriamente de clarividencia y espionaje." Pero su interés aumentaba y con la experiencia del viaje de campamento todavía fresca en su mente, Morehouse encontró que estaba más dispuesto a ver el material con la mente abierta.

Dos días después, Morehouse cuestionó a Cole sobre las preguntas que lo acosaban. "Quiero saber más del material que me diste. Hablan mucho en él de capacidades psíquicas. ¿Pueden existir realmente? ¿El ejército está estudiando realmente esta clase de cosas? ¿La gente puede salirse de su cuerpo?", preguntaba seriamente.

"¿Qué piensas tú?", dijo Cole respondiendo sus preguntas con otra pregunta. Morehouse se acomodó en su asiento y repuso con calma: "Solía pensar que todo eso era pura charlatanería, pero ahora, después de mi experiencia, no estoy seguro."

Cole se balanceó sobre su escritorio y se inclinó hacia Morehouse. "¿Qué pensarías si te digo que hay personas en el ejército haciendo ese tipo de cosas ahora?", le dijo.

Morehouse estaba asombrado. "¿Quieres decir abandonando sus cuerpos y viendo con sus mentes?", preguntó finalmente. Cole asintió con la cabeza.

Morehouse se sentó y reflexionó un momento sobre las implicaciones de lo que acababa de oír. "¿Cómo podría conseguir estar en algo así?", preguntó finalmente.

Al día siguiente Cole comenzó a seleccionar carpetas para que Morehouse las leyera. Tenían los sellos "SECRET" y "GRILL FLAME" y estaban llenas de algo parecido a interrogatorios y entrevistas. Aunque no parecían tener significado, los informes en las carpetas continuaron aumentando su interés. Afirmaciones como: "Síguete derecho a través de la puerta", y "estoy alcanzando la cerradura pero ésta traspasa mi mano", captaron su atención.

Pero, todo eso era del ejército estadounidense, y los oficiales militares, particularmente la unidad de los psicólogos, no hacían bromas sobre el material clasificado.

Morehouse se continuó encontrando con el coronel Cole dentro y fuera de la oficina de este último. Cole le compartió información y artículos sobre estudios de lo paranormal.

En cierto tiempo, le fue revelando lentamente los secretos de GRILL FLAME.

Un pequeño grupo selecto de soldados, explicó el coronel, tienen experiencias fuera de su cuerpo. Dejan sus cuerpos físicos para ir a objetivos distantes y los describen. Llaman a esto visión remota, le explicó Cole.

Morehouse todavía no podía creer que eso fuera real, que esa fuera la unidad de un psicólogo, un hombre de alto rango y con credenciales, que le estuviera hablando de personas que envían sus mentes fuera de su cuerpo para ver lejos personas y paisajes.

Morehouse empezó a entender que le estaban permitiendo conocer un gran secreto, un secreto que iba más allá de las fronteras de su educación tradicional. "¿Qué diablos hago metiéndome en todo esto", pensó cuando reflexionaba sobre sus antecedentes.

Cuando fue un "militar novato", el joven Morehouse vivió en muchas partes, algunas veces en vecindarios violentos. "Recuerdo peleas a patadas", rememoró. "Ésas donde un tipo patea a otro hasta que cae al suelo y después le patea la cara, ¡eso fue en tercer año!"

La familia Morehouse, de practicantes mormones, se estableció finalmente en San Clemente, California. Las playas, los surfeadores y las bellezas tostadas por el sol le hicieron sentir a Morehouse que estaba en el cielo. Era jefe de porristas cuando asistió al Mira Costa Collage y en 1974 fue nombrado Mr. Cheer USA (Hombre simpatía), en una competencia nacional. Pero también probó que no era ningún debilucho cuando ganó el cuarto lugar en lucha grecorromana, una hazaña que hizo que ganara una beca para Brigham Young University (BYU).

En BYU, Morehouse consiguió una esposa y una obsesión en volverse soldado como su padre, quien sirvió en la Segunda Guerra Mundial y en Corea. Llegó pronto al ejército con una beca ROTC. Morehouse empezó su servicio activo desempeñando tareas en las escuelas de los soldados de ataque (*rangers*) en Fort Benning Georgia, entre ellas estuvo su desafortunada asignación a Jordania donde una bala que golpeó su casco le provocó una expansión de sus capacidades mentales.[2]

Un día lluvioso de primavera, el coronel Cole entró animoso a la oficina de Morehouse. "Ven conmigo. Tengo aquí algunas personas que quiero que conozcas"

No le dijo nada más, pero Morehouse tenía la total impresión de que conocería a videntes remotos del ejército, los operadores psíquicos: los espías psíquicos.

Morehouse estaba sumergido en sus pensamientos mientras el automóvil Chrysler azul que conducía Cole dio la vuelta en la autopista 5 por la entrada del frente del Fort Meade.

Consideró qué podría tener que ver él con una unidad de psíquicos. "Ahora sólo soy un oficial de infantería y estoy realmente muy lejos de ser el brujo que pienso que podría ser."

El Chrysler azul atravesó Burba Park, pero antes de llegar al hospital de la base, Cole dio la vuelta en una calle cerrada donde dos edificios de madera bajos y alargados parecían anidar en la arboleda. Los edificios parecían desiertos.

El edificio que estaba más al este, rotulado únicamente con el número 2560, era una barraca de la Segunda Guerra Mundial. El otro, estaba marcado con el número 2561. Eran las únicas edificaciones que quedaban, las otras habían dejado de existir desde hacía mucho.

Morehouse observó los edificios sin llevarse ninguna impresión. La pintura estaba descarapelada en las esquinas, y era obvio que las altas chimeneas de metal no habían sido utilizadas en bastante tiempo. Al caminar por un pequeño porche de madera, notó que la puerta del frente estaba pintada de verde y asegurada con una moderna cerradura de alta seguridad. Morehouse rió para sí mismo: "Un estudiante de karate de segundo año podría entrar de una patada al edificio, por eso la puerta del frente está asegurada con una cerradura de alta tecnología", pensó, tratando de imaginar los secretos que guardaba esa cerradura.

No tuvo tiempo de maravillarse, pues una mujer robusta y de poca estatura abrió la puerta. "Buenos días Jeanie", le dijo Cole con delicadeza. Mientras seguía al coronel, la mujer observaba a Morehouse. "¿A quién has traído contigo?", le preguntó a Cole. "Éste es el hombre del que te hablé", le contestó Cole; ella dijo sonriendo que Morehouse podría estar pintado en la cara de un gato que acabara de cazar un canario.

Cuando Jeanie se fue a anunciar la llegada de ambos, Cole le explicó a Morehouse que ella había sido esposa de un coronel del ejército retirado y que había sido empleada civil en el fuerte Meade hasta que se unió a la unidad de psíquicos como secretaria.

Cuando los ojos de Morehouse se acostumbraron a ver en ese interior débilmente iluminado sintió un poco de asombro. Habiendo pertenecido por tanto tiempo a un ejército en el que todo se pulía hasta que brillaba, la oscuridad y el desorden de esa oficina provocó en él una reacción de azoro. En el mural desplegado a lo largo de la pared se ilustraba un área de estrellas atravesada por una zona despejada que representaba una galaxia roja. Al observar el mural, sintió que estaba parado en uno de los escenarios de la película *Star Trek*.

La oficina misma contenía una extraña combinación de viejos escritorios de madera, sillas y otros accesorios. Notas, noticias agarradas con clips y memorandums estaban clavados con tachuelas o pegados a la pared. Cerca de la cafetera, un hombre mayor un poco encanecido permanecía parado, sin zapatos, sólo en calcetines. Atrás de él había un hombre más bajo de estatura, más joven, cuyo pelo caía hacia adelante y estaba cortado en capas. Ambos vestían ropa de civiles.

Todo esto no se parecía en nada a lo que Morehouse había experimentado en su carrera. Cole parecía desenvolverse fácilmente en ese ambiente desaliñado. Obviamente había estado allí muchas veces. Cole condujo a Morehouse hacia el par que permanecía parado junto a la cafetera.

Se los presentó a Morehouse como el sargento Mel Riley y el capitán Ed Dames. Los dos se inclinaron cordialmente, pero era obvio que les importaba más la conversación que tenían entre sí que Morehouse. Este último notó que Riley tenía una apariencia sabia y relajada; Dames, aunque bajo de estatura, lucía bien, era musculoso y de sonrisa juvenil.

Cole se llevó a Morehouse lejos de estos hombres y lo guió hasta un pequeño cubículo que estaba pasando el escritorio de la recepcionista; en él un hombre de gran tamaño, miraba fijamente una pantalla de computadora. Al notar a Cole, se despegó cuidadosamente de una de las sillas de la computadora y le dio un apretón de manos. Morehouse fue presentado entonces con Lyn Buchanan. Un hombre de gran tamaño, con pelo encanecido y mirada paternal, parecía ser un tipo amable y carismático. A Morehouse le agradó inmediatamente.

Al continuar el paseo por la oficina, a Morehouse le fueron presentados otros miembros de la unidad de visión remota.

Paul Smith le lanzó un hola tras montones de documentos y libros sobre un viejo escritorio. Una impresora arrojaba una andanada de papel sobre el piso de su cubículo. Gabriela Pettingale, una atractiva rubia de sonrisa sincera, se asomaba desde el cubículo que estaba junto. Con una mirada de pena al escritorio de Smith, señalaba: "Y yo que lo limpié justo esta mañana; era un tiradero que invadía mi lugar."

Un hombre que se presentó como el mayor Ed May parecía ser la única persona de allí con entrenamiento militar, a pesar de que no llevaba uniforme.

Morehouse fue conducido hacia él por Cole, quien le dijo: "Ven. Aquí está el hombre que quería que conocieras."

Morehouse se encontró entonces en una pequeña oficina. Al mirar hacia abajo notó que el piso estaba cubierto con una alfombra de cuadros pegados entre sí. Parecían un catálogo de alfombras, ninguno de ellos era igual. Había dos viejas sillas grandes frente al gran escritorio. Alrededor de la pequeña oficina había plantas en macetas, todas estaban marchitas en diferentes grados. Unas adherencias secas colgaban de las ajadas hojas y tallos. Morehouse nunca había visto tal cantidad de plantas en ese estado. Pensó que esas personas cuidaban más su trabajo que sus plantas.

El hombre tras el escritorio se incorporó y extendió la mano. A Morehouse le presentaron a Fernand Gauvin, un civil de la Administración General de Servicio (AGS), el empleado que encabezaba la pequeña unidad. Sus ojos brillaron de inteligencia y entusiasmo cuando fue presentado con Morehouse.

"Bienvenido, capitán Morehouse", dijo amablemente. Gauvin era de estatura mediana, por su constitución parecía estar al principio de su cincuentena. Su cabello ocuro y delgado estaba peinado hacia atrás, y sus ojos oscuros y su tez olivácea parecían indicar un origen mediterráneo.

"Me imagino que te estás preguntando por qué te trajimos aquí." Su afirmación no era una pregunta, era sólo una manera de empezar su discurso.

Al parecer Cole ya había oído el discurso antes; así que se excusó y salió rápidamente de la habitación. Gauvin y Morehouse se miraron en silencio. Finalmente, Gauvin se sentó en su silla, cruzó las piernas y extendió sus manos hacia Morehouse, doblando los dedos. Mirando ligeramente por debajo de la nariz a Morehouse, Gauvin le dijo: "Me asombra constantemente que jóvenes como tú estén todavía dispuestos a sacrificar sus carreras para ser parte de una organización como ésta." "Este tipo sabe todo sobre mí —pensó Morehouse—. Debe saber que quiero ser parte de esta organización. Si no, por qué empezaría por una conversación con algo así. Quizá piensa que le diré que no me estoy sacrificando, que esto es sólo un trabajo." "No entiendo", dijo Morehouse. "Creo que sí lo entiendes —le repuso Gauvin—. Sabes que si te integras a una unidad no convencional y controversial como ésta, probablemente te despedirás del progreso en tu carrera."

Morehouse le replicó con calma: "Puede ser, pero estoy fascinado con todo esto." Hasta ese momento nadie le había hablado sobre el tipo de trabajo que se realizaba en esa oficina. Al ver que no había alterado a Morehouse con su clásica introducción al discurso, Gauvin se relajó un poco y dijo: "Bueno, entonces te vamos a dar unos textos exclusivos, que te explicarán un poco lo que hacemos aquí."

Gauvin se levantó de su silla y caminó hacia la puerta de su oficina. Gritó hacía afuera: "¡Jean, tráeme las formas que necesita firmar!" Gauvin regresó a su escritorio y le dio un trago a su café. Inclinándose ligeramente hacia él, miró a Morehouse directo a los ojos. "Lo que hacemos aquí es entrenar gente para trascender el tiempo y el espacio para que visualicen personas, lugares o cosas, e informen con precisión sobre lo que ven en los objetivos que acabo de mencionar." Pronunciaba las palabras cada vez más lentamente sin ningún trazo de emoción.

Gauvin se incorporó y miro hacia abajo a Morehouse: "¿Estás interesado en hacerlo?" La mente de Morhouse daba vueltas: "¿En verdad quiero hacer eso? ¿Trascender el tiempo y el espacio? Esto es fascinante. ¿Me está realmente hablando de eso? ¿Es serio?" De pronto, se incorporó y brincó perdiendo la compostura. "¡Claro que estoy interesado! ¿Puedo empezar cuanto antes? ¿Qué tal hoy?" Cuando se recompuso, Morehouse dijo: "¡Perdón señor! Lo que quería decir es que quiero empezar lo más pronto que sea posible. Mañana en la mañana si se puede."

Gauvin sonrió brevemente. Sabía que tenía a un candidato ansioso de empezar. Acomodándose en el respaldo de la silla saboreaba el control que tenía sobre la situación. Finalmente le dijo con frialdad a Morehouse. "Bueno, te llamaremos." "Pero señor —balbuceó Morehouse—. Después de todo lo que ha dicho sobre su trabajo, un GS-14, parado frente a mí diciéndome que todo esto existe, que lo que hace esta gente es real. ¿Cómo regresar como si nada a lo que estaba haciendo? Quiero empezar inmediatamente".

"Lo entiendo perfectamente —le dijo Gauvin— pero necesito hablar un poco más con Cole sobre ti. Hay algunas cosas que tenemos que decidir. Te llamaremos."

"En otras palabras, no nos hables nosotros lo haremos", pensó Morehouse. Se sintió desilusionado de no poder aprender más sobre su inusual grupo. Casi se pierde el resto de indicaciones que le hizo Gauvin.

"Tenemos afuera más formas y otras cosas que tienes que llenar —le decía Gauvin— para que yo tenga más idea acerca de la clase de persona que eres, y si sirves o no para lo que hacemos." Caminando alrededor del escritorio, Gauvin le extendió otra forma a Morehouse. "Quiero que ahora te salgas y firmes esto. Dice únicamente que prometes no hablar de lo que te acabo de decir aquí", le dijo a Morehouse.

Después de que Morehouse abandonó la oficina habiendo firmado la forma, Cole apareció de repente. Él y Gauvin cerraron la puerta y comenzaron a conversar en serio, obviamente sobre Morehouse.

Cuando Morehouse se detuvo a asimilar lo que había sucedido, el hombre que le había sido presentado como Paul Smith avanzó hacía él y le habló en voz baja. "Oye, te van a pedir que llenes algunos cuestionarios como éste." Le dio algunos papeles a Morehouse. "Lo que quiero es que los llenes fuera de aquí y cuando respondas las preguntas, respóndelas como si fueras la persona que te gustaría ser, no la persona que eres."

Morehouse no entendía lo que Smith se proponía al darle la oportunidad de llevarse los documentos. Estaban llenos de preguntas y obviamente estaban hechos para preparar un perfil psicológico de quien las respondiera. Eran alrededor de 250 preguntas y todas requerían respuestas largas. Muchas eran preguntas acerca de lo que uno haría en determinada situación.

Cuando la reunión con Gauvin se terminó, el coronel Cole alcanzó a Morehouse y pronto hicieron el viaje de regreso a Washington. En el largo trayecto casi no hablaron de nada, lo cual le pareció bien a Morehouse. Su mente estaba absorta en la idea de trascender el tiempo y el espacio. "¿Cómo se puede hacer eso? ¿De veras puedo hacer algo así? ¿Será esto una gran broma que me han hecho? ¿Por qué el ejército está haciendo algo así? ¿Implicará electrónica o drogas?" Eran preguntas que se le venían a la cabeza y no podía responder.

Durante los siguientes días, Morehouse tenía dificultades para concentrarse en su trabajo. Sólo pensaba en la extraña organización de la gente de Fort Meade y su trabajo de trascender el tiempo y el espacio; y en que sería parte de ello. Sus pensamientos iban de la fascinación al escepticismo.

Una tarde escuchó personas hablando en voz alta a través del salón. Provenían de la oficina de su comandante. De pronto el oído de Morehouse se agudizó: escuchó que pronunciaban su nombre. Aproximándose lentamente a su puerta, no se pudo resistir a escuchar. Su comandante, el coronel Tony Lackey, estaba discutiendo con Cole. Morehouse se deslizó de nuevo tras la puerta de la oficina cuando escuchó a Cole salir de repente de la oficina del comandante.

Momentos después Morehouse había sido llamado por Lackey. Su comandante permaneció mirándolo por algunos momentos y finalmente le dijo: "¿Es cierto lo que me dijo Cole, que deseas unirte a cierta unidad?"

"Sí, señor, es lo que deseo", le dijo Morehouse.

"¿Sabes que esa unidad es controversial?"

"Sí señor, lo sé."

"¿Sabes que es experimental?"

"Sí señor, lo sé."

"¿Te das cuenta de que podrías arruinar tu carrera militar al participar en algo así?"

"Sí señor." Morehouse trataba de ignorar toda la inquietud y la incertidumbre que aún invadían su mente. Su curiosidad había sobrepasado su escepticismo.

Sin sentarse, Lackey le dijo firmemente: "Esa unidad tiene mala reputación, ¿lo sabías?"

Morehouse se encogió de hombros. Él no había escuchado nada sobre eso, pero en ese momento estaba impresionado de que no le importara. Morehouse no replicó.

Finalmente Lackey le soltó: "¡Demonios!, pero si tú eres un buen oficial y te necesitamos aquí."

Morehouse se tomó un momento y repuso tranquilamente: "Gracias señor, pero si en algún lado he aprendido algo verdadero de esta unidad, nunca me perdonaría a mí mismo no aprender más. Estoy realmente emocionado señor. Este cambio podría cambiar mi vida entera."

"Sí pero quizá no para mejorarla", refunfuñó Lackey. De pronto sus hombros se hundieron. Respiró con dificultad y se desplomó en la silla.

"¡Hijo! ¡es tu vida! Si quieres irte, vete; aprobaré un cambio permanente de orden de asignación." Lackey vio el entusiasmo que se dibujaba en el rostro de Morehouse y le espetó amenazadoramente: "¡Ahora lárgate de mi oficina!"

A sólo pocos días de que se completara el largo perfil psicológico, Morehouse ya estaba de nuevo sentado ante el escritorio de Fern Gauvin. "Veo que tu nuevo nombramiento ha sido transferido", dijo Gauvin echándole un ojo a algunos papeles que traía en la mano. "Creo que hay una calurosa bienvenida en esta transferencia. Ahora déjame explicarte algunas cosas."

"Todo esto toma bastante tiempo —dijo Gauvin— porque hay exámenes, conferencias y otras cosas. Pero podría ser que no tomara tanto. Estamos encontrando constantemente maneras de acortar el periodo de entrenamiento. Tú sabes, una cosa conduce a otra; cada vez vamos más rápido". Entonces, inclinándose sobre el escritorio hacia Morehouse Gauvin se puso un poco más grave: "Debes entender que una vez que entres a este trabajo tu vida cambiará y nunca volverás a ser el mismo —le dijo Gauvin a Morehouse—, ya no verás el mundo de la misma manera; ni tampoco a tus amigos ni a tus seres queridos. Tendrás una mejor comprensión de la vida y del universo y eso, en esencia, te cambiará para siempre.

"Ya nunca serás la misma persona. Cuando mires hacia atrás y te veas como eres hoy, ya no te reconocerás porque sabrás demasiado. Tu vida ya nunca será la misma."

Con este discurso introductorio, el capitán del ejército Morehouse, el soldado raso de tropa de asalto, de cabeza afeitada, alto y tieso, se convirtió en espía psíquico del gobierno de los Estados Unidos.

CAPÍTULO II
EL PASADO ES UN PRÓLOGO

Las respuestas empezaron a llegarle a Morehouse desde que lo aceptaron en la unidad de visión remota. Una vez que empezó su entrenamiento, encontró que la visión remota había estado presente en la vida de los seres humanos a lo largo de la historia. Simplemente había tenido nombres distintos. Incluso en los primeros escritos había descripciones de visiones, profecías, predicciones y adivinaciones. Un estudio cuidadoso muestra claramente que el mismo fenómeno parece funcionar en todas estas actividades.

En los *Vedas*, el más antiguo registro escrito de la humanidad, hay referencias a poderes sobrenaturales llamados *siddhis*. Según estos venerables textos hindúes, hay efectos paranormales no deseados en los meditadores que tienden a distraerlos.[1]

El doctor Richard Broughton director de investigación en el Instituto de Parapsicología de Dirham, Carolina del Norte, cita los yoga Sutras de patanjali, escritos hace 3 500 años. Las descripciones de las técnicas son muy semejantes a las desarrolladas por la visión remota.

La meditación yoga… es una secuencia de etapas en las que se van reduciendo las distracciones provenientes del exterior… En las etapas del proceso de meditación —llamado samyana— se puede producir un fenómeno paranormal, el más común incluye una sensación de clarividencia, pero algunas veces hay efectos físicos como la levitación, el movimiento de objetos y la curación.[2]

Hasta hace muy poco, el registro de los fenómenos psíquicos estaba inextricablemente unido a la religión ¿Qué dice la religión de tales cosas?

Todos los textos sagrados del mundo, desde la Biblia al Corán, o el misticismo oriental, contienen abundantes historias que involucran profecías, clarividencia e instrucción espiritual y parecen traer consigo una retroalimentación visual.

El libro de Isaías en la Biblia empieza con la afirmación: "Éstos son los mensajes que provienen de Isaías, hijo de Amós, en las visiones que tuvo durante los reinos del rey Uzías, el rey Joatam, el rey Acaz y el rey Ezequías —todos reyes de Judea." Otro profeta bíblico, Ezequiel, parece ser algo más que un soñador clarividente. Él muestra características de buen periodista con más que la simple afirmación "una vez tuve una visión". En lugar de eso cita el día, el año y el mes. En Ezequiel 1:1: "En el tercer año del cuarto mes, en el quinto día del mes, estaba entre los desterrados cerca del río Kebar; los cielos se abrieron y tuve visiones de Dios."

Según el *Holman Bible Dictionary*, los primeros profetas bíblicos influían en casi todas las instituciones de Israel, pese al hecho de que frecuentemente fueran vistos con desprecio, encarcelados, ignorados y perseguidos. Los profetas formaron escuelas o gremios, y quienes asistían registraban sus palabras para la posteridad.[3]

Las profecías bíblicas no se limitaban a los hombres. En el libro de los Jueces, del Antiguo Testamento, encontramos que la profetisa llamada Débora le proporcionaba información al líder israelita Barac sobre los planes militares de Sisara, el comandante de las fuerzas de Jabín, el rey de Canán. Las fuerzas de Sisara fueron derrotadas y Débora utilizando la inteligencia psíquica jugó un papel central en la conquista de la tierra prometida. Por eso fue llamada correctamente la primera vidente remota militar (Jueces, 4,4-16). Incluso en el Nuevo Testamento, las profecías y las visiones desempeñaron un papel importante para dar a conocer el plan mesiánico.

San Pablo dio algunos consejos sobre las profecías que la gente moderna puede tomarse en serio. "No hagas escarnio de aquellos que profetizan, sino que prueba todo lo que se dice para estar seguro de que sea cierto, y si lo es, acéptalo", escribió a los miembros de la Iglesia en Tesalónica (1 Tesalonicense 5,20-21).

Según el historiador griego Herodoto, el rey Creso deseaba obtener información estratégica militar de los profetas y oráculos disponibles. Pero quería asegurarse de que la información fuera correcta. Entonces, cerca del año 550 a.C., Creso llevó a cabo la primera prueba de capacidades psíquicas. Envió mensajeros a las cimas de los siete oráculos de su época con instrucciones de que se dirigieran a él cien días antes de su partida. Debía preguntarse también a los oráculos sobre lo que el rey estaba haciendo ese día.

En el día senalado Creso eligió una actividad que no correspondía a un rey. En una marmita de bronce cocinó un estofado de cordero y tortuga. Sólo el oráculo de Delfos logró decir correctamente qué actividad llevó a cabo el rey, afirmando:

¿Podría no contar todos los granos de arena
o medir toda el agua del mar?
A pesar de no entender lo que un hombre dice,
ni los pensamientos de hombres silenciosos ocultos para mí,
huelo una tortuga hirviendo con un cordero:
el bronce los sostiene y los cubre también.

Pero el rey Creso aprendió otra lección: no depositar una fe ciega en los psíquicos. Parece que Creso, satisfecho con los poderes del oráculo de Delfos, le preguntó si podía cruzar las montañas de Alsis y atacar a Ciro de Persia. El oráculo respondió: "Cuando Creso haya cruzado el Halys, se perderá un vasto imperio." Creso pensó que sus planes tendrían éxito, pero fue derrotado y su vasto imperio fue "el que se perdió". Esta experiencia hace evidente el problema de interpretar y transmitir correctamente la información psíquica. Por supuesto que en ese tiempo existía el hábito griego de matar a los mensajeros que trajeran malas noticias, por lo que la naturaleza ambigua de la respuesta del oráculo resulta comprensible.

Descripciones de los poderes paranormales abundan en la historia humana, desde los africanos hasta Fiji Shaman. Se sostiene que el poderoso poder espiritual de Huna encontró en las islas polinesias que cada ser humano posee tres almas o espíritus. El *unihipili* y el *uhane* están relacionados con la conciencia y el subconsciente, mientras que el *aumakau* parece ser una conciencia de uno mismo más elevada relacionada con la superconciencia de la psicología.

Según el autor sobre lo paranormal Brad Steige, los antiguos sacerdotes kahuna podían contactar con esta conciencia elevada a través de un ritual de rezo conocido como ha. Este rito ocasionaba que la mente se tranquilizara, eliminando pensamientos extraños o ruidos mentales; la respiración profunda y las técnicas de repetición no son muy distintas de las técnicas de visión remota. Escribe Staiger:

> Este ritual puede ser llevado a cabo por cualquiera que desee con ahínco establecer este tipo de contacto. Si siguen correctamente la forma y el rito, ustedes serán capaces de lograr el mismo tipo de habilidades que los kahunas tenían en tiempos antiguos: telepatía, clarividencia y visión remota, y que aún practican en secreto.[5]

Los indios norteamericanos tienen una rica herencia de creencias en poderes que van más allá de los cinco sentidos y la profecía se puede ejemplificar con una historia contada por un portavoz de la gente lakota: "No nos llamen sioux, como el hombre blanco nos llama." Según King, una vez fue a la montaña y le rezó a Dios para una cura de la diabetes. Informó:

> Mientras estaba allí alguien me dijo: "¡Voltéate!" Entonces voltee, estaba allí la mujer india más bella que jamás había visto. Tenía el cabello negro y el rostro más hermoso. Ella sostenía en sus manos algo para mí, eran las pequeñas moras del cedro, las azules oscuro. Las soltó, pero antes de que pudiera alcanzarlas con la mano, desapareció... Más tarde cuando tuve diabetes olvidé, olvidé las moras. Me mandaron con los médicos blancos. Me dieron píldoras. Todas las mañanas tenía que inyectarme insulina. Pasé mucho tiempo en el hospital. De pronto recordé a la mujer de los becerros blancos de búfalo y esas pequeñas moras azules. Recogí algunas, las herví, les extraje el jugo y las bebí. Son tan amargas que me quitaron el azúcar del cuerpo. Los doctores me hicieron análisis y estaban impresionados. Dijeron que la diabetes se había ido y que ya nunca me tendría que inyectar insulina: me preguntaron cómo lo hice, pero no les dije. Dios nos da la medicina para compartirla con las personas, pero si el hombre blanco mete las manos en ese asunto le pondrá un alto precio a la medicina y te dejará morir si no tienes dinero. La medicina de Dios es gratis.[6]

Muchos otros autores han documentado el misticismo y las creencias en lo paranormal que forman parte del saber de los indígenas norteamericanos. Después de describir cómo los ancianos indios utilizaban hojas de mica o de cuarzo para mandar heliogramas a distancias considerables, el autor Arthur C. Parker concluye:

"Por maravillosos que parezcan estos métodos de enviar señales, eran los curanderos quienes decían que podían mandar sus pensamientos a través del aire y hacer cosas que fueran del pasado al presente. Otros podían mandar los ojos de su mente a lugares distantes y descubrir qué estaba sucediendo."[7]

En un estudio de la espiritualidad de los indios norteamericanos, la historia se repite con un indio penobscot que fue a un viaje de caza con su esposa, hijo y nuera. Las mujeres permanecieron en el campamento y los hombres se fueron prometiendo que regresarían en tres días. Después de cuatro o cinco días, las mujeres estaban preocupadas de que a los hombres les hubiera sucedido algo; una noche la esposa penobscot le dijo a su nuera que se iba a dormir y que soñaría con los hombres. Después de largo tiempo, durante el cual la mujer más joven vio que del cuerpo de la esposa salió y entró una bola de fuego, la esposa se despertó y dijo: "No te preocupes, volverán mañana. Tuvieron buena suerte y traen mucha caza. Los acabo de ver comiendo ante el fuego." Al día siguiente los cazadores regresaron cargados de abundante caza.[8]

Hay incluso partes de la información relacionada con el saber de los indios que sugiere que sus viajes psíquicos quizá llegaron más allá de su mundo inmediato. A principios del siglo XX un osage, Ternero Juguetón, le habló al antropólogo Francis La Flesche sobre sus estudios con los más ancianos de la tribu, llamados no-ho-zhi-ga y dijo:

Hijo, los ancianos no-ho-zhi-ga nos trajeron con sus canciones, *wi-gi-e*, formas ceremoniales y representaban muchas cosas que ellos aprendieron sobre los misterios que nos rodean en todos los lugares. Todas estas cosas las aprendieron mediante su poder de *wa-thi-gtho*, el poder de buscar con la mente. Hablaban de los misterios de la luz del día, decían que todas las cosas vivientes que habitan en la Tierra dependen unas de otras; hablaron también de los misterios de la oscuridad de la noche que nos revelan los grandes cuerpos de un mundo más arriba, cada uno de los cuales gira para siempre en círculo sobre su propio camino, sin ser perturbado por los otros. Ellos buscaron por un largo periodo de tiempo la fuente de la vida y al final llegaron a la conclusión de que ésta era proporcionada por un poder activo al cual le daban el nombre de *wa-Ko-da*.[9]

En México, está bien documentado que al menos entre las cuatro generaciones anteriores a la llegada de los españoles, había muchas profecías de que un día llegarían a través del mar hombres extraños barbados que usarían cascos en sus cabezas. De acuerdo con las leyendas, estos hombres, armados de espadas brillantes, llegarían hasta Tenochtitlan y destruirían a los dioses aztecas.[10] Historias como ésta abundaban y algunas alcanzaron los tiempos modernos.

Stephan A. Schwartz, el pionero de la arqueología psíquica, escribió en su libro *The Secret Vaults of Time* (*Las bóvedas secretas del tiempo*) sobre un investigador que a finales de los cincuenta describió cómo los indios se contactarían con sus parientes mediante percepción extrasensorial a larga distancia. De acuerdo con el investigador "ciertos miembros de los montagnais normalmente se dirigen a sus bosques cargando un tronco del tamaño de una caseta telefónica que los resguarda; una vez que han entrado al bosque, cuando el poder es suficientemente fuerte, se ponen en contacto con un amigo o un pariente que puede estar a cientos de millas".[11]

Al igual que los hindúes practican la meditación como medio de comunicación y para ver eventos futuros; la profecía y la adivinación fueron prácticas comunes en la antigua Roma pese a que no se consideraban oficiales. En la literatura y la historia está bien registrado que Julio César fue advertido de que lo asesinarían en el senado romano durante los idus de marzo.

Uno de los más notables clarividentes de Roma fue Apolonio de Tiana. En su discurso a la multitud en Éfeso, Apolonio se interrumpió y gritó en voz alta: "Efesios, ya está hecho. En este momento veo caer al tirano y veo a Roma celebrando su libertad." Pocos días después llegó la información a Éfeso de que el emperador romano Domiciano había sido apuñalado a muerte por su esposa y sirvientes.

Apolonio, quien había viajado mucho y sabía de filosofía oriental y occidental, dijo que renunciar a los bienes materiales tenía como consecuencia "una apertura de visión al mundo infinito de las esencias de lo inmortal" y la capacidad de "medir todo el tiempo con una sola mirada, de abarcar todas las cosas en un solo pensamiento".[12] Años antes de los acontecimientos, Apolonio predijo correctamente el destino de siete emperadores romanos que reinaron entre 68 y 96 d.C.

Bacon, un fraile franciscano nacido en una familia noble inglesa, fue educado en Oxford y en la Universidad de París. Estudió todas las ciencias medievales —alquimia, astronomía, astrología, óptica y matemáticas— pero se le recuerda mejor por sus predicciones sin error. En la *Epistola Secretis*, escrita en 1268, escribió de las carrozas "…que se moverán con increíble rapidez sin la ayuda de animales", "un aparato —en el sentido de un instrumento, en este caso una extraña descripción del elevador—… mediante el cual un hombre puede subir y bajar por cualquier pared" y embarcaciones que se podían mover sin remos ni remeros; y que entonces barcos de gran tamaño podrían moverse en el mar o en los ríos.[13] Bacon describió los modernos explosivos tan bien que por muchos años los occidentales le atribuyeron a él la invención de las armas nucleares:

Suena como una tormenta provocada en el aire pero más terrorífica que las que ocurren en la naturaleza; con el material apropiado en cantidades moderadas, del tamaño del pulgar de un hombre, hacen un ruido horrible y muestran un relámpago violento; y con esto se puede lograr que una ciudad entera o un ejército sean destruidos de muchas maneras.[14]

Cerca del final del siglo XIV la profetisa Marie d'Avignon tuvo visiones de una "doncella que salvaba a Francia". Claro que vio a una de las personas más famosas de la historia: Juana de Arco. Santa Juana misma era una vidente y una adivina que utilizaba su poder de visión sobrenatural para ganar ventaja durante sus batallas para liberar a Francia de los ingleses.[15]

Una vez, según su confesor Jean Pasquerel, Juana de Arco se cruzó con un hombre que la insultó. Juana le dijo al hombre: "¿Reniegas de Dios tan cerca de la muerte?" Una hora después el hombre cayó al foso del castillo de Chinon y se ahogó. El 1 de marzo de 1431, durante su juicio por herejía en manos de los clérigos franceses que simpatizaban con los ingleses, Juana afirmó: "¡Sé que antes de que pasen siete años los ingleses perderán más de lo que ganaron en Orleans!", y perdieron todo lo que habían obtenido en Francia. Los ingleses perdieron Normandía, su última posición firme en Francia, en la batalla de Formigny en 1439, sólo un año después de la predicción de Juana.[16]

Pero las visiones de Santa Juana y de Bacon palidecen en comparación con las del más famoso de los videntes medievales. Morehouse estudió las profecías de Michel de Notredame, mejor conocido para la historia simplemente como Nostradamus.

Nostradamus ya era muy respetado en su tiempo como médico y científico; aseguró su lugar en la historia como profeta con la publicación de su libro, *Centurias*, (*Siglos*) en 1555. Debido a la furia de la Inquisición, Nostradamus se vio obligado a utilizar una combinación muy hábil de juegos de palabras, anagramas y jerga científica y astrológica para evitar que lo arrestaran por practicar la brujería. En realidad, Nostradamus, cuya familia incluía hombres educados en las tradiciones cristiana y judía, se volvió un cristiano devoto y siempre consideró que Dios lo había dotado del poder de profetizar.[17]

No causa mucha discusión si Nostradamus se refiere al gran incendio de Londres en 1666, ya que él lo citó con lugar y fecha. La "antigua dama" se refiere a la estatua de la virgen María que cayó del techo de la catedral de San Pablo en el incendio donde murieron muchos cristianos inocentes.

Aunque muchos de los escritos de Nostradamus describían acontecimientos de Europa próximos a su propia época, otros parecen ubicarse en tiempos más actuales. Sus descripciones del emperador Napoleón son particularmente convincentes y en su cuarteta 1, incluso nombra a ese "Emperador... nacido en Italia [a quien] le costaría muy caro su imperio" como un "PAU NAY LORON" un anagrama bastante preciso de NAPAULON ROY, Napoleón el rey.[19] La manera de pronunciar Napoleón en corso es Napauleone.

La cuarteta 75 parece ser una buena descripción de la derrota de Napoleón y de su retirada de los territorios rusos: "Él, que estaba listo para pelear fue abandonado, su principal adversario tendrá la victoria, los de la retaguardia, que se encargarán de la defensa, vacilarán y morirán en el país blanco."[20] En la cuarteta 16, Nostradamus nombra de nuevo a personas que ve, en futuro: "De Franco retirará la asamblea de Castilla, los embajadores no estarán de acuerdo y causarán un cisma. La gente de Riviera estará en la multitud y al gran hombre se le negará la entrada al Golfo."[21] Según la intérprete Erika Cheetham, "Franco" se refiere al español Francisco Franco y "Riviera" puede hacer alusión al dictador Primo de Rivera, quien derrocó a Franco. La última línea describe el exilio de Franco cuando no se le permitió cruzar el Mediterráneo hacia su España nativa.

Nostradamus escribe en la cuarteta 68: "En un lugar cercano a Venus, se dirá que los más grandes de Asia y África provendrán del Rhine y el Hister; habrá llanto y lágrimas en las costas de Malta y de Liguria."[22] Cheetham ha escrito que este verso gira sobre la palabra Venus, que ella cree que es actualmente lo que se llama Venecia. Entonces el verso se refiere a la reunión en el Paso Brenner (cerca de Venecia) de Mussolini, Hitler (Hister) y los japoneses, para firmar el pacto del Eje. África se refiere a los intentos de Mussolini de invadir Etiopía, y la última línea describe el combate que hubo en consecuencia entre Inglaterra y las fuerzas del Eje.

En la cuarteta 35, nuevamente parece haber una referencia a Hitler: "En la parte más profunda de Europa Occidental, nacerá un niño de padres pobres cuyo discurso seducirá a una gran multitud; su reputación aumentará en el reino del Este."[23] Hitler, que nació en Austria de unos padres pobres, utilizó sus poderes de oratoria para seducir a la nación alemana e incrementó su reputación en Japón, que llegó a ser su socio del Eje.

Hay autores que han descrito cómo Nostradamus vio en el futuro acontecimientos que van desde los asesinatos de John y Robert Kennedy hasta la caída del comunismo. Algunos incluso dicen que Nostradamus vio el desastre del transbordador Challenger cuando escribió en su cuarteta 81. "Nueve serán apartados de la humanidad, apartados racional y deliberadamente. Se decidirá que su destino sea su partida. Que no se logre será un escándalo, morirán, desaparecerán de repente."[24] Realmente no hay certeza sobre las interpretaciones de los escritos de Nostradamus. Aunque sus predicciones han sido de una precisión misteriosamente correcta en muchos casos; quienes han estudiado al clarividente francés en todos los tiempos, se han dado cuenta de que su precisión para predecir va más allá de un simple truco o de una interpretación ingeniosa. ¿Cómo es que Nostradamus desarrolló esta agudeza profética? Él mismo dio la respuesta en las cuartetas 1 y 2.

Estando sentado en su estudio secreto, surge una delgada flama del vacío sobre el brasero logrando con éxito que no hubiera creído en vano. Sosteniendo un bastón en su mano con tres ramas a la mitad, humedece las extremidades y los pies, con voz terrible y temblando dentro de su ropa, esplendor divino. El presagio se siente cerca.[25]

Aunque hay variaciones en las traducciones de este pasaje, el significado esencial es claro. Nostradamus se encerraría en su estudio secreto poniendo un recipiente con agua en el brasero. Este tipo de adivinación fue descrito en el siglo IV por el neoplatónico Jámblico en su libro de 1547, *De Mysteriis Aegyptiorum*, leído muy probablemente por Nostradamus.

Después de tranquilizar su mente Nostradamus se concentraría en el agua y con eso adquiriría un estado de meditación; tendría visiones del futuro similares a las que se alcanzan con la visión remota.

Durante el reinado en Inglaterra de Isabel I, el astrólogo de la corte se convirtió en otro de los antiguos espías psíquicos, cuando proclamó que había recibido un mensaje psíquico de los agentes españoles que preparaban un complot para incendiar los bosques que proveían de madera a la flota inglesa. Se tomaron precauciones, hay numerosos registros históricos que coinciden. La armada inglesa derrotó a la armada española en ese 1588, estableciendo en ese año a Inglaterra como potencia marítima mundial.[26] Es interesante señalar que John Dee se convirtió en el primer James Bond de su majestad, pues firmaba sus documentos como 007.[27]

Llegando al siglo XIX, muchos de los avances en parapsicología pueden atribuirse a Franz Anton Mesmer, cuyo nombre se utilizó para denominar el mesmerismo y el hipnotismo. Mesmer era un científico y filósofo de origen austriaco.

Según el autor británico y experto en lo paranormal Colin Wilson, Mesmer desarrolló ideas que son "casi la piedra angular de la psicología moderna". Wilson escribió:

Mesmer [desarrolló] la noción de que el universo está impregnado de cierto "fluido magnético", y de que las estrellas y los planetas ocasionan "corrientes" en este fluido... Mesmer creía que estas "corrientes" generaban la enfermedad y la salud en los seres humanos, pues nosotros también estamos llenos de un tipo de fluido magnético producido por los nervios. Cuando este fluido se bloquea o se estanca, enfermamos. Cuando no está bloqueado gracias a los magnetos o al propio "magnetismo animal" del doctor, nos ponemos bien de nuevo.[28]

Después de mudarse a París en 1778 las extrañas declaraciones de Mesmer causaron tal exaltación que la Comisión Real de Investigación decidió investigar el hecho. Esta comisión, que incluía al embajador estadounidense, Benjamín Franklin, concluyó que las declaraciones de Mesmer de que curaba con magnetismo eran probablemente causadas por sugestión. Sin embargo, pese a este informe y al caos de la Revolución francesa, el interés en lo que Mesmer declaraba continuó. En 1826, la Academia Francesa de Ciencias y Medicina creó una segunda comisión para estudiar los métodos de Mesmer. Los académicos completamente escépticos esperaban un informe que fuera como el anterior. Sin embargo, se sorprendieron de las conclusiones de la comisión

Según Richard Brougthon:

La comisión reconoció que no podían identificar con precisión el estado de trance, pero que éste era genuino. Además sentían que podía dar lugar a "nuevas facultades que podrían ser nombradas como clarividencia, intuición, previsión interior". Finalmente llamaban a los académicos a desarrollar más investigaciones sobre el magnetismo, al que veían "como una rama muy interesante de la psicología y la historia natural". A los jefes de la academia no les agradó el informe y no hicieron nada para seguir la recomendación de la comisión.[29]

Tras muchos años de controversias en las comunidades de científicos y médicos, las ideas de Mesmer fueron finalmente esclarecidas dentro de lo que hoy conocemos como hipnotismo.

Durante el siglo XIX, un hombre inglés llamado William Denton, dio la noticia al público de que documentaba una de las más antiguas visiones remotas puras. Cuando era joven Denton se hizo metodista, se mudó a los Estados Unidos y se casó con una mujer de Cincinnati. En la mitad del siglo XIX, Denton era profesor de geología en la Universidad de Boston. En ese tiempo la clarividencia tenía el nombre de psicometría y Denton se introdujo profundamente en el estudio de la visión de lugares lejanos. Encontró un sujeto psicométrico excelente en su esposa, Elizabeth".[33]

Según Wilson:

> Denton tuvo una precaución que revela que era una verdadero científico al evitar toda posibilidad de autosugestión. Probó poner en sobres separados varios tipos [de roca] cubiertos por hojas de papel, después los mezcló de manera que no supiera cuál era cuál. Al terminar, hizo que su esposa tomara uno de los sobres. Ella tuvo la visión de un volcán con lava fundida fluyéndole por uno de los lados. "El objeto debe ser lava", dijo la señora Denton y estaba en lo correcto.[31]

El registro de los éxitos de la señora Denton tocando objetos fue notable y bien documentado. En la medida en que ella se fue haciendo más hábil, fue capaz incluso de distinguir diferentes periodos de la historia en los especímenes.

En una ocasión Denton le dio a su mujer un fragmento de mosaico del pavimento que fue excavado en la villa del orador romano Cicerón. Denton, esperaba oír de su esposa una descripción del famoso romano, así que le pidió que describiera las impresiones que le dejaba el fragmento.

La señora Denton describió una escena romana completa en una gran villa llena de columnas y pesados cortinajes de terciopelo. También vio filas de soldados con cascos y yelmos, y describió a su jefe como "un hombre carnoso con una cara ancha y ojos azules. Su porte majestuoso daba también cierta idea de genialidad", dijo: "Se ve a sí mismo como un superior y se aparta de los otros."[32]

Denton se desilusionó. La descripción de su esposa no parecía coincidir con la de Cicerón, que era alto y delgado. Tiempo después Denton descubrió que el dictador romano Sulla fue el dueño anterior de la casa de Cicerón. Sulla era un tipo fiestero que tenía una multitud de amigos y sus tropas le llamaban "el suertudo Sulla". Por lo tanto, debió haber sido Sulla a quien la mujer de Denton vio, una clara indicación de que las expectativas de la señora Denton no influían o lo hacían muy poco en su viaje psíquico.[33]

En un libro publicado en 1873, Denton intentó describir lo que su esposa experimentaba cuando tenía visiones remotas de otros planos de existencia.

La pregunta que frecuentemente uno se hace es: ¿dónde están todas esas cosas que el psíquico remoto ve? Lo siguiente, visto inesperadamente por la señora Denton, puede arrojar cierta luz sobre esta cuestión. ¿Puede ser éste realmente el reino donde el espíritu es acomodado al morir? ¿O es un reino todavía más interior del que ocasionalmente recibimos reverberaciones? La señora Denton afirmó: "Estoy en un reino distinto de cualquiera que haya visto... Incluso parece ser un reino de existencias con sustancia que se extiende hacia atrás; su parte trasera es casi interminable en lo referente al tiempo y al espacio. Veo formas —gente con los resultados de su trabajo; incluso muchos de los esfuerzos que producen esos resultados. Al principio pensaba que era una especie de espejismo. Parecía una pintura de todo lo que hubo siempre —no puedo llamarlo de otra manera— y que fueran todas las escenas las que hubieran trascendido a esto. ¡Qué diferencia entre lo que aquí reconocemos como material y lo que parece material aquí! Por un lado, los elementos aquí son estilizados y alargados, me imagino que duran más que la relación presente que nosotros deseemos tener con ellos. Por otro lado, los elementos están muy refinados, muy libres de lo brutalmente anguloso que caracteriza a los elementos aquí, por lo que no puedo sino considerar que esto es por otras muchas razones, la existencia real."[34]

Los espías psíquicos declaran que las visiones de la señora Denton coinciden exactamente con la experiencia de los videntes remotos que se han aventurado por otros planos de existencia además del nuestro. El hipnotismo de Mesmer y la psicometría de Denton fueron reunidos en el espiritismo y los mediums para crear un gran interés del público en el fenómeno psíquico a finales del siglo XIX y a principios del XX. Y como en el caso de cualquier tema de interés general, los charlatanes y los embaucadores abundaron.

La investigación paranormal se trasladó al terreno de la ciencia moderna cuando un grupo de científicos y académicos se encontraron en Londres para formar la Society for Psychical Research (SPR, Sociedad para la Investigación Psíquica). Por primera vez, técnicas de la ciencia moderna como las descripciones y metodologías estandarizadas, los experimentos sistematizados, etcétera, fueron aplicadas a los fenómenos psíquicos.

Entre los acuerdos de la SPR estuvo el de exponer públicamente a los mediums y a los espiritistas fraudulentos. En 1884, al revisar una investigación de Elena Hahn, mejor conocida, como Madame Blavatsky, la fundadora de la mística Sociedad Teosófica, la SPR la definió mordazmente como una de "las más complejas, ingeniosas e interesantes impostoras de la historia".[36]

Pero la SPR hizo mucho más que cazar embaucadores. Su investigación sobre las experiencias psíquicas era prodigiosa y arrasó en todos los estudios psíquicos que siguieron. Uno de los investigadores más notables de la SPR fue Charles Richet, profesor de fisiología en la Escuela de Medicina de la Universidad de París que ganaría el premio Nobel. Richet estudiaba clarividencia poniendo a sujetos a identificar cartas colocadas en sobres opacos, fue entonces pionero de métodos utilizados más tarde por el muy conocido investigador psíquico J. B. Rhine.[37]

Joseph Banks Rhine —conocido siempre por sus amigos simplemente como J. B.— y Louisa Weckesser andaban juntos desde la adolescencia y ambos completaron grados de posdoctorado en botánica en la Universidad de Chicago a principios de los años veinte. Después de casarse parecía que ambos seguirían la carrera de botánica, pero esto cambió cuando tuvieron un encuentro ocasional con el famoso escritor Sir Arthur Conan Doyle, creador de Sherlock Holmes, que era un estudioso apasionado de los fenómenos psíquicos. Después de oír hablar a Doyle sobre investigación psíquica, J. B. centró su atención en esta naciente ciencia.

Pronto los Rhine se involucraron fuertemente en la investigación psíquica en la Universidad Duke, en Durham, Carolina del Norte. Según Broughton, "A la vez que los académicos veían la fundación de la SPR en 1882, como un comienzo de investigación psíquica, consideraban la llegada de los Rhine a la Universidad Duke, en septiembre de 1927, como el principio de su *profesionalización*."[38]

La propuesta experimental de los Rhine fue inicialmente estadística. Utilizando cartas especialmente diseñadas, cientos de sujetos intentarían responder y responderían qué carta era la siguiente. Rhine aplicó a sus hallazgos el término de percepción extrasensorial (PES). Pero quizá lo más importante es que demostró que la PES involucraba relaciones naturales de la misma manera que los fenómenos psicológicos ordinarios.

En 1933, un joven se acercó a Rhine y le dijo que cuando jugaba podía influir en los dados concentrándose simplemente en ellos. Rhine sólo había estudiado la PES. Ocasionar una reacción física con la mente es un fenómeno conocido como psicoquinesis (PQ). Rhine se intrigó y pronto aplicó sus procedimientos estadísticos a tiradas de dados.

Wilson escribió: "Los experimentos de Rhine mostraron que el jugador estaba en lo cierto, podía hasta cierto punto provocar que los dados se voltearan en el seis. Desde entonces ha habido cientos de experimentos similares y la evidencia de PES se considera abrumadora."[39]

Broughton señaló que pese a que aquel joven era capaz de producir los resultados que anunciaba, "era todavía más interesante para Rhine que algunos de los sujetos de su PES fueran igual de capaces de influir en las tiradas de los dados. Incluso el propio Rhine tenía cierto éxito en eso".[40]

Desde 1927 hasta la muerte de J. B. Rhine en 1970, el equipo de esposos produjo una cantidad prodigiosa de artículos que demostraban la existencia de la PES y de la PQ. Esta emocionante investigación se presentaba en publicaciones sobrias con títulos como: "Experiments Bearing on the Precognition Hypothesis: Pre-shuffling Card Calling"(Experimentos a partir de la hipótesis de precognición: predicción de las cartas) y "A Review of the Pearce Pratt Distance Series of ESP Tests", (Una revisión de las series de distancia de Pearce Pratt en pruebas de PES).

Los Rhine tuvieron una buena cantidad de críticos. Pero a través de los años respondieron tranquilamente y con resolución cualquier crítica que les hicieron. En 1940, los Rhine, con otros parapsicólogos, hicieron un libro titulado *Extra-Sensory Perception After Sixty Years*, (*La percepción extrasensorial después de 60 años*), un compendio de la investigación psíquica desde la fundación de la SPR en 1882. La investigación presentada en el texto es tan cuidadosa y científica que el libro llegó a ser asignado como lectura introductoria en las clases de psicología de Harvard para el año académico 1940-1941.[41]

Incluso el libro más superficial que mire hacia atrás el registro histórico de los fenómenos psíquicos debería convencer a los escépticos más resueltos de que definitivamente hay algo más allá de los cinco sentidos humanos que nos funcionan aquí.

En la época de la Segunda Guerra Mundial, la información sensorial militar era recibida por medios psíquicos. Y en Inglaterra esto significó un tiempo en la cárcel para un ama de casa escocesa, que no podría ser descrita de otra manera. Helen Duncan pasó una vida tranquila criando una gran cantidad de hijos y ocasionalmente mostraba sus talentos psíquicos en reuniones espiritistas locales. Pero en tiempos de guerra, llamó rápidamente la atención de las autoridades después de haber informado dos veces sobre barcos hundidos antes de que la prensa lo hiciera público. En enero de 1944, Duncan fue arrestada durante una lectura psíquica en Portsmouth y acusada de vagancia. Temerosos de que ella pudiera hablar de los planes que había de invadir Francia, las autoridades británicas, la sacaron rápidamente a escondidas para hacerle un juicio en Old Bailey y acusarla de conspirar y violar la ley de 1735 contra la brujería.

Pese a los numerosos testigos que hablaron de la realidad y la precisión de sus poderes psíquicos, y los representantes de sociedades legales en Escocia y en Inglaterra que la consideraban un chivo expiatorio de la justicia, Duncan fue considerada culpable y estuvo nueve meses en prisión; la mantuvieron entre rejas hasta después del día D.

Incluso el primer ministro Winston Churchill trató de interceder por la señora Duncan. En sus memorias, escritas años después, Churchill agradece a la guía psíquica que lo condujo a un hogar amistoso cuando escapó siendo prisionero durante la guerra de los bóers.

A finales de 1956, Duncan era de nuevo acosada por la policía y murió poco menos de un mes después; muchos creían que fue un resultado directo del trauma de su arresto. En 1998, la prensa británica informó de los esfuerzos continuos para que la señora Duncan fuera absuelta póstumamente. "Hasta estos días, la visión remota es vista con horror por el *establishment* británico", señalaba Tim Rifat en su libro de 1999: *Remote Viewing*. "Un país como el Reino Unido, obsesionado con la secrecía, no puede permitir que la visión remota se haga del conocimiento público..."[43]

Después de muchas horas de estudiar la historia de la visión remota, David Morehouse estaba ansioso de entrar en ella. Un día, después de un almuerzo breve, Morehuse se encontró en los pequeños cuartos de visión en el Edificio 2562, con la bella Gabriella Pettingale que actuaba como instructora. La habitación estaba pintada de un gris opaco, con una alfombra gris y una mesa también gris en el centro. Las sombras de las luces en el techo recorrían la mesa a todo lo largo. Pettingale estaba sentada en un extremo y Morehouse en el otro. Al mirar a su alrededor, Morehouse murmuró: "Este lugar parece una celda de interrogatorio de una prisión." Pettingale le explicó que la monotonía era necesaria para mantener los ambientes estéticamente neutros durante la sesión de visión remota, para que así no hubiera distracciones. "Sólo ajusta tu silla como quieras", le dijo Pettingale con simpatía.

"¡Mierda! —dijo Morehouse hablando para sí mismo—. Nunca había hecho esto antes. No sé si quiero que esta maldita cosa me suceda acostado, sentado, o de pie, o elevado a más altura que la mesa." Mientras Morehouse se movía torpemente con su silla. Pettingale le dio un montón de papel en blanco y colocó una hoja frente a él.

"Aquí está lo que llamamos una pluma Ingo", le dijo extendiéndole una pluma negra de punto redondo con un extremo pequeño. Morehouse aprendió que la nombraban así por un hombre indispensable en el desarrollo de la visión remota: Ingo Swann.

"Encontrarás un reóstato bajo la mesa —le dijo ella volviéndose a su asiento—, ajusta la luz en la forma que quieras." Morehouse atenuó ligeramente las luces pensando: "En otras circunstancias esto podría ser romántico. Pero aquí estoy en una unidad secreta militar, en un cuarto casi oscuro con una mujer y no tengo idea de lo que debo hacer." Se le había explicado a Morehouse que habrían una serie de coordenadas, sólo algunos números y que con éstas trazaría un ideograma que después interpretaría. Un ideograma era descrito como una simple marca en el papel que representaba el concepto principal del objetivo de su búsqueda mental. Morehouse había aprendido ya estos fundamentos, pero no tenía idea de cómo funcionaban.

Poniendo la pluma sobre la hoja de papel, Morehouse esperó ansioso a que Pettingale le leyera las coordenadas. Hubo un largo periodo de silencio. Morehouse fijaba la atención en su mano. No sucedía nada. Su mente se inquietaba. "Bueno, se supone que algo está pasando aquí. Que se mueve", pero nada ocurría. Pettingale llamó a un descanso en la sesión. Morehouse no quería interrumpir; quería que algo sucediera. Después aprendió que darse un descanso era una parte importante de la disciplina de la visión remota.

Pocos minutos después retomaron la actividad. Pettingale le leyó las coordenadas y Morehouse seguía sentado observando su mano. No se movió. "Tomemos otro descanso", dijo Pettingale. Después de un momento, miró a Morehouse y dijo: "Mira David, no es algo que vaya a mover tu mano y cruzar por ti el papel. Cuando oigas la coordenada, sólo permite que tu mano se mueva por el papel." Morehouse se sintió muy incapaz. "Bueno —pensó— cómo logro que mi mano se mueva por el papel. Creo que estás hablando con un soldado raso."

Pettingale respiró profundamente y repitió de nuevo las coordenadas. Sin que lo pensara o lo quisiera su mano se empezó a mover por el papel. Se movía ligeramente atravesándolo y después brevemente hacia arriba y hacia abajo. Morehouse la veía con una sonrisa de satisfacción y logro. Pettingale no sonreía. "Ahora descífralo. Describe qué se siente." "Me siento ligeramente elevado", dijo Morehouse confiadamente. "Bueno, ahora toca el ideograma con el punto de tu pluma y dime qué sientes." Morehouse estaba de nuevo perplejo. Él hizo lo que le dijeron y murmuró: "Siento el punto de una pluma tocando el papel."

Pettingale le dijo presionándolo. "No, ábrete, relájate, cierra los ojos, siente qué es." El nivel de ansiedad de Morehouse iba en aumento. No tenía ninguna idea de lo que tenía que lograr. ¿Se suponía que tenía que sentir algo a través del papel, o que una vocecita le diría algo? Morehouse el soldado de combate tan entrenado estaba perdido. De pronto la voz de Pettingale interrumpió su agitación. "¿Se siente que es algo que ha hecho el hombre?"

La mente de Morehouse se concentró en la pregunta. Algo muy adentro de él sabía la respuesta. No era algo analítico, sino simplemente una sensación indefinida que provenía de su interior. "No, no se siente que sea algo que el hombre haya hecho." "Bueno, entonces ¿qué es?" "Está ligeramente elevado. Es natural." Estaba únicamente expresando sus pensamientos tal como llegaban: "Es una montaña", soltó de pronto, sorprendido de la convicción con que lo decía. "Muy bien", le dijo Pettingale. "Es todo por ahora. Escribe "fin de la sesión al final de tu hoja".

Caminando hacia Morehouse le dio un fólder de papel Manila. "Aquí está la retroalimentación", le dijo con una amplia sonrisa. Se volteó y se fue. Cuando miró dentro del fólder, Morehouse se asombró de encontrar dentro del fólder una fotografía del monte Fuji de Japón. Era realmente una montaña. Morehouse se sentó a pensar por largo tiempo en la habitación. Se sintió de nuevo como un niño, lleno de admiración, de espanto y de entusiasmo. ¡Diablos! Realmente funciona. ¡Y puedo hacerlo! Sintió como si todo un nuevo mundo se abriera para él.

CAPÍTULO III

AL FILO DE LA CIENCIA

Después del éxito de haber visto el monte Fuji, Morehouse estaba rebosante de entusiasmo, aunque albergaba ciertas dudas de las que no podía deshacerse por entero. ¿Había tenido suerte de principiante? ¿Fue una casualidad?

Cualquier cosa que hubiera sido, su curiosidad sobre la visión remota iba en aumento, y estaba más que listo para regresar a sus prolongados estudios de la historia psíquica. Aprendió que nunca hubo un retroceso en la investigación parapsicológica, sino simplemente una tremenda demora del público en enterarse. Esto se debía a la continua controversia entre la evidencia física y quienes se dedicaban a objetarla rápidamente en las comunidades médica y científica. Dada la controversia, quienes escribían en los medios noticiosos tendían de muchas maneras a informarlo de un extremo o lo del otro, ya sea exponiendo sin espíritu crítico historias de asombrosos poderes psíquicos o dando a conocer los logros psíquicos descartando cualquier juicio al respecto.

Independientemente del impresionante registro histórico y del cuerpo de evidencias científicas en continuo aumento, la batalla entre los creyentes y los escépticos seguía vigente. No obstante, dos hallazgos recientes en el campo de la parapsicología pueden dar una respuesta definitiva a la cuestión de la realidad de las habilidades psíquicas. Éstos son la técnica Ganzfeld y el meta-análisis.

Ganzfeld para los alemanes de "toda el área" se refiere a los experimentos de PES en los que el sujeto humano es colocado en una apacible privación de todo estímulo sensorial para excluir cualquier posibilidad de que las influencias del exterior afecten las pruebas psíquicas. En algunos casos la luz, el sonido y el color se utilizan para bloquear las percepciones sensoriales normales del sujeto y crear un ambiente sosegado en el que nada lo distraiga.

Este tipo de experimento empezó a comienzos de los sesenta con el Maimonides Dream Laboratory (Laboratorio del Sueño Maimónides), parte del Maimonides Medical Center (Centro Médico Maimónides) de Brooklyn, Nueva York. El estudio de los sueños produjo resultados impresionantes. En una prueba de 1970, un joven psíquico inglés llamado Malcom Bessent describió su sueño profético mediante varios tipos de pájaros. "Siento que el próximo material va a ser acerca de los pájaros", dijo Bessent a quienes le hacían la prueba.

Al día siguiente, un miembro del laboratorio, que no había estado con Bessent, eligió al azar el siguiente objetivo del sueño, una presentación de diapositivas con sonidos de varios tipos de pájaros. Como condición de control del experimento, a Bessent se le pidió que tratara de soñar con pájaros, pero no apareció nada en sus sueños.

El laboratorio de Maimónides cerró en 1978 debido a falta de fondos, pero los resultados de los experimentos aún se estudia. Uno de esos estudios fue descrito por Richard Broughton:

> En 1988, Alan Vaughan, uno de los participantes en el proyecto de sueño, y Jessica Tus, una estadígrafa de la Universidad de California hicieron una evaluación estadística de todo el proyecto. Utilizando la definición de Maimónides de que una condena de los jueces es la manera de estar a la mitad de todas las

probabilidades, Vaughan y Tus encontraron que hubo un total de 233 condenas en 379 juicios, un rango de precisión del 83.5 por ciento (donde la casualidad puede ser de 50 por ciento). Las excepciones a la casualidad en esto son más de un cuarto de millón en cada caso. Los sueños psíquicos acerca del presente y del futuro fueron llevados al laboratorio.[2]

Por los experimentos de este laboratorio, uno de los miembros del equipo, Charles Honorton, un estudiante de J. B. Rhine, desarrolló un interés no sólo en los sueños sino en los estados alterados de conciencia. Honorton teorizaba que las señales PES podían ser obstaculizadas por las señales de nuestros sentidos convencionales. Después de analizar el registro histórico, empezó a creer que uno debe lograr "una quietud", casi un estado de meditación para producir los resultados psíquicos que se pedían.

Durante cierto periodo de años, Honorton desarrolló las técnicas Ganzfeld, en las que se incluye la colocación de bolas de ping pong en las órbitas de los ojos del sujeto y audífonos en los oídos, y sentarlo en un asiento donde se recueste con tranquilidad y que se libere el ambiente de la prueba de cualquier ruido distractor.[3] Mientras Honorton perfeccionaba su técnica Ganzfield, se desarrolló una segunda técnica más cercana a la aceptación científica.

Meta-análisis es un término acuñado por el psicólogo de la Universidad de Colorado, Gene Class, para describir una manera de obtener un panorama de cualquier materia particular, combinando en uno varios experimentos. Robert Rosenthal de la Universidad de Harvard, utilizó eficazmente el meta-análisis en sus estudios sobre los efectos esperados en las relaciones personales, la tendencia de ciertos investigadores a inducir las respuestas de los sujetos. En otras palabras, un investigador puede obtener la respuesta que está esperando por la manera en que plantea la pregunta.

El meta-análisis se ha aplicado en los registros históricos y en muchos experimentos psíquicos de los últimos años.[4] Y pese a que muchos de los resultados de estos experimentos parecen débiles —hay que recordar que los investigadores han afirmado que las señales psíquicas pueden decaer fácilmente por las fuertes señales sensoriales que recibimos—, el meta-análisis apoya la experiencia psíquica. Broughton escribió: "Ciertas líneas de la investigación parapsicológica están produciendo indudablemente efectos consistentes, confiables, que no pueden atribuirse a la casualidad, a la pobre metodología, a los caprichos de los experimentadores o a análisis no usuales."[5]

El meta-análisis le dio a Honorton la posibilidad de enfrentar los argumentos de su crítico principal, Ray Hyman. Ese año, en un debate patrocinado por el *Journal of Parapsychology*, Hyman atacó la base de datos con que Honorton sustentaba el índice de éxito de la investigación sobre PES. Decía que las cifras de Honorton sobrestimaban en mucho ese índice. Hyman presentó su propio análisis estadístico, con el que se proponía mostrar que los experimentos de Ganzfeld con sus grandes imperfecciones eran los únicos que mostraban los mejores registros de PERCEPCIÓN extrasensorial.

Por su parte, Honorton se centró en 28 estudios que abarcaban 835 sesiones en diez laboratorios distintos. Se obtuvieron resultados significativos en el 43 por ciento de estos estudios: "Las excepciones en contra de los resultados obtenidos por casualidad eran una por cada mil millones", informó Broughton.[6]

Después de muchos ataques y contraataques en el campo del meta-análisis entre Hyman y Honorton y sus colegas, ambas partes llegaron a un empate. En un sorprendente comunicado conjunto, Hyman y Honorton estaban de acuerdo en que los resultados mostrados en la base de datos de Ganzfeld "no podían ser explicados razonablemente por información selectiva o por análisis múltiples".[7] En otras palabras, los resultados eran importantes dentro de los estudios, pero ninguno de ellos, ni Hyman ni Honorton, podían ponerse de acuerdo sobre qué causaba estos resultados. Es bastante interesante que Hyman fuera elegido por la CIA, en 1995, para elaborar un informe para desechar la visión remota.

El matemático británico y escéptico psíquico Christopher Scout se dispuso a definir la presentación de Honorton como "el argumento más convincente de la existencia de PES que haya encontrado", pese a que el pionero del meta-análisis, Rosenthal, señalaba que sentía que los estudios de Ganzfeld habían tenido ciertos resultados.[8]

Tras revisar el número del debate de Ganzfel, Broughton, uno de los ex presidentes de la International Parapsychological Association (Asociación Internacional de Parapsicología), escribió:

> El meta-análisis ha demostrado que estos impresionantes resultados de PES son consistentes si se cruzan experimentos y experimentadores. No hay fraudes estadísticos —o posibilidad de resultados sospechosos— asociados con experimentadores o quizá algunas series. Por eso resulta imprudente decir que cualquiera puede hacer un experimento Ganzfeld exitoso, porque no hay duda de que, *en manos de un experimentador competente*, la PES de Ganzfeld es un experimento respetable.[9]

Harold E. Puthoff, uno de los pioneros de la visión remota, estuvo de acuerdo con que, con más metodología, como en el meta-análisis, se gana mayor aceptación en la comunidad científica. Dijo:

> Al principio, en ella había un grado relativo de no aceptación, excepto en las personas que tenían predisposición a creer que podría suceder. Pero el gran cambio en los años intermedios, desde que empecé a trabajar en esa área, es que los experimentos continuaron siendo repetidos por varios laboratorios. Yo di-

ría que las cosas han cambiado. Los científicos están dispuestos a echar un vistazo objetivo ahora. Hay un clima de aceptación más amplio ahora.[10]

Fue en este "clima de aceptación" donde la visión remota fue introducida al principio. Pero para trazar el desarrollo de la visión remota, se debe primero describir el desarrollo del mayor responsable del entendimiento actual y del uso de este fenómeno: Ingo Swann.

Swann es una persona notable. Hablando generalmente en voz baja y sentado con su puro y su copa de vino blanco en su casa-estudio y oficina de ladrillos, del siglo XIX, en Nueva York, impresiona a los visitantes con sus pinturas, con su conocimiento de la ciencia y la historia, y sus descripciones de viajes psíquicos.

Hay diversos archiveros y cajones llenos de literatura científica que abarca varias décadas por toda su casa: "No me gusta que hablen de mí como un psíquico", refunfuña Swann. "Fui entrenado en biología y me considero sobre todo y en primera instancia, un científico." Como tal, Swann ha llevado a cabo la investigación en PES sólo bajo las más estrictas condiciones de laboratorio.

> El mayor interés en mi vida se ha centrado en estudios de creatividad y de los varios tipos de procesos creativos y habilidades de las que creo que los fenómenos psíquicos son una parte constitutiva. Mi visión de los fenómenos psíquicos difiere frecuentemente de las aproximaciones parapsicológicas a ellos, pues siento que aíslan el fenómeno parapsicológico del fenómeno de los procesos creativos, funcionales y holísticos, humanos.[11]

Por esta perspectiva en su trabajo de laboratorio en parapsicología, Swann obtuvo un grado de maestría en humanidades en 1990 y un doctorado en humanidades en 1991, en The Internacional College of Spiritual and Psychic Sciences (El Colegio Internacional de Ciencias Espirituales y Psíquicas) en Montreal.

Los científicos piensan que quizá las experiencias paranormales de Swann datan de la infancia.

Nacido, Ingo Douglas Swann el 14 de septiembre de 1933, en Telluride, Colorado, Swann fue un espíritu libre en su juventud que pasó mucho tiempo en el campo. Tiene una sólida ascendencia sueca. Sus padres, que emigraron a los Estados Unidos, trajeron consigo las virtudes de frugalidad, trabajo duro y de obediencia a la autoridad.

Al igual que las Rocallosas nutrieron su espíritu, su intelecto fue alimentado por la lectura. Swann contaba que a la edad de tres años leyó el diccionario de principio a fin, y entre los cuatro y los siete leyó completa la *Encyclopedia Britannica*. Un incidente particular dos años después marcó a Swann para toda su vida: fue llevado al hospital para que lo operaran de las anginas. Atemorizado por la experiencia, el joven Swann luchó con las enfermeras y el doctor.

De pronto, apareció una enfermera con un balón medio inflado: "Te pido que infles lo que falta", le dijo. Aceptando el reto, Swann empezó a inflarlo y pronto descubrió que era un truco. El balón estaba lleno de éter y cada inhalación lo llevaba más cerca de la inconsciencia.

Finalmente colocaron una máscara de éter sobre su cara, pero la furiosa juventud halló su mente escabulléndose por un punto de vista distinto. Veía la operación desde arriba, como observador; vio al doctor hundir en su garganta un instrumento cortante y lo escuchó decir: ¡Mierda!", cuando le hizo accidentalmente un corte en la lengua. Lo vio tomar las dos pequeñas amígdalas de su boca y ponerlas en un frasquito, que la enfermera colocó en un estante detrás de unos rollos de papel higiénico.

Se dio cuenta de que el doctor le había hecho una cortada en la lengua y en cuanto empezó a estar consciente de nuevo dijo: "Quiero mis anginas." Una enfermera le dijo que ya las habían tirado. Pero el joven Swann replicó enfáticamente: "No, no lo hicieron." Asombró a todos cuando señalaba los rollos de papel diciendo: "Los pusiste tras esos rollos. ¡Dámelos! Mamá, el doctor dijo '¡mierda!' cuando me cortó la lengua."[12]

Las experiencias psíquicas de Swann también incluían el recuerdo de vidas pasadas. Pero esto fue remontado hacia atrás en su mente en la medida en que se hizo adulto. A los catorce años, su familia se mudó a Utha donde, en algún momento, estudió biología y arte en el Westminster College. Se recibió de licenciado en artes y en biología en 1955. Al enrolarse en el ejército estadounidense, Swann sirvió en Corea y Japón como secretario y asistente en el equipo del Comandante de las Fuerzas del Pacífico.

En 1958, dejó el ejército y se unió al servicio civil internacional, trabajando para las Naciones Unidas en Nueva York. "La ONU es una experiencia de maravillosa apertura", recordaba. Durante los once años que trabajó en la ONU, Swann se codeó con líderes como Golda Meir e Indira Gandhi, pero dijo que llegó a desilusionarse de la política y las intrigas dentro de la ONU, y renunció en 1969. Le agregó una "n" extra a su apellido y emprendió la carrera de pintura. "Empecé inmediatamente a morirme de hambre", recordaba riéndose. "Nadie quería mis pinturas y me rehusaba a pintar lo que quería todo el mundo." Entonces una fría tarde de la primavera de 1970, Swann pasó frente a una tienda de mascotas en Greenwich Avenue y notó "algo que nunca había visto antes". Descubrió que el objeto de su interés era una chinchilla y en dos semanas compró la mascota y la llevó a su casa.

Eligió darle el nombre de Mercenario a su mascota, pues al ver sus correrías por el apartamento, notó que el apetito de su chinchilla incluía "libros, lápices, cinta de máquina de escribir, muebles, madera y cable de teléfono".

Swann empezó entonces a encerrar al animal nocturno en una caja cada tarde. Pronto, notó algo que lo llevó una vez más al campo de los fenómenos psíquicos. Mercenario empezó a identificar rápidamente la hora de dormir con la de ser encerrado en su caja y cada noche trataba de escabullirse lo más que fuera posible. Se volvió un ritual nocturno pasar al menos 30 minutos buscando y capturando a Mercenario. Pero una noche sucedió un incidente emocionante mientras Swann veía la televisión. Mercenario estaba en sus rodillas y Swann le rascaba las orejas. Aburrido con el programa de televisión, Swann pensó en que era momento de encerrar a la mascota en su caja e ir a dormir. Mercenario huyó como una flecha de la habitación. "No me había movido en lo absoluto cuando pensaba en ponerlo en la caja —dijo Swann—, me asombré, pues descubrí que la mascota había captado obviamente mi pensamiento."

Swann pasó los días siguientes probando este fenómeno. Iría colocando a Mercenario en su caja a horas inverosímiles. "El efecto fue excelente —afirmaba Swann—, después de lo que pareció haber sido un breve periodo de aprendizaje, se rehusó a reaccionar pero se volvió a sentar sobre mis piernas, sus ojos brillaban, movía la cola, mientras leía mi mente para saber si significaba lo mismo o era sólo otra secuencia de la prueba."[14]

Mercenario pronto se escapó del departamento de Swann y desapareció entre la gran multitud de la ciudad de Nueva York. Pese a que Swann lamentaba la pérdida de su mascota predominaba la consideración de que "Mercenario podía percibir y captar mis pensamientos". Swann concluyó: "Su percepción de mis pensamientos no podía existir al menos que hubiera una capacidad similar en mí, pues esto era obviamente una interacción, un *encuentro* de la mente y no una situación de causa y efecto."[15] Su interés y curiosidad científica aumentaron. Swann se empezó a mover en los círculos donde se estudiaba el fenómeno psíquico.

Primero hizo contacto con Cleave Backster, un operador de un polígrafo (detector de mentiras) de Nueva York, quien en 1966 hizo el asombroso descubrimiento de que las plantas que se enganchaban del polígrafo registraban estímulos del medio ambiente igual que los humanos. Su hallazgo, llamado ahora efecto Backster, fue objeto de un libro muy popular titulado *La vida secreta de las plantas*, que vendió más de cien mil ejemplares de pasta dura. Después de hallar que cualquier tejido viviente, incluso el bacilo del yogurt mostraba reacciones en sus gráficas, Backster concluyó: "El registro no parece detenerse a nivel celular. Puede descender a nivel atómico, incluso subatómico: todas las cosas que consideramos normalmente inanimadas deben ser reevaluadas."[16]

Swann trabajó en el laboratorio de Backster cerca de un año. El trabajo de Backster, verificado y aumentado por otros científicos alrededor del mundo, convenció a Swann de que su experiencia con Mercenario no había sido un fracaso. Algo muy real se respiraba en el nivel psíquico.

A finales de 1971, Swann fue contratado para hacer experimentación psíquica con el doctor Karlis Osis y su asistente, Janet Mitchell, en la American Society for Psychical Research (Sociedad Americana de Investigación Psíquica, ASPR, en Nueva York. Su trabajo se hizo bajo la asesoría de la doctora Gertrude Schmeidler del Departamento de Psicología del City College de la City University de Nueva York, y un miembro del equipo de la ASPR.

Los Libros de Time-Life describieron los experimentos:

En los experimentos de Osis, Swann se sentaría en una silla cómoda —dentro de una habitación iluminada por una tenue luz colocada en el techo— casi inmovilizado por los cables que lo conectarían con la máquina del polígrafo, que monitorearía sus ondas cerebrales y su presión sanguínea. Con una exclamación sacándose el puro de la boca, él lo describió como "liberar su mente". Después se le pidió que describiera o dibujara su impresión de los objetos que estaban fuera de su visión en una caja o plataforma colocada en el techo.[17]

Los resultados de estos experimentos fueron generalmente buenos, con más "aciertos" que "errores". Sin embargo, en por lo menos dos ocasiones, las pruebas resultaron ser bastante extraordinarias. El 3 de marzo de 1972, la caja había sido forrada con papel blanco y Swann informó que había una porción impresa en el papel. Quien realizaba la prueba le comentó que era la que estaba "fallando", porque no había papel impreso. "Para enojo de todos, cuando bajaron la caja y la inspeccionaron, había un impreso tal como yo había sentido que lo veía", señaló Swann.[18] La persona que envolvió la caja no notó lo impreso.

En otra ocasión, Swann estuvo tratando con fuerza de ver adentro de una caja iluminada, pero todo lo que percibió era oscuridad. "¡La maldita luz está cubriendo toda la caja!", le tuvo que gritar a quienes realizaban el experimento, quienes le contestaron: "¡Imposible!" Sin embargo, cuando uno de los que monitoreaban la prueba se trepó por una escalerilla alta para alcanzar la caja, descubrió que la luz que estaba adentro se había salido, tal como lo percibió Swann.[19] Con resultados como éstos, la habilidad psíquica de Swann comenzó a florecer y el concepto de visión remota parecía ser algo más cercano.

"Fui a la ASPR dos o tres días a la semana por muchos meses e intenté identificar una infinidad de objetos encerrados en cajas, atado a una silla y con un electroencefalógrafo manejado por Janet Mitchell, que monitoreaba mis ondas cerebrales. Al principio, pensé que no era muy bueno en este tipo de 'percepción', pero conforme pasaron los meses, fui mejorando", explicó Swann más tarde.[20]

Fue durante su trabajo para el doctor Schmeidler y el doctor Osis que el término de visión remota fue empezado a utilizar por Swann y Mitchell. "Se acuñó para identificar un tipo particular de experimento, no para una habilidad psíquica particular", escribió más tarde Swann.[21]

Los experimentos giraban en torno a las experiencias fuera del cuerpo a las que en un principio se les llamó clarividencia, experiencias ecsomáticas, bilocación o proyecciones astrales.

Swann recordó:

> Janet Mitchell y yo diseñamos sólo por diversión un experimento en el que trataría de "ver" las condiciones climáticas en ciudades distantes. Como en este caso se necesitaba cierta información para saber si realmente había "visto", después de que mis impresiones sobre climas distantes habían sido registradas, Janet o alguien más, debía telefonear inmediatamente al número del clima de esa ciudad distante para saber qué tiempo estaba haciendo. Las ciudades con las que jugábamos a "ver" el clima se seleccionaban en tres partes. Pues así, al menos que yo hubiera memorizado las condiciones climáticas de un gran número de ciudades, se podía concluir con cierta consistencia que la "visión a distancia" había tenido lugar cuando la información era correcta.[22]

Swann contó de una ocasión en la que percibió lluvia muy fuerte en una ciudad. "Imposible —repusieron quienes realizaban la prueba— la ciudad es Phoenix; donde el clima es caluroso y seco." Sin embargo, al llamar a la oficina del clima de Phoenix, confirmaron que ese día hubo fuertes tormentas en la ciudad.[23]

"Sugerí que llamáramos (a estos experimentos) 'visión remota' —dijo Swann—, aunque pronto se volvió claro que no percibía los lugares, sino que obtenía representaciones de imágenes mentales de ellos al visualizarlos de cierta manera. Sin pensarlo mucho, antes del final de 1971, empezamos a referirnos a los experimentos a larga distancia como de visión remota, pues nos parecía que el término era el más adecuado."[24]

En ese tiempo también sucedió que Swann estuvo en el laboratorio de Cleve Backster y supo de una propuesta del psíquico el doctor Harold Puthoff. "Hace tiempo hice una propuesta a la compañía de investigación que estaba manejando para mí una patente de láser, para obtener fondos para cierta investigación básica en biología cuántica —le respondió Puthoff—, esta propuesta ha circulado ampliamente y le ha sido enviada una copia a Clave Backster en Nueva York."[25] Swann dijo que Backster lo animó a escribirle a Puthoff. Swann lo hizo el 30 de marzo de 1972, y a partir de ese momento se mandaron una serie de cartas y se llamaron por teléfono con constancia.

Puthoff, un hombre agradable y estudioso con una voz suave y controlada, le dijo al principio que nunca había estado particularmente interesado en la PES ni en ningún otro fenómeno psíquico. En su juventud Puthoff sirvió como oficial de marina durante tres años después de obtener su grado de maestría. Recordó:

> Fui una de esas personas afortunadas. Estuve en la reserva y fui al Officers Candidate Schooll (Colegio de Candidatos a Oficiales) mientras estaba aún en la licenciatura. Fui dispensado de mi comisión en 1958, pues en el verano de 1957, despegó el Sputnik y el Congreso hizo una ley para que cualquiera que estuviera en un área técnica fuera dispensado de ir a servicio activo y pudiera permanecer en la escuela de graduados. Por eso fui un año y medio a la escuela de graduados y obtuve mi grado de lugarteniente junior en el tiempo en que estaba de servicio activo. En tres años fui lugarteniente.

Puthoff dijo que pasó su servicio militar trabajando en un laboratorio de investigación para la National Security Agency (Agencia de Seguridad Nacional, NSA), una agencia gubernamental de la que nunca había oído antes de entrar en servicio activo. Puede ser que allí Puthoff haya hecho los contactos militares que utilizó tan exitosamente años después, durante su investigación psíquica.

Después de dejar el ejército, Puthoff obtuvo un posdoctorado en ingeniería eléctrica y física en la Universidad de Stanford. "Trabajé sobre láseres, electrónica cuántica y otras cosas —dijo—, un tipo muy estandarizado de base de conocimientos de ingeniería y física."

Pero un día Puthoff estaba leyendo el popular libro: *Psychic Discoveries Behind the Iron Curtain* (*Descubrimientos psíquicos tras la cortina de hierro*), cuando leyó acerca del efecto Backster, la capacidad de las plantas de comunicarse y hacer que un polígrafo registre sus cambios galvánicos. Puthoff dijo:

Me ocurrió algo interesante con un experimento que hice con algunos cultivos de algas, separados varias millas unos de otros; envié una señal láser de un cultivo a otro para ver si el cultivo hermano respondía antes de que la señal del láser llegara a él. Si percibía una pérdida de vitalidad en la señal del láser, pues los taquiones —partículas que teóricamente viajan a mayor velocidad que la luz— se desplazarían más rápido que el láser, entonces determinaría si había conexiones taquiónicas. Pese a que era un experimento puramente físico, lo envíe a diversas personas de los alrededores quienes me dijeron: "Me parece que estás hablando de efectos psíquicos." Entonces me sugirieron estudiar directamente lo psíquico.

En la comunicación que hubo entre Swann y Puthoff, el primero insistía en participar en lo que el segundo le aseguraba que eran estrictamente protocolos científicos que se fortalecerían durante el experimento. "Entonces casi bromeando lo invité a que saliera a hacer ciertos experimentos", dijo Puthoff, quien en ese entonces estaba trabajando para el prestigioso cuerpo de asesores del Stanford Research Institute (Instituto de Investigación de Stanford, SRI) en Menlo Park, California. Su propuesta había sido patrocinada en abril de 1972, por la Science Unlimited Research Foundation (Fundación de Investigación Científica Ilimitada) de San Antonio Texas, aunque no para investigaciones de parapsicología.

Puthoff recordó que cuando Swann amenazaba con visitarlos, sus colegas del SRI le advirtieron de todas "esas personas que eran defraudadores y charlatanes". Le dijeron a Puthoff: "Deberías hacer algún experimento que sabes que no puede fallar."

Tomando en cuenta al pie de la letra los temores de sus colegas, Puthoff buscó a su alrededor y encontró un magnetómetro, un tipo de circuito con una aguja magnética supersensitiva que puede registrar campos magnéticos terrestres de hasta una millonésima. Este magnetómetro particular había sido diseñado con otros equipos que costaban muchos millones de dólares para detectar quarks: los pequeños bloques que, desde el punto de vista teórico, constituyen la materia. La estabilidad y el cumplimiento eran absolutamente necesarios en este trabajo.

Puthoff encontró que Swann era un hombre atento y amable, y que quería formar parte integral de cualquier experimento. "Encontré lo que después supe por otros laboratorios, que Ingo sería siempre el primero en descartar un éxito aparente, señalando cualquier posible objeción en el protocolo o cualquier posibilidad de malinterpretación de los datos", recuerda Puthoff.[26]

El 6 de junio de 1972, Swann fue llevado el sótano del Varian Physics Building, (Edificio de Física de Variones) de la Universidad de Stanford, donde estaba instalado el magnetómetro. Allí en calidad de observadores por diversión estaban el doctor Arthur Hebard, quien había estado de acuerdo en que Puthoff usara el magnetómetro; el doctor Martin Lee, un físico del Stanford Lineal Accelerator Center (Centro del Acelerador Lineal de Stanford) y diversos estudiantes de física.

Swann se sorprendió mucho al principio. Esperaba el sistema usual de electrodos, cajas con objetos adentro, etcétera. Aquí encontró para su consternación, que tenía que tratar de afectar la pequeña aguja de una sonda magnética localizada en una cámara debajo del piso del sótano, protegida por un escudo magnético, un contenedor de aluminio, cubierto de cobre y una pantalla superconductora, una de las mejores que se conocen. Como explicó Puthoff, al decaer el campo magnético ocurre un fenómeno dentro del magnetómetro, que provee una señal constante de calibración de fondo que se expresa como líneas oscilantes en la carta de registro. A Swann se le pidió que afectara mentalmente el campo magnético, lo que se debería entonces manifestar como un cambio en las líneas de registro.

"Eso me volvía loco —recordó Swann—. ¿Cómo esperaba producir resultados si no sabía lo que el experimento implicaba?" Swann dijo que después del choque inicial, empezó a investigar mentalmente el interior del magnetómetro, incluso al grado de "ver" cómo era el mecanismo. "Lo describí y pregunté: '¿es eso?'", contó Swann.

"Sí, sí es eso —le dijeron y afirmaron— ahora podemos hacer el experimento sin problemas." Dijo Swann: "¿Le echo un ojo a esa cosa?" En segundos, la oscilación del registro se duplicó aproximadamente 30 segundos. "Todo el mundo se quedó sin respiración", recordaba Swann. Según Puthoff, el doctor Hebard, el físico que estaba a cargo del magnetómetro, "se veía aterrorizado", pues su trabajo dependía en gran medida de que el equipo funcionara sin alteraciones.

Pese a que el magnetómetro había funcionado sin problemas antes del intento de manipulación mental de Swann, Hebard sospechó inmediatamente que algo malo le sucedía a la máquina. Sugirió entonces que sería más impresionante si Swann pudiera detener también el campo magnético que se producía con el magnetómetro. Swann estuvo de acuerdo en intentarlo.

Puthoff describió los resultados: "En aproximadamente cinco segundos [Swann] al parecer hizo exactamente eso... por un periodo de casi 45 segundos. Al final de ese tiempo dijo que 'no podía sostenerlo más' e inmediatamente 'lo dejó ir' en el tiempo en que el resultado volvió a ser normal... Era realmente asombroso."[27]

El asombro fue mayor cuando, en conversaciones posteriores a la prueba, Swann explicó que había experimentado una visión directa del interior del magnetómetro. En apariencia, el solo acto de observación del interior afectaba a la máquina, como se manifestó en el registro gráfico.

"A la salida le pedí al doctor Hebard que continuara monitoreando y registrando para que pudiéramos saber si el aparato seguía funcionando en forma inusual". Puthoff escribió más tarde: "Él estuvo de acuerdo y el aparato estuvo funcionando por cerca de una hora sin ruido y con una actividad uniforme."[28] Pero al día siguiente, el doctor Hebard, temeroso, le dijo que además la prueba había sido inútil porque el magnetómetro había "funcionado erráticamente".[29]

Swann recordó además que a los investigadores les estaba negado el acceso al magnetómetro porque podía fallar el intento de descubrir si éste tenía algo descompuesto. "Reconstruyeron la máquina —recuerda Swann riéndose— y ya nunca me dejaron entrar en el edificio."

Puthoff criticó después su propio experimento, pues los múltiples registros no se podían ordenar, y entonces no era posible evaluar objetivamente si la interrupción de la máquina había ocurrido por algo interno. Dijo que al laboratorio del SRI le llevó dos años duplicar con otro sujeto el experimento del magnetómetro que hicieron con Swann.

"Fuimos capaces de establecer protocolos más completos —dijo Puthoff—, el caso de Swann fue una observación piloto, y más tarde tuvimos un experimento controlado, pero con los mismos resultados".

El éxito aparente de la batalla Swann *vs.* máquina que tanto impresionó a Puthoff, fue el principio de una década de grandes estudios de este tipo de fenómeno en el SRI, que tuvieron como resultado un desarrollo en la visión remota.

Pero los experimentos de proyectar la mente de una persona en un objetivo distante no provinieron únicamente del SRI. Casi al mismo tiempo que los experimentos del SRI, el doctor Robert Morris, director de investigación en la Phychical Foundation (Fundación de Investigación Psíquica) de Durham, en Carolina del Norte, se hicieron experimentos con un estudiante de la Universidad de Duke llamado Keith Harary. Al igual que Swann, Harary informó que tuvo experiencias extracorporales desde su infancia.

Los investigadores colocaron a Harary en un edificio y le preguntaron sobre la identidad de grandes cartas colocadas bastante más lejos, en los otros edificios. Los resultados fueron variados; algunas veces increíblemente precisos pero otras erráticos. En una ocasión, pese a que Harary falló en identificar correctamente la carta, informó que había un segundo asistente en el salón con las cartas. Era correcto que un segundo voluntario desconocido para los experimentadores había entrado en la habitación.[30]

Morris concluyó que esos psíquicos, al menos Harary en particular, podían responder mejor a la gente que a las cosas. Entonces se diseñó un experimento en el que Harary era colocado en aislamiento y se le pedía proyectar su mente en una habitación del otro edificio.

Su primer intento fue asombrosamente exitoso. Él no sólo identificó a los cuatro miembros del equipo presentes en esa habitación, sino que informó con precisión dónde estaba sentado cada uno. Harary se convertiría con eso en el vidente remoto más joven que participara en los experimentos SRI.

Mientras tanto, Puthoff estaba totalmente dedicado a entender el fenómeno que Swann había demostrado tan adecuadamente con el magnetómetro. Antes de que Swann lograra regresar a su casa en Nueva York, Puthoff diseñó pequeñas series de experimentos en las que Swann trataría de identificar objetos colocados dentro de una caja de madera con paredes gruesas y cerradura automática.

Los experimentos fueron tan exitosos que Puthoff invitó a posibles patrocinadores que participaran y vieran por sí mismos la realidad de los poderes de Swann. Puthoff recordaba:

> Dos visitantes, que representaban a un posible patrocinador, hicieron que Ingo aprobara series de experimentos con diez objetos ocultos en una caja. Sus descripciones fueron excepcionalmente buenas ese día —estaba muy motivado— pero me asombré particularmente cuando Ingo dijo en una de las series: "Veo algo pequeño, café e irregular, un tipo de hoja, o algo similar, pero que parece estar mucho más vivo, quizá en movimiento." El objeto escogido por uno de los visitantes era una pequeña polilla viva que había capturado, que en realidad se veía como una hoja.[31]

Al parecer, los posibles patrocinadores estaban impresionados con Puthoff y con los experimentos del SRI; la financiación privada y generosa provino de un magnate de los restaurantes de pollo de Texas, W. "Bill" Church, junior. Swann pronto regresó a California para estudiar intensivamente durante ocho meses.

Pese a utilizar algunas altas tecnologías sofisticadas, Swann y los investigadores de SRI continuaban realizando los experimentos parapsicológicos estándar —identificar objetos ocultos, describir cosas envueltas, en cajas, etcétera—, los resultados estadísticos eran estimulantes, pero un día Swann se aburrió. Empezó a buscar algo más emocionante.

Recordó los experimentos de larga distancia que había hecho en Nueva York con el ASPR, pero también recordó el mayor problema: los críticos podían decir siempre que había obtenido el nombre del objeto de alguna manera y que los experimentadores le daban indicios, de alguna forma, de lo que era. El problema era cómo designar el lugar del objeto sin que éste revelara el nombre del objeto. Swann lo planteó de esta manera:

> Teníamos que diseñar experimentos que fueran de triple ciego para hacer a un lado la telepatía o cualquier cosa que pudiera involucrarse. Entonces envolveríamos un objeto, y otro con una envoltura distinta para mantenerlos seguros. Posteriormente, le pondríamos un número a una de las envolturas, después se lo quitaríamos y nadie sabría lo que cada una de las envolturas contenía. Esto podía hacerse una o tres veces para que quien hiciera el experimento dijera: "Bueno, aquí está la envoltura sellada, ¿qué hay en ella?"

Pero este tipo de experimento no se repetía lo suficiente, además, los críticos podían argumentar que había un tipo de telepatía entre el vidente remoto y quienes hacían el experimento. Un problema adicional era que si le dabas al vidente remoto el nombre del objeto —la torre Eiffel, por ejemplo— el vidente podía representarlo de memoria y su imaginación podía producir una imagen del objeto.

Swann recordó que un día, mientras descansaba en la piscina de los departamentos en los que vivía cerca del SRI, de pronto escuchó una pequeña voz en su cabeza que le decía: "¿Por qué no lo intentas con coordenadas?", "¡Coordenadas! —dijo Swann sorprendido de pronto— ¿cómo es que no pensé en eso? Con sólo coordenadas, incluso no sabríamos dónde está el objeto. Podríamos producir esos objetivos sin tener puntos de referencia. Y hay millones de posibilidades". Swann fue rápido al laboratorio del SRI y les comunicó su nueva idea a Ruthoff y a Russel Targ.

Hice algunos experimentos en ASPR en el que desplacé mi visión a lugares remotos y describí que había allí. Fue divertido de hacer y los estudios resultaron estadísticamente significativos. Creo que podría ver hacia cualquier parte del mundo si ustedes sólo me dan coordenadas como la latitud y la longitud. Diseñemos un experimento a partir de eso.[32]

Y con esa sugerencia la Coordinación de Visión Remota se trasladó al laboratorio de SRI. Puthoff dijo que él y Targ no estaban muy de acuerdo con la idea porque ambos sabían que la latitud y la longitud eran "concepciones completamente arbitrarias que hacían los seres humanos, añadiendo una imposibilidad a otra".[33] "En realidad pensaron que era la idea más tonta que habían escuchado en su vida —comentaba Swann años después— hasta que hubo resultados"; Swann dijo que los investigadores hicieron una serie de cien experimentos de visión remota con coordenadas. "Los primeros cincuenta no fueron muy buenos pero los siguientes 50 fueron dinamita." En los últimos diez experimentos con coordenadas, Swann acertó en siete según los distintos jueces, sólo tuvo un error evidente.[34]

Además, Swann explicó que hasta su experiencia en ASPR, su habilidad empezó a mejorar en la medida en que continuaba. Tras presentarle una serie de coordenadas, él describiría lo que "veía" en un punto específico; se consultaría un atlas del mundo y los investigadores obtendrían resultados inmediatamente. El desierto australiano, Madagascar, Hong Kong, Borneo, el Gran Lago Salado, el monte Shasta, el Yukón y el Océano Índico fueron sólo algunos de los lugares elegidos para los experimentos.

En una entrevista realizada en 1993, Swann estaba encantado de mostrar la lista de los objetivos en coordenadas y sus respuestas correctas. "Estoy mostrando esto porque es lo que nos permitió conseguir el dinero —dijo—, con este trabajo se logró que nuestro proyecto fuera posible" Swann contó que hubo una sesión particular de visión remota que lo convenció de la realidad del fenómeno.

Estaban utilizando un mapa en la pared para obtener las coordenadas. Como ese mapa tenía una imagen del Lago Victoria, en África, marcaron una coordenada abajo, en la mitad del lago. Informé de una interfase tierra agua, una península que se hacía más estrecha allí, etcétera. Me dijeron entonces: "Bueno, no es correcto", y dije: "Tiene que serlo porque es lo que vi." Les dije que el mapa de la pared era bastante pequeño y que les proponía que consultáramos un mapa más grande del Lago Victoria.

Entonces salimos y agarramos el coche. Fuimos a una librería y Hal tuvo que pagar 110 dólares por ese atlas enorme. Lo abrimos en la tienda, y allí estaba, a gran escala en ese mapa, el Lago Victoria; era una península de tierra en la que se destacaba una parte estrecha. ¡Bingo! La coordenada estaba justo ahí.

Ellos no sabían, nadie sabía. Dije: "Bueno, Hal, esto es lo que voy a ofrecer al cliente como un experimento repetible. Créeme, es repetible." Fue así como logramos comenzar.

Y eso fue el comienzo. El equipo de SRI iba a producir resultados cada vez mejores y más grandes, —y cambiaron sus clientes. Su siguiente gran cliente fue el gobierno de EUA, en calidad de Central Intellingence Agency (Agencia Central de Inteligencia, CIA); y la creación de Espías Psíquicos estaba cercana a hacerse realidad.

Una de las grandes ironías de la historia de los espías psíquicos es que todo el asunto comenzara como una respuesta a la brecha psíquica existente entre los Estados Unidos y la Unión Soviética, brecha producida por un aparente fraude.

La saga comenzó en febrero de 1960, cuando la revista francesa *Science et Vie* publicó un artículo dando a conocer que un submarino estadounidense, el USS *Nautilus*, había sido conducido exitosamente con telepatía. En los titulares de la revista se leía: "¡La marina de EUA utiliza PES en submarino atómico!", "¿Es la telepatía una nueva arma secreta?", "¿Será la PES un factor decisivo en futuros conflictos bélicos?" y "¿Los militares estadounidense han aprendido los poderes secretos de la mente?"[1]

El artículo describía cómo un lugarteniente de la armada había recibido mensajes de un "transmisor" a miles de millas de donde el Nautilus estaba sumergido; lejos, bajo la capa de hielo del Ártico. Años después, la historia fue definitivamente negada por la marina estadounidense; se argumentó que fue un engaño perpetrado por un escritor francés que posteriormente vendió un libro sobre el tema. El escritor le ofreció la historia a Gerald Messadie, un editor de *Science et Vie*. Posteriormente, Messadie se desdijo de la historia y afirmó que la creía falsa.[2]

Fraude o no, los parapsicólogos de la Unión Soviética utilizaron esta historia en su provecho. La investigación paranormal en la Unión Soviética había sido desalentada durante los años de José Stalin porque para la teología comunista el lado espiritual del hombre, que incluye la PES, simplemente no existía. Sin embargo, se realizaban experimentos secretos con la creencia de que había experimentos similares en Occidente.

Pero siguiendo los resultados de los experimentos del Nautilus, en abril de 1960, el doctor Leonid L. Vasiliev, un fisiólogo soviético reconocido internacionalmente, habló después de una reunión de los científicos más importantes de la URSS. "¡Tenemos hasta ahora mucha información sobre las investigaciones de PES no reconocidas bajo el régimen de Stalin! Actualmente la marina estadounidense está probando la telepatía en sus submarinos atómicos. ¡La ciencia soviética realizó, hace aproximadamente un cuarto de siglo, una gran cantidad de experimentos de telepatía exitosos! Debemos reanudar otra vez la exploración en esta área fundamental", les dijo a sus camaradas investigadores.[3]

Pasado un año de su discurso, Vasiliev, un miembro eminente de la Academia Soviética de medicina y director de fisiología en la Universidad de Leningrado estuvo a cargo de un laboratorio especial de parapsicología en la universidad. Aunque también había escépticos en la Unión Soviética, su investigación de lo paranormal parecía avanzar más rápido que en EUA. La razón de esto podría ser lo que afirmó Eduard Naumov, antiguo director de parapsicología técnica en el laboratorio conectado con el Colegio Estatal de Ingeniería Instrumental de Moscú: "¡Gracias en parte a la prueba de PES del doctor Rhine, los investigadores aquí no están tratando de probar que existe la PES! Estamos tratando de encontrar cómo funciona lo psíquico."[4]

La investigación paranormal floreció en todo el bloque oriental durante los años sesenta y setenta, alentando a los trabajadores checos en este campo a acuñar el término de *psicotrónica* en 1968, que reemplazaba al de *parapsicología*.[5] Ya sea con el nombre de psicotrónica o parapsicología, la investigación de lo paranormal se incrementó en las naciones del bloque comunista. En 1970, dos autoras occidentales: Sheila Ostrander y Lynn Schroeder, publicaron *Psychic Discoveries Behind The Iron Curtain*, donde describían lo que habían aprendido sobre investigación después de una larga visita a la Unión Soviética y a Europa Oriental. El libro tuvo un gran éxito y probó ser un impulso para la investigación psíquica, particularmente en los Estados Unidos. Ostrander y Schroeder afirman en su libro:

> Toda la investigación sobre PES en la URSS es, por supuesto, finalmente patrocinada por el gobierno. Ésta es una gran indicación de que las múltiples fuentes de investigación psíquica con potencial militar están bien financiadas por el ejército soviético, la policía secreta y otras dependencias paramilitares. Los científicos soviéticos que hacen investigación psíquica en áreas no militares frecuentemente tienen problemas para obtener dinero.[6]

Pese a que admitían que la secrecía que rodeaba la investigación de PES dificultaba evaluar con precisión los avances, las autoras hicieron sin embargo evidente que Estados Unidos iba atrás de los soviéticos. Esta visión trajo consecuencias imprevistas en los salones de la CIA y el Pentágono.

Después de todo, nadie en Washington en 1970, quería pensar que los soviéticos pudieran ir por delante de los Estados Unidos en nada, mucho menos en una capacidad humana que tuviera cierta aplicación en el aparato de espionaje de la guerra fría.

Los funcionarios de la CIA soñaban con contactar agentes sin utilizar los medios detectables normales. Las mentes militares estaban ansiosas con la idea de que los comandantes pudieran ser capaces de anticipar las acciones del enemigo, leer sus planes y romper sus códigos de comunicación. Los funcionarios de la CIA y los militares estaban asombrados con la idea de que los líderes (propios y los del enemigo) pudieran quedar discapacitados por enfermedades, desorientación o ser asesinados mediante medios psíquicos.

Los líderes del ejército estadounidense, incluso algunos miembros del Congreso, pidieron que se hiciera todo lo necesario para evitar que los soviéticos sobrepasaran a Estados Unidos en la carrera armamentista psíquica. Pero el interés en el fenómeno psíquico dentro de los círculos de los dirigentes de la guerra fría en ambos lados del Atlántico, permaneció como una agenda oculta. Los Estados Unidos oficialmente no tenían interés en fenómenos inexistentes.

Incluso los soviéticos empezaron a dar marcha atrás. En un artículo de 1973 titulado "Parapsicología: ¿hecho o ficción?" Los conservadores soviéticos atacaron el libro de Ostrander y Shroeder y lo calificaron como "un trabajo con poco rigor, de valor sensacionalista".[7]

Dijeron que las autoras habían dado a conocer las historias de experimentos psíquicos hechos por científicos soviéticos que sólo buscaban dinero. "Además, la parapsicología sirve de publicidad al antisovietismo, y a la vez el antisovietismo le da publicidad a la parapsicología", afirmaba el informe.[8]

Ron McRae en cuyo libro de 1984, *Mind Wars* (*Guerras de mentes*), describía la guerra fría psíquica:

> Cuando los expertos del equipo de *Voice of America* restringieron los contactos con investigadores extranjeros en parapsicología, Naumov, que era uno de los autores de las fuentes principales, fue arrestado y condenado a trabajos forzados en Siberia. Su laboratorio se cerró y sus socios fueron despedidos.[9]

Las críticas en Estados Unidos fueron también clamorosas. Swann, quien había estado en el centro de estos choques entre sistemas de creencias por muchos años escribió:

En un estudio interno se concluyó que el campo de batalla entre los parapsicólogos y los foros puramente científicos no tenía como base cuestiones científicas sino diferencias filosóficas que requerían de una reestructuración filosófica completa de las bases fundamentales de la ciencia moderna, para que cualquier forma de lo psíquico fuera aceptada por las corrientes científicas modernas. La batalla, por lo tanto, no era ni nunca había sido científica, sino filosófico-social.[10]

Entonces el debate prosiguió. Incluso con el serio reconocimiento que la *Nueva Enciclopedia Británica* hacía de la controversia no resuelta sobre el funcionamiento de lo psíquico y que dejaba la puerta abierta a la realidad psíquica: "Cuando visiones tan extremas y contradictorias son sostenidas abiertamente, es casi seguro que la evidencia concluyente de cualquiera de las dos partes y las conclusiones confiables no sean probablemente apoyadas por una evaluación de todos los hechos conocidos."[11]

A mediados de los setenta, el interés del público en los fenómenos psíquicos que había provocado el libro sobre los avances soviéticos en esta área, había desaparecido. Pero dentro de ciertos círculos de la CIA y de los militares, había funcionarios que se habían apasionado por la filosofía del doctor Truzzi y su interés se volcó en la acción. Desde el 7 de enero de 1952, según un documento de la CIA dado a conocer por el Acta de 1981 de Liberación de Información, la agencia estaba tomando en consideración proyectos que involucraban la PES. En una parte del documento se leía:

Si como ahora nos parece más allá de toda cuestión, que hay en ciertas personas alguna cantidad de habilidades para la percepción extrasensorial (PES), este hecho y los consiguientes desarrollos a partir de él, deben ser significativos para el servicio

de inteligencia profesional… Habiendo establecido ciertos hechos básicos; ahora, después de prolongados y pacientes esfuerzos
y más resistencia que apoyo, parece que estamos listos para considerar aplicaciones prácticas como problemas de investigación
en sí mismos… Los dos proyectos especiales de investigación que
deben ser impulsados en interés del proyecto en discusión son
la búsqueda y desarrollo de individuos excepcionalmente dota-
dos que puedan lograr éxitos casi perfectos en el desempeño de
pruebas de PES; y, segundo, la concentración estadística de los
ejercicios dispersos de PES, para lograr así una confiabilidad y
una aplicación casi perfectas.[12]

La CIA continuó su interés en utilizar el fenómeno psíquico hasta que en 1986, un psíquico entrenado por la agencia le dijo al
presidente de Ghana, Kwame Nkrumah que las estrellas eran
propicias para el viaje a China que se había propuesto. Mientras
estaba fuera del país, Nkrumah fue derrocado por un general más
favorable a los Estados Unidos. En 1972, un informe liberado de
la CIA mostró en años posteriores que los funcionarios de la agencia estaban muy preocupados por la investigación psíquica soviética, pese a los escépticos. Tal como lo citaban los editores de
Time-Life, el informe afirmaba:

Los esfuerzos soviéticos en el campo de la investigación psíquica, los hará tarde o temprano capaces de hacer algo de lo
siguiente: a) Conocer los contenidos de documentos secretos
de EUA, los movimientos de nuestras tropas y embarcaciones
y la ubicación y naturaleza de nuestras instalaciones militares.
b) Moldear a distancia los pensamientos de líderes militares y
civiles clave en los EUA. c) Ocasionar a distancia la muerte
instantánea de cualquier funcionario estadounidense. d) Estro-
pear a distancia equipos militares de todos los tipos en los EUA,
incluyendo los aparatos espaciales.[14]

Según Time-Life y el autor McRae, la CIA tenía seis funcionarios en el caso, cuyo trabajo era mantener cuadros de investigación en el campo de la parapsicología e informar de cualquier hallazgo que tuviera aplicación militar o de inteligencia. Estos funcionarios, miembros de la Office of Strategic Intelligence (Oficina de Inteligencia Estratégica, OSI) se encontraron con Russell Targ en abril de 1972, tras ver diversas películas de experimentos soviéticos en las que se movían objetos inanimados mediante telequinesis, hicieron una evaluación para los miembros de la Office of Research and Development (Oficina de Investigación y Desarrollo, ORD).

Un funcionario de proyectos de la ORD se encontró con Targ y Puthoff en SRI y quedó impresionado de su trabajo, y también de la experiencia de Ingo Swann con el magnetómetro del doctor Hebard. El funcionario hizo un informe favorable para la Office of Technical Services (Oficina de Servicios Técnicos) de la CIA, que contrató al SRI para un experimento en el que participó Swann en agosto de 1972. La descripción que hizo Swann de objetos ocultos fue tan precisa que el personal de la CIA recomendó más y más investigación. Puthoff y Targ empezaron el Proyecto SCANATE de investigación en SRI con financiamiento de la CIA.

El columnista Jack Anderson, sindicalizado nacionalmente, describía en una columna de 1985, el Proyecto SCANATE como "una serie de experimentos patrocinados por la CIA" y nombraba a Puthoff "el Santa Claus de la investigación psíquica; los financiamientos para otras instituciones de investigación se canalizan a través de él".[15]

En el verano de 1993, mucho antes de que el programa de visión remota fuera dado a conocer al público, a Puthoff se le preguntó sobre su papel en el Programa SCANATE. Puthoff quien había prestado juramento secreto a la CIA, sólo sonrío y dijo: "No puedo hablar de eso." Pero después hizo una copia de la columna de Jack Anderson y decía simplemente: "Lo llamamos SCANATE por el escaneo por coordenadas."

Los editores de los Libros de Time-Life no fueron tan ambiguos; escribieron en 1992: "Puthoff y Targ alcanzaron un acuerdo con la CIA —y quizá con otras agencias gubernamentales— para más estudios de visión remota."[16]

El Proyecto SCANATE empezó el 29 de mayo de 1973, cuando Ingo Swann fue utilizado para las primeras sesiones de visión remota que se prolongaron por dos años. En ese tiempo se produjeron algunos de los mejores hallazgos en visión remota.

Fue "el experimento más rigurosamente monitoreado científicamente en la historia", según el antiguo investigador de Jack Anderson, Ron McRae, quien más tarde sería autor de *Mind Wars*, un estudio de investigación gubernamental de las armas psíquicas.[17]

McRae escribió:

> El personal de la dirección general de la CIA seleccionaría un grupo escogido de objetivos por todo el mundo, entre ellos lugares secretos en los Estados Unidos, la Unión Soviética y la República Popular China. Otros grupos directivos seleccionarían azarosamente los objetivos realmente utilizados desde la agrupación. La Agencia de Seguridad Nacional encriptaría entonces las coordenadas y las transmitiría en código (a la oficina del funcionario de la CIA encargado de SCANATE) y a otra agencia con personal asignado para monitorear SCANATE en SRI. Nadie, excepto el personal de la dirección general, entre ellos (el funcionario encargado), sabían qué objetivos habían sido seleccionados.[18]

McRae agregó que los investigadores de SRI no podían engañar con estas pruebas incluso si sabían los objetivos, porque la CIA podría seleccionar alguna vez lugares programados para observación satelital dos y tres meses después de la prueba SCANATE.

Pese a todas estas precauciones, Kenneth A. Kress, quien había sido contratado por primera vez por el SRI, tuvo sus reservas sobre la observación remota. En un informe clasificado de 1977 escribió:

> La investigación extendida incluía pruebas de distintas habilidades en el sujeto original [Swann] y en uno nuevo. Empezaron a aparecer datos curiosos; las habilidades paranormales parecen ser de cada individuo. Por ejemplo, un sujeto podía ocasionar mentalmente una elevación en la temperatura medida por un termostato. El segundo sujeto era capaz de reproducir, con una impresionante precisión, información que había dentro de sobres cerrados. En condiciones idénticas, el primer sujeto no podía reproducir nada. Quizá era aún más preocupante que repetir el mismo experimento con el mismo sujeto no arrojara resultados consistentes. Empecé a tener la grave sensación de estar involucrado en un fraude.[19]

Targ y Puthoff estaban, sin embargo, cada vez más impresionados con los experimentos psíquicos. Proporcionaron a Swann las coordenadas generadas azarosamente y le pidieron que describiera un lugar a más de 3 000 millas. Como se detalla en el informe de ese día, Swann cerró los ojos y comenzó a informar lo que veía:

> Parecen montones de una tierra particular o quizá ondulaciones en el terreno. Es una ciudad hacia el norte. Puedo ver los edificios más altos y nubes de contaminación. Parece ser un lugar extraño, con montes de césped en el piso, similares a los que suele haber alrededor de una base militar, pero tengo la impresión de que [hay] algunos viejos bunkers alrededor o tal vez se trata de una reserva cubierta, hay carreteras al oeste, y un río hacia el lejano este; al sur, más ciudad. Riscos al este, cercas al norte. Hay un edificio circular, quizá una torre, edificios al sur. ¿Es la antigua base [de misiles] Nike o algo así? Esto es lo más que puedo obtener sin retroalimentación y sin indicio

de lo que se desea encontrar. Hay algo extraño en esta área, pero como no sé qué debo buscar en esta multitud de cosas, es extremadamente difícil determinar qué está ahí y qué no. La imaginación parece ir más allá. Por ejemplo, tengo la impresión de algo en el subsuelo, pero no estoy seguro.[20]

Nota: Swann dibujó un mapa mientras hablaba.

Tras obtener resultados de la costa este pocas semanas después, escribió Puthoff: "¡La descripción de Swann no sólo era correcta en todos los detalles, incluso la relación entre las distancias en su mapa estaba a escala!"[21]

Puthoff dijo que este experimento eliminaba además la posibilidad de que el objetivo de información estuviera disponible para Swann a través de un artículo de una revista o un documental de televisión, "pues el lugar del objetivo era pequeño y se caracterizaba por el acceso controlado"[22] en otras palabras, eran edificios del gobierno.

Durante el SCANATE y los siguientes experimentos en los que participaron la CIA y otras entidades gubernamentales, los resultados fueron un problema constante para los investigadores. "Enviábamos la información pero raras veces nos llegaba algo de regreso", decía Swann. "Alguna que otra vez nos dijeron que estábamos en lo correcto en cuanto al objetivo, pero esto no sucedía con frecuencia."[23]

Swann señala rápidamente que la visión remota sin resultados, o sin una verificación de lo que se estaba viendo remotamente, es poco más que un sueño, una ficción, o simplemente una buena historia. "Tener resultados no es entonces trivial o incidental en el proceso y los protocolos de la visión remota", escribió. "Es crucial para éstos",[24] y agregó:

La visión remota menos los resultados realmente equivale a lo que quieras o no hacer. Por ejemplo, para los escépticos puede representar ilusión, pues a ellos no les interesa estudiar los resultados, incluso si están disponibles. Puede representar pura ilusión para los psíquicos a los que no les preocupa demostrar los resultados, particularmente si no están disponibles de primera mano.[25]

Swann dijo que los resultados son más importantes que la psicopercepción en sí misma, porque sin los resultados no se puede decir que hay habilidad psíquica. Por lo menos un vidente entrenado por Swann ha argumentado que los resultados son sólo cruciales en el proceso de entrenamiento, pues para un vidente remoto veterano únicamente es bueno obtener los resultados. A partir de los montones de archivos que Swann mantiene en su casa de Nueva York, puede producir experimento tras experimento que demuestra que se ha sido preciso gracias a los resultados adecuados.

Habría que señalar que aunque los investigadores de SRI no sentían que obtuvieran resultados adecuados de sus patrocinadores gubernamentales, al parecer estos últimos pensaban que obtenían resultados adecuados de sus experimentos de visión remota. Una agencia gubernamental tras otra continuaron financiando espías psíquicos por casi 25 años.

Puthoff dijo que los primeros experimentos SCANATE eran útiles para establecer la existencia de la visión remota, pero carecían de una verdadera metodología científica. Explicaba:

Lo que se necesitaba era un protocolo que abarcara objetivos locales que pudieran ser evaluados por muchos jueces para su documentación independiente y dictaminación. Además, se debían diseñar algunos procedimientos para eliminar la posibilidad de adquisición de objetivos por medios ordinarios como, por ejemplo, que el sujeto memorizara las coordenadas. Finalmente un procedimiento de selección de objetivos azaroso y un juicio ciego (de correspondencia) de los resultados debería ser

manejado independientemente de los investigadores encargados de los experimentos. Estos procedimientos tendrían que ser
meticulosamente desarrollados y rigurosamente seguidos de
cerca para evitar ser acusados de credulidad en un protocolo
que permitiera tener claves; o peor, ser acusados de fraude y
complicidad, lo que impediría que los experimentos continuaran siendo exitosos.[26]

Una preocupación era que, por ejemplo, al darle al sujeto una
lejana latitud al norte, pudiera decir fácilmente (y quizá correctamente) que veía hielo y nieve. Además de la preocupación por
los protocolos estrictos de las pruebas, estaba el conocimiento de
que sus hallazgos más sobresalientes causarían espanto ante la
mera mención de la experimentación psíquica. "Los científicos
y no científicos tienen en común que frecuentemente encuen-
tran difícil comprobar datos que distan de su visión del mundo",
dijo Puthoff. "Los sistemas de creencias muy arraigados no suelen
derrumbarse, incluso en presencia de los datos."[27]

Swann decía que probablemente era mejor que el gobierno
estuviera involucrado en ese momento en el desarrollo de la visión remota porque la CIA y otros sólo querían resultados. "Como
no teníamos necesidad de explicar cómo podía hacerse esto, demostrar que se podía hacer era la única posibilidad", dijo. "Ellos
están buscando resultados, entonces es fácil hacer de esto un proyecto clasificado. A ellos no les interesa que Ingo Swann presente un artículo en un foro científico y argumente sobre la teoría
de esto, que es lo que los parapsicólogos hacen sin cesar." Agregó
que la mayoría de las personas en el gobierno que estaban inte-
resadas en investigación de visión remota tenían "una mente in-
genieril; su actitud era: 'no nos importa como está construido el
puente, mientras se mantenga y siga en pie'".

Fue con estas preocupaciones que los investigadores de SRI
empezaron largas series de experimentos de doble ciego, utili-

zando objetivos locales de manera que los jueces independientes pudieran visitar los sitios y confirmar la visión remota.

Los experimentos se realizaban con la siguiente metodología: el vidente remoto permanecía encerrado con un experimentador en el SRI, mientras un grupo de experimentadores, llamados el equipo de objetivos, recibían un sobre sellado preparado azorosamente por el director de la División de Información Científica y de Ingeniería de SRI. En el camino, los del equipo de objetivos abrían el sobre que contenía datos detallados de un lugar cercano, todo esto en los 30 minutos del viaje en automóvil fuera del SRI.

Tras llegar a su destino, el equipo de los objetivos pasaba 15 minutos buscando. Era durante ese tiempo que el sujeto de prueba que se había quedado en el SRI, hacía dibujos o le dictaba a una grabadora sobre las impresiones que ella o él tenía del lugar. Cuando el equipo de objetivos regresaba, el sujeto estaba haciendo la prueba del lugar para obtener resultados inmediatos.

"Claro que no importaba lo que pensábamos acerca de los resultados de esta comparación informal; la decisión final sobre el acierto o error del experimento se hacía con base en una relación de correspondencia a ciegas que realizaban analistas de la investigación que no estaban asociados de ninguna manera con ella", señaló Puthoff. "Como una precaución más, la administración del SRI siempre hacía los arreglos con quienes pudieran ser más escépticos al juzgar los resultados y frecuentemente, para su desgracia, su confirmación de los objetivos produjo algunos de los mejores resultados estadísticos que obtuvimos."

Uno de estos escépticos era el funcionario de la CIA asignado al Proyecto SCANATE. Su experiencia fue descrita por el autor Ron McRae. Según él, sólo podía entrevistar al funcionario de la CIA bajo la condición de que éste no fuera nombrado. En los recuentos de McRae y Puthoff, el hombre era identificado solamente como VI, es decir, "Visitante Uno".

v1 llegó al SRI queriendo "ver algo psíquico", según McRae:

> v1 estuvo de acuerdo en ser vidente en una prueba de visión remota. Mientras Targ y él esperaban en un confortable salón, Puthoff fue al lugar del objetivo seleccionado al azar por un participante neutral. En el tiempo señalado, v1 grabó sus impresiones en una cinta, describía un camino peatonal de madera con una barandilla, y el piso que iba perdiendo de vista abajo. La descripción coincidía obviamente con el objetivo, un puente peatonal sobre un río cerca de Burgess Park.[29]

A pesar de la evidencia v1 no estaba convencido, quizá Targ le había indicado algo subconscientemente. Entonces, en un segundo experimento, v1 se puso solo en un rincón con la grabadora. Lo hizo mejor esa vez, describió correctamente una torre de transmisión de televisión y un cine que estaba al lado. Todavía escéptico, v1 pidió una tercera prueba. Esta vez, él y el equipo de objetivos hicieron grabaciones y dibujos del lugar seleccionado. Después de que el equipo regresó al SRI, y antes de que cualquiera dijera nada, se intercambiaron las grabaciones y los dibujos.

"Esta vez, v1 tuvo que rendirse: '¡Dios mío, funciona realmente!', exclamó McRae". "Sus impresiones mecanografiadas y dibujadas representaban obviamente el objetivo, el carrusel de un parque recreativo a cuatro millas de SRI".[30] v1 no era el primero ni el último funcionario escéptico del gobierno en ser ganado por los meticulosos métodos de los investigadores del SRI. Un experimento típico de visión remota durante esa época, en el que participó Ingo Swann, era la visión remota del City Hall de Palo Alto (que por supuesto él no conocía en esa época). Swann describió y dibujó un edificio alto con columnas verticales y ventanas "agregadas". Swann también dijo que había una fuente en el sitio, aunque agregó: "Pero no la oigo". El City Hall era en verdad un edificio alto con muchas columnas verticales y ventanas "agregadas". En ese día particular, la fuente no estaba funcionando. "El juez no tuvo dificultad en hacer corresponder la respuesta de Ingo con el objetivo", comentaba Puthoff.[32]

En julio de 1973, Puthoff y Swann asistieron al Primer Congreso Internacional de Psicotrónica en Praga, Checoslovaquia. En las conversaciones con los investigadores de Europa oriental, ellos preguntaban continuamente sobre el estrés psicológico de los sujetos de prueba. "Llegamos a la conclusión de que el marcado interes en la estabilidad del sujeto indicaba que los soviéticos eran más atinados, más allá de los estados psíquicos, al tratar de decidir si el funcionamiento paranormal cra un fenómeno real."[33] Después de regresar de Europa, Puthoff y su socio Russell Targ se reunieron con otro hombre con una notable habilidad psíquica: Patrick H. Price, un irlandés muy dinámico que había sido anteriormente comisionado de policía, detective, hombre de negocios y vicealcalde de Burban, California.

Puthoff había recibido una llamada del SRI de Price sólo unos días después del comienzo del Proyecto SCANATE. Según Puthoff, Price manifestó tener habilidades psíquicas. Estaba a punto de colgar amablemente a su llamada no solicitada cuando su interlocutor afirmó.

De hecho, como comisionado de policía, utilizaba mis habilidades para atrapar sospechosos, aunque en ese tiempo no enfrentaba como realidad que tenía esas habilidades que achacaba a mi buena fortuna, a la intuición y a la suerte. Sin embargo, un día tuve una imagen muy clara en mi mente de algo que había sucedido y que yo no tenía posibilidad de saber por medios ordinarios, y cuando lo confirmé, resultó que era cierto. Después de ese incidente, empecé a imaginar si no había algo qué hacer con toda esa cosa psíquica que había menospreciado por años.[34]

La siguiente conversación con Price intrigó a Puthoff y en un impulso le dio a Price las coordenadas del sitio de la costa este, que Swann ya había "visto" exitosamente. Le pidió que viera cualquier cosa situada en esas coordenadas. Price estuvo de acuerdo, y en cuatro días, Puthoff recibió cinco páginas "a punto y seguido que empezaban con una descripción del área desde una altitud de 1 500 pies y terminaban con un paseo por el interior de los edificios".[35] Puthoff dijo que el paseo incluía descripciones del equipo de oficina, nombres de los escritorios, incluso etiquetas de los folders archivados en un gabinete cerrado. Recordó:

> Obedientemente pasé la información a través de nuestro desafiante de la costa este (v1, el funcionario asignado de la CIA), seguro de que no había manera de que una información tan detallada pudiera ser verdad. Estaba asombrado de oír semanas después que la descripción de Pat era esencialmente correcta y que el desafiante tenía la certeza de que Pat no había obtenido la información por medios ordinarios.[36]

Después de unas semanas de más experimentos con resultados positivos, se invitó a Price a abandonar su semiretiro en Lake Tahoe y a que se juntara con los investigadores de SRI.

Price participó en experimentos de visión remota y probó —pese a ser distraído—, tener talento psíquico. Como había sido policía, tendía a concentrarse demasiado en los detalles de sus visiones. Esto hizo que aumentara su promedio de "aciertos". En uno de sus primeros experimentos, que seguía los mismos protocolos estrictos de los llevados a cabo con Swann, a Price se le proporcionó como objetivo la torre Hoover, un punto de referencia del *campus* de la Universidad de Stanford. Su descripción transcrita estaba en duda después de que el equipo de los objetivos regresó a SRI. Después de una descripción general del área del objetivo, Price afirmó finalmente "...parecería que es la torre

Hoover."[37] Otros experimentos llevados a cabo durante 1974 confirmaron las notables habilidades de Price.

Una tarde de 1974, el director de la división de Puthoff en SRI, Bonnar Cox, en un esfuerzo, al parecer, para decidir él mismo si los protocolos de los experimentos eran defectuosos, acompañó al equipo del objetivo a algo más que darles el objetivo en un sobre. "Cox condujo el carro deliberadamente de manera azarosa, dándose la vuelta a la izquierda o a la derecha según la cantidad de tráfico", recordó Puthoff. "Mediante este proceso terminamos en la Redwood City Marina, un puerto para los entusiastas locales de navegación."[38] Cuando regresaron a SRI, el grupo escuchó en una grabación a Price describiendo lo que había visto.

> No tenemos que esperar hasta entonces. Puedo decirles ahora dónde van a estar. Lo que veo es un pequeño bote en el embarcadero o en el muelle a lo largo de la bahía… Sí, veo pequeños botes, algunas lanchas de motor, algunos barcos de vela, las velas están todas plegadas, algunos de los mástiles están abajo y otros alzados… Cosa curiosa, esto brilla con el efecto que hacen las pagodas chinas o japonesas. Tengo una sensación intensa de arquitectura oriental en algo que parece estar bastante cerca de donde ellos se hallan.[39]

Puthoff estaba impresionado de cómo Price describía con precisión no sólo la marina sino un restorán asiático, en el muelle diseñado como una pagoda. Y había algo aún mejor, este experimento particular se diferenciaba de los anteriores por un aspecto muy importante: Price al parecer sabía el destino del equipo del objetivo 20 minutos antes de que llegara a su destino.

Parece que Russel Targ había volteado el casette de la grabadora a las 3:05 de la tarde y le estaba explicando a Price los protocolos del experimento, cuando este último lo interrumpió con la descripción anterior. Para cuando Price terminó eran las 3:10. En ese momento Puthoff y Cox todavía conducían sin rumbo fijo. No llegaron a la Redwood City Marina hasta 20 minutos después.[40]

Según los editores de Time-Life, Price había realizado proezas similares sobre algo fuera de su alcance en siete o nueve experimentos contra las probabilidades calculadas de cien mil a uno.[41] Esta experiencia con Price llevó a los investigadores del SRI a pensar que quizá la visión remota no estaba limitada por las restricciones temporales. Descubrieron que la distancia no parecía ser una barrera para la experiencia.

Habiéndose convencido de la experiencia de la visión remota por sus sujetos estrella, Price y Swann, los investigadores del SRI decidieron hacer pruebas con sujetos sin llamados psíquicos previos. "Habían pasado 18 meses desde el primer experimento con Ingo —dijo Puthoff—; ya no había duda de la experiencia de funcionamiento de lo paranormal, teníamos que esperar que nuestros experimentos fueran exitosos, y estábamos empezando a buscar ciertas leyes físicas que pudieran gobernar el fenómeno que estábamos observando."[42]

Puthoff le dijo a los investigadores que había decidio trabajar con sólo seis sujetos para realizar pruebas médicas, neuropsicológicas y psiquiátricas a cada persona. Estas pruebas incluían una historia médica y familiar completa, electroforesis de proteínas, perfil de lípidos en la sangre, análisis de orina, coprocultivos, electrocardiogramas y doce encefalogramas dirigidos, exámenes audiométricos, oftalmológicos, exámenes especiales de la vista y una ecografía cerebral. Además, se crearían perfiles neuropsicológicos y psicológicos completos de cada individuo. "Nuestros sujetos, por la cantidad de análisis aplicados, estarían en segundo lugar detrás de los astronautas", dijo Puthoff.[43]

Duane Elgin, un investigador con éxito en análisis de pruebas con un aparato de aprendizaje de PES, se unió a Price y a Swann como el tercer vidente remoto "experimentado". Los tres "alumnos" de SRI fueron Hella Hammid, una fotógrafa profesional, y dos personas pertenecientes al equipo de SRI: Marshall Pease y Phyllis Cole. Hammid había participado una vez como voluntaria en un experimento de ondas cerebrales de PES; sin embargo, no tenía ninguna experiencia previa con los fenómenos psíquicos.

En su primer intento de visión remota, Hammid describió "una pequeña casa cubierta de tablas rojas sobrepuestas. Tenía un techo blanco recortado, muy alto y terminado en punta". Su descripción fue correcta. El objetivo estaba en un modelo a escala de 15 pies de altura en la pequeña casa roja de una escuela situada cerca del camino a un golf miniatura.[44]

Puthoff dijo que éste era el típico ejemplo "del efecto de primera vez", cuando los sujetos lo hacen mejor, antes de volverse aburridos o muy analíticos. Es algo así como la "suerte de principiante" en los juegos. Debido a su preparación artística Hammid confirmó ser una excelente vidente remota que hacía descripciones reconocidas al instante por los jueces independientes. En una de las pruebas, los jueces determinaron que había descrito cinco de los nueve lugares objetivo; es decir, la proeza de una probabilidad de uno a 500 mil. "Si revisamos los seis meses que trabajó con nosotros —dijo Targ—, encontramos que con una o dos excepciones, cada experimento realizado en condiciones normales mostraba una buena correlación entre sus descripciones y el lugar del objetivo real."[45]

Elgin también confirmó ser un exitoso vidente remoto. Una vez, cuando un evaluador monitoreó su experimento, Elgin localizó correctamente el objetivo de salida del grupo, una cancha de tenis cerca de un museo. Pease y Cole, los otros dos "alumnos" tuvieron dos "éxitos" marginales y dos "clasificaciones en segundo lugar" en siete experimentos. "Los resultados totales en este caso, si son tomados como pertenecientes a un grupo, no eran estadísticamente significativos", concluyó Puthoff.

Sin embargo, Puthoff dijo que los resultados de las pruebas de VR fueron evaluados de una manera "conservadora" pues se menospreciaba la importancia de las descripciones individuales. Los dos "éxitos" demostraban que ese par tenía cierta habilidad para la visión remota, no importa cuán inmadura o rudimentaria fuera. La idea de que cualquiera tuviera esta habilidad hasta cierto punto, fue sustancial en muchos experimentos posteriores en los que participaron visitantes al SRI.

Puthoff y Targ explicaron:

Nosotros… llevamos a cabo experimentos exitosos de visión remota en los que aproximadamente participaron veinte personas; casi todos llegaron sin ninguna experiencia previa y, en algunos casos, con poco interés en el funcionamiento de lo psíquico. Incluso no pudimos identificar a un solo individuo que no hubiera tenido algún éxito en su tarea de visión remota para su propia satisfacción.[47]

Durante ese periodo, un hombre de negocios, Robert Monroe, que en 1971 publicó *Journeys Out of the Body* (*Viajes fuera del cuerpo*), fundó el Monroe Institute for Applied Sciences (Instituto de Ciencias Aplicadas Monroe) en Virginia. Monroe, que había tomado notas muy detalladas sobre sus experiencias extracorporales por cierto número de años, diseñó unas cintas de audio para sincronizar los impulsos eléctricos de los hemisferios cerebrales izquierdo y derecho. Su instituto estuvo muy involucrado en estudios parapsicológicos y proporcionó exámenes psicológicos para los futuros Espías Psíquicos.[48]

Un problema en VR fue al que los investigadores llamaron "revestimiento analítico" (RA); es decir, el intento de la mente de analizar su manera de entrar en la experiencia. Este impulso debe ser fuertemente suprimido para que suceda una visión remota precisa. El revestimiento analítico era sólo uno de los aspectos de la visión remota que los investigadores habían decidido entender. Pero la realidad de la VR estaba ya firmemente establecida. "Desde mi perspectiva, no hay duda de que el fenómeno de la visión remota existe", dijo Puthoff.

En el libro de Targ y Puthoff, *Mind-Reach* (Alcance de la mente), donde se describen en detalle los experimentos de visión remota de SRI, los autores preguntan: "¿Dónde estarán parados cuando el paradigma —la visión del mundo aceptada popularmente que excluye la PES— cambie?"[49]

Para los noventa, Puthoff comentaba: "El paradigma ha cambiado especialmente para la gente que está cerca de los datos, que han hecho experimentos y ha visto resultados. Han comprobado que hay algo allí y esto ha cambiado su visión del mundo." "El público a gran escala rechaza directamente lo que ve en las publicaciones amarillistas como algo que probablemente carece de sentido, y esto quizá es verdad. Por no tener acceso de primera mano a datos científicos o a otro tipo de datos veraces para ellos el paradigma no ha cambiado."

El Proyecto SCANATE cerró en 1975 con una nota triste y otra alegre; parecía haber tenido un éxito incalificable: la visión remota había probado ser una experiencia reproducible en el laboratorio.

Según el autor McRae, la CIA comisionó al especialista en inteligencia Joseph A. Ball de Santa Barbara, California, para evaluar SCANATE. Ball concluyó que el proyecto "produjo manifestaciones de percepción extrasensorial lo suficientemente sostenidas y definidas como para justificar considerar seriamente posibles aplicaciones". Sin embargo, Ball advirtió que el espionaje psíquico nunca reemplazaría los métodos tradicionales de inteligencia.[50]

Otra empresa especialista, AiResearch Manufacturing Company de Torrance California, fue contratada también por la CIA para evaluar SCANATE y según McRae, llegó a la misma conclusión que Ball.

A mediados de los setenta, la CIA confirmó su satisfacción con los resultados del SRI, que reafirmó al continuar con el apoyo financiero para el proyecto.[52] En 1977, John Wilhelm, el corresponsal de ciencia para *The Washington Post*, insinuó que la investigación de SRI era de alguna manera fraudulenta; afirmó que en un viaje a un sitio con coordenadas de la Costa Este, presentado por Swann y Price, no describía instalaciones gubernamentales sino "una colina sin vegetación, algunos rebaños de ovejas y mucho excremento". Sin embargo, un oficial de la marina ligado al Proyecto SCANATE confirmó que el experimento fue "válido". Además, McRae, quien afirmaba en su libro: "Yo personalmente nunca podría haber aceptado la realidad de la visión remota, no importa cuán abrumadora fuera la evidencia",[53] investigó los argumentos sobre la inaceptabilidad de los experimentos en SRI. Y concluyó: "Encontré que estos argumentos no eran realmente ciertos. No hay ninguna evidencia de que Puthoff, Targ o cualquiera de los sujetos hayan cometido una estafa con su contrato; hay evidencia de que ciertos alegatos contra Puthoff y Targ fueron fabricados deliberadamente para desacreditar la investigación psíquica."[54]

Asimismo, uno de los primeros artículos de Targ y Puthoff sobre el proyecto fue objeto de desdén y controversia. En 1975, los investigadores propusieron un artículo relacionado con sus experimentos sobre visión remota para ser publicado en *Proceedings of the IEEE*, la publicación del Instituto de Ingeniería Electrónica y Eléctrica. El artículo fue pomposamente titulado "A Perceptual Channel of Information Transfer over Kilometer Distances: Historical Perspective and Recent Research" (Un canal perceptual de tranferencia de información a kilómetros de distancia. Perspectiva histórica e investigaciones recientes). Según el escritor Alan Vaughan, el editor de *Proceedings of the IEEE*, supervisó exitosamente los experimentos antes de publicar el artículo de Targ y Puthoff. Pero esto no lo previno de la controversia. Cerca de 20 miembros del consejo de IEEE pidieron la renuncia del editor por proponer la publicación del artículo, aunque todos admitieron no haberlo leído. Fue finalmente publicado en *Proceedings of the IEEE*, en marzo de 1976 (volumen 64, núm. 3).[55]

Con la revisión positiva de los informes de SCANATE y la publicación de la investigación de SRI en una publicación periódica técnica prestigiosa, parecía que el apoyo financiero continuo para la investigación de SRI estaba asegurado, especialmente después de que Price comenzó a realizar una prueba operacional exitosa para la CIA.

El funcionario de la CIA encargado del proyecto, Kress, relató cómo un similar asignado en Libia confirmó las descripciones de Price de un lugar de misiles y de entrenamiento guerrillero en aquella nación. Pero después, en julio de 1975, cuando Pat Price se preparaba mentalmente para obtener más detalles sobre estos lugares, murió de un ataque cardiaco. "Ya no hubo más pruebas de inteligencia para recolectar información patrocinada por la CIA", afirmó Kress.[56]

El investigador Targ comentó:

> Pat Price... tenía el funcionamiento psíquico integrado totalmente a su vida diaria. Él nos hablaría cada día sobre el curso de los eventos mundiales: el día y hora del cese al fuego árabe-israelí en la guerra de Yom Kippur, la liberación eventual de un secuestrado famoso, la ruptura de la conferencia de la OPEP por terroristas. Casi cada día parecía que Pat tendría nuevas piezas de información precognitiva para nosotros que compartiríamos durante el almuerzo o días adelante cuando los eventos ocurrieran.[57]

Además de sus problemas de credibilidad por sus visiones remotas, estaban las descripciones no solicitadas de Price de OVNIS y bases extraterrestres.

Pese al éxito de SCANATE, no hubo rigor ni seriedad dentro de la misma CIA. La investigación psíquica nunca se volvió institucional debido a las constantes fricciones entre los creyentes y los no creyentes, además de las nuevas revelaciones sobre las actuaciones impropias de la agencia, como complots para asesinar a líderes mundiales.

Llegó una nueva oportunidad para la investigación a finales de 1975, cuando el presidente Gerald Ford nombró a George H. W. Bush director de la CIA. Bush, quien fue confirmado como director en enero de 1976, era amigo desde hacía tiempo del astronauta Edgar Mitchell, con quien fundó el Institute for Noetic (del griego *noe*, nuevo; es el Instituto de Nueva Ética) en San Francisco.

Mitchell que se dedicaba a la investigación psíquica y había mantenido un contacto cercano con la SRI, convenció a Bush de permitir que se organizaran seminarios de alto nivel en la CIA para estudiar las posibles aplicaciones de la parapsicología en el aparato de inteligencia.[58] Pero antes de que de estos seminarios tuvieran resultados, fue elegido presidente Jimmy Carter en 1977, y el almirante de la marina, Stansfield Turner, un hombre sin ningún interés particular en lo paranormal, fue nombrado director de la CIA.

En una entrevista realizada en agosto de 1977, Turner se refirió a Pat Price sin dar su nombre, como alguien a quien la CIA había tratado de entrenar como agente psíquico. Turner dijo que el proyecto quedó descontinuado en 1975. "Murió y no hemos sabido nada de él desde entonces", dijo con sorna.[59]

Pero si el interés en la visión remota ganó dentro de la CIA, no sucedió lo mismo en el Pentágono. El patrocinio de la investigación de SRI se traslado al ejército estadounidense con un nuevo componente: la creación de una unidad operativa de soldados entrenados en visión remota. Los Espías Psíquicos de Estados Unidos habían llegado.

CAPÍTULO V
ENTRAN LOS ESPÍAS PSÍQUICOS

Por el año de 1975, el trabajo hecho por SRI fue analizado en Washington, particularmente en los más altos círculos de la comunidad de inteligencia. El financiamiento de SRI pasó de la CIA al Departamento de Defensa.

La presión para producir inteligencia durante la guerra fría fue severa. Añadir la visión remota al arsenal de inteligencia de EUA fue una "táctica desesperada", afirmaron algunos miembros del programa de Espías Psíquicos.[1] Sostenían que los funcionarios que buscaron crear una unidad de este tipo enfrentaron obstáculos casi insuperables. Se tuvieron que enfrentar no sólo a una actitud conservadora, sino que fue necesario ir en contra de los sistemas de creencias existentes y confrontar la estrechez de mente, el miedo al fenómeno, al temor a caer en la vergüenza o el ostracismo, el suicidio político y profesional, sin mencionar los celos profesionales. Pero lo más insuperable de todo fue la posición de un ubicuo equipo de funcionarios que señalaban: "Incluso si puedes probarme que funciona, no te creeré."

Era irónico que estos obstáculos prevalecieran tras la "luz verde" de los altos funcionarios de inteligencia. Una vez introducidos brevemente en la materia, muchos comandantes de niveles más bajos no tenían problema en aceptar la existencia y la capacidad del funcionamiento psíquico.

El Proyecto SCANATE quedó atrapado entre las reacciones violentas ante varios escándalos de la CIA a mediados de los setenta. Los medios informativos estadounidenses estaban llenos de historias de crímenes, de los complots de asesinato de la mafia de la CIA contra líderes extranjeros, de la sospecha de tráfico de drogas y otros horrores. "El 'Efecto Proxmire', llamado así por la oficina de análisis del senador William Proxmire, el miedo de que ciertos contratos de investigación del gobierno estuvieran financiados ilegalmente y mantenidos por descuido, era otro factor que prevenía a la CIA de áreas de investigación sensibles", señalaba Kenneth Kress.[2]

Todas las operaciones que pudieran generar una desventaja política para la agencia o que la ridiculizaran fueron, rápida y silenciosamente, retiradas, pero no sin cierta disminución de la moral entre los cuadros de la agencia.[3]

La unidad de operaciones de Espías Psíquicos nació en la época del lugarteniente general Edmund "Mike" Thompson, entonces ayudante del jefe del equipo de inteligencia del ejército de EUA, a mitad de los setenta. Mientras la CIA se avergonzaba de proyectos "excéntricos", el general Thompson estaba autorizando una serie de unidades especiales no ortodoxas para lidiar con los problemas de inteligencia "más imposibles" del ejército. Uno de ellos", según Espías Psíquicos, era satisfacer los requerimientos científicos y técnicos de inteligencia. Los militares necesitaban saber qué tenía la contraparte, cómo funcionaba y cómo lo utilizaban.

Las unidades creadas por Thompson eran secretas, u organizaciones "clandestinas", conformadas por unas cuantas personas y, generalmente, estaban fuera de la norma del ejército. Se llamaban "trabajos especiales"; cada unidad era comandada por un lugarteniente coronel y estaba compuesta por los mejores y más brillantes oficiales, y hombres alistados para inteligencia y operaciones especiales.[4]

A diferencia de la CIA, el ejército no tenía temor de las consecuencias políticas de un error. A diferencia de sus contrapartes civiles en el gobierno, los funcionarios no estaban encima de ellos todo el tiempo, vigilando si obtenían resultados, o si sus acciones eran o no eran políticamente correctas.

Según Mel Riley, uno de los espías psíquicos, estas unidades de "trabajos especiales" estaban antes de la creación del U. S. Army Intelligence and Security Comand (Comando de Inteligencia y Seguridad del Ejército de los EUA, INSCOM), en 1977. Riley y otros espías psíquicos se rehusaron a hablar de la naturaleza de las "unidades especiales" alegando preocupación por la seguridad nacional y debido a su juramento de guardar el secreto. "No tenemos ya ningún contacto con ellos y por eso no podemos hablar con autoridad", dijo Riley.

La unidad original de espías psíquicos se integraba en el área de "trabajos especiales", estaba diseñada para explorar el uso de las habilidades psíquicas con el propósito de recolectar información de inteligencia. "Me convencí de que la visión remota era un fenómeno real, de que no era un engaño", recordaba el general Thompson. "No sabíamos como explicarla, pero tampoco estábamos tan interesados en eso, sino en saber si tenía algún uso práctico".[5]

Según Riley, la CIA vio con envidia este programa del ejército de reciente creación. Señaló que incluso asignó a su psicólogo en jefe para monitorear el programa, en caso de que se lo llevaran de regreso. Melvin C. Riley, a quien llaman "Mel", es uno de los espías psíquicos originales de Estados Unidos. La barba de Riley no va de acuerdo con cómo las personas deben imaginarse a un espía psíquico. Es silencioso, un hombre sin pretensiones con una sonrisa genuina y agradable. Cada cierto tiempo llevará un collar de cuentas indio con él, una banda bordada en la cabeza o una bolsa de medicina colgando de su bolsillo. Estando en servicio, Riley era curador de Estudios sobre los Nativos de Estados Unidos en el Museo New London, en Wisconsin. Su casa, que sorprende por una auténtica tienda india en el jardín trasero, está en los suburbios de Scandinavia, Wisconsin.

Riley dijo que su interés en los indios norteamericanos "viene de muy atrás, al grado de que nadie en mi familia puede recordar cuando empezó". Este interés puede estar ligado a una experiencia psíquica que tuvo cuando era niño. Recuerda haber explorado en su pubertad, entre los 12 y 13 años, los riscos sobre la orilla del lago Michigan. Uno de sus lugares favoritos era un área de la que constantemente surgían puntas de flecha de los indios y artefactos. De hecho, en cierto lugar del área había tantas puntas de flecha que Riley pensó que ése era el lugar donde su fabricante indio se sentaba a hacerlas.

Recordó:

Un día estaba en esta área abierta, pero mirando al bosque. Tras de mí, de pronto pude oler humo de una fogata y ruidos, como si hubiera gente allí, niños y perros ladrando. No le di mucha importancia porque sabía que no había nadie, pero giré y descubrí un pueblo indio, totalmente en tres dimensiones. Había tiendas hechas de cortezas, tapetes y cosas de este tipo… gente, niños y perros. Lo vi. Lo experimenté. Sabía que eso no estaba realmente ahí, pero estaba en el mismo lugar donde había encontrado esos artefactos. Entonces sucedió algo interesante que llevó todo esto fuera del reino de mi imaginación. Estaba pensando si mis ojos me jugaban una broma cuando vi a un individuo que permanecía cerca de su tronco o de lo que fuera, mirándome directamente y emocionado. Realmente me reconoció. Inmediatamente después de que ocurrió eso, todo empezó a disolverse o a desvanecerse hasta que no había nada más que el presente día.

Riley dijo en años recientes que aprendió que a esta experiencia se le llama "bi-ubicación", una situación en la que la conciencia de uno parece estar en dos lugares separados simultáneamente. Dijo que nunca tuvo otra experiencia comparable en sus años de formación. Después de la preparatoria, Riley llevaba "la gran vida", pues tenía un trabajo de aprendiz de mecánico con plaza sindical. "Estaba llevándome a mi casa cerca de un total de 300 dólares a la semana —muy buen dinero en los sesenta— y tenía un Corvette, un Dodge convertible, una camioneta Plymouth, además de mi propia casa", dijo. Entonces, en julio de 1969, Riley fue reclutado por el ejército. "Sabía que eso iba a llegar —dijo— pero no era un problema para mí. Estaba dispuesto a hacer mi parte, tú sabes. Perdí algunos buenos amigos en Vietnam, por lo que me imaginé que incluso me vengaría por lo de mis compañeros y todo eso. Pero lo extraño es que nunca fui herido en Vietnam."

Riley dijo que en el campamento militar del ejército "me despertó el interés" en la interpretación de imágenes, el análisis de fotos aéreas, etcétera. Recordó:

> Me parecía bastante interesante, además estaba en el área de inteligencia y eso me sonaba como algo exótico. Entonces me ofrecí de voluntario para ello y comencé un entrenamiento de tres años; fui enviado a estudiar inteligencia militar en Fort Holibird, Maryland, tras el entrenamiento básico. Fui miembro del último grupo en ese lugar; tras concluir el curso, te mandan a que cumplas tus sueños; es decir, decides a dónde quieres tu siguiente asignación. Esto fue en 1969-1970, en el apogeo de la guerra de Vietnam, por lo que fui bastante realista. Puse en mis tres opciones: Vietnam, Vietnam, Vietnam. Todos los demás ponían Hawai, Carolina del Norte, Inglaterra, lo que fuera. Fui casi el único de toda mi clase que no fue a Vietnam. Me mandaron directamente a Alemania.

Riley dijo que su unidad en Alemania era un grupo de "inteligencia táctica de no hacer nada" y a él le chocaba la falta de acción.

"Me llevó como seis meses pero me las arreglé para salirme por la puerta de atrás e incorporarme a un destacamento especial que estaba vinculado a la fuerza aérea en Wiesbaden, Alemania", dijo Riley. "Y ahí obtuvimos un cierto nivel de estrategia para la interpretación de imágenes."

En 1977 fue transferido a Fort Meade, Maryland, al Comando de Inteligencia y Seguridad del Ejército formado recientemente. Allí Riley entró más profundamente en la comunidad de inteligencia, trabajando con una de las unidades especiales de INSCOM. "Acabé en un grupo especial llamado el Equipo SAVE", dijo. "Éste era el Sensitive Activity Vulnerability Estimates Team (Equipo para la Evaluación de la Percepción de Actividades de Vulnerabilidad). Se suponía que íbamos a evaluar la vulnerabilidad de las agencias hostiles que recolectaban datos de inteligencia sobre cosas de alto nivel como el desarrollo de un tanque M1 o sistemas de misiles, y todo eso. Era contrainteligencia."

Pero Riley, quien con el tiempo fue sargento del equipo, sintió de nuevo que su unidad era poco aprovechada. "Éramos utilizados como recaderos, para hacer mudanzas, cambiar muebles; tú sabes, transportar todo. Había tres intérpretes de imágenes incluido yo, todos hombres alistados. Estábamos muy desaprovechados."

Después de quejarse con su comandante, Riley dijo que él y sus compañeros intérpretes de imágenes fueron enviados a Washington donde llegaron a estar bajo las órdenes del general Thompson. Riley recordó:

Justo acababan de crear el System Exploitation Detachment (Destacamento de Explotación de Sistemas, SED). Era más refinado y secreto que el equipo SAVE, si eso era posible. Era un grupo de tipos estirados. Ellos salían y para mi fortuna, investigaban la tecnología soviética. Buscaban, investigaban, hacían lo que fuera.

Bueno, tenían información clasificada de que los soviéticos utilizaban "bioenergías"; de que estaban usando a los psíquicos y de eventos similares. Ésta era una de las cosas a las que el general Thompson quería que le écharamos ojo. Entonces manejaban esto con el equipo SED. Pero esto no estaba realmente dentro de las bases de creencias del equipo SED, así que ellos lo observaban. Realmente, lo hacían a través del único hombre alistado que tenían ahí, un sargento experto, E-8.

Bueno, un día iba pasando y este sargento tenía la colección de libros sobre *Más allá del cuerpo* y todas esas cosas psíquicas, así que comencé a conversar con él. Me dijo que estaba investigando fenómenos psíquicos y cosas así y le dije: "¡Ey! Tengo todo tipo de libros sobre el tema en mi casa. Te traeré algunos para que te ayudes con ellos."

Eso estableció que tenía un interés en esas cosas, y anduvo diciendo por aquí que Riley parecía saber algo de eso, que quizá debíamos hablar con él.

Lo siguiente fue que a Riley lo buscó el capitán Fred Atwater, quien era parte de las unidades especiales llamadas GONDOLA WISH. La unidad era comandada por el mayor Scotty Wall, que fue hecho pronto lugarteniente coronel. Riley dijo:

Lo hicieron administrador de un programa que él diseñó para crear un equipo de gente capaz de reproducir los fenómenos psíquicos que estaban siendo dados a conocer al otro lado de la cortina de hierro.

Fueron a la comunidad de inteligencia en el área del D. C. (Distrito de Columbia) con todos esos perfiles psicológicos, buscando miembros para integrar su equipo. Creo que entrevistaron a cerca de 3 000, de los cuales sólo 12 fueron seleccionados para intentar reproducir los fenómenos psíquicos. Y yo fui uno de los seleccionados.

Riley dijo que fue afortunado de haber sido seleccionado para GONDOLA WISH porque Watt no quería ningún hombre alistado en el equipo. "Los demás eran o funcionarios o civiles del GS (servicio gubernamental). Fuera del grupo central de 12 integrantes, había dos mujeres. Así que decidieron crear esta unidad y renombrarla GRILL FLAME".

GRILL FLAME, según Riley, era un nombre generado por un código aleatorio de computadora, referido a todo el programa psíquico, a la unidad en Fort Meade y también al trabajo en SRI:

Los 12 seleccionados fueron llevados a una sala de conferencias, se les entrevistó y se les explicó de qué se trataba la unidad. Se les preguntó si querían formar parte de ella; todos dijeron: "Sí, seguro", y signaron su nombre en la lista. El trabajo era voluntario, se podía desistir en el momento deseado y, de hecho, el índice de agotamiento era: bang, bang, bang. No pasó mucho tiempo para que quedáramos seis.

Algunos se fueron por razones de trabajo, su carga era demasiado pesada. A muchos se les permitió asistir una o dos veces a la semana a hacer sus cosas. No sé les habló por supuesto de la unidad. Sólo se les dijo que era un proyecto especial a muy alto nivel y ya. Algunas veces sus jefes los hicieron pensar y eso provocó que casi descubrieran de qué se trataba.

Otros se fueron por su sistema de creencias, lo que iban a hacer no correspondía con lo que creían. Y algunos se desanimaron porque sus sistemas de creencias eran un poco distintos. Había un hombre, de la ciencia cristiana, que tenía su Biblia al lado todo el tiempo. La leía constantemente antes de ir a las sesiones y tenía muchas preguntas sobre la moral de eso o de lo otro.

Una de las razones principales por las que el lugarteniente Atwater quería que estuviera en este programa era que buscaba a alguien capaz de dirigirlo. Al ser un lugarteniente joven no congeniaba del todo con las ideas de sargentos generales y otros oficiales de mayor rango militar. Yo era alguien cercano a quien podía mandar y sentirse importante, pero trabajamos muy bien juntos.

Además de los seis espías psíquicos originales, había tres de tiempo parcial. "Que eran tres de nosotros, además del coronel Watt y el capitán Atwater", dijo Riley. "Utilizábamos diferentes camisetas; unos días como videntes, otros como monitores, etcétera, pero el centro del grupo estaba constituido por mí, Ken Bell y el contramaestre Joseph McMoneagle."[6]

McMoneagle, un intelectual que hablaba con refinamiento y que entró al ejército después de graduarse en una escuela católica para varones en Miami, había experimentado varios episodios extracorporales espontáneos que siguieron a una experiencia casi mortal sucedida en el exterior de un restaurante austriaco en 1970. "Ellos entrevistaron a cerca de 3 000 personas y quedaron al final seis", recordaba McMoneagle. "Fuimos enviados fuera y examinados en el SRI internacional. Resultó entonces que me convertí en el vidente remoto 001."[7]

Después de su retiro del ejército en 1984, McMoneagle escribió un libro sobre sus experiencias de visión remota titulado *Mind Trek: Exploring Consciousness, Time and Space Through Remote Viewing* (Viaje de la mente. Explorando la conciencia, el tiempo y el espacio a través de la visión remota).

Riley recordó que los primeros espías psíquicos utilizaban un viejo sillón de cuero que alguna vez perteneció a un general. "Nosotros lo requisamos porque no podíamos obtener uno de otra manera. Habrían hecho muchas preguntas", dijo. Agregó que al principio, la unidad GRILL FLAME estaba ligada a los investigadores del SRI en California. "Suponíamos que íbamos a ir a SRI. Puthoff y Targ estaban allí. Ingo Swann estaba fuera en aquel tiempo. Estaban preparando todo para utilizar sus técnicas y enviar a gente a trabajar fuera. Pero no impartían ningún entrenamiento, sólo utilizaban a nuestro equipo para enriquecer sus bancos de datos." Aunque a finales de los setenta la unidad pasó la mayor parte del tiempo entrenando y en constante experimentación.

Riley explicó que un entrenamiento típico de entonces tenía la siguiente mecánica:

> El administrador del proyecto inventaba objetivos locales en el área, como Mc Donald's, un parque o algo que pudiera ser envuelto y sellado. Sólo él tenía posibilidad de conocer los objetivos, por lo que era una prueba de doble ciego. Digamos que Fred va a entrevistarme. Él saldría a que le dieran un sobre sellado y se lo daría a una de las personas de los objetivos. Entonces, él y yo nos sentaríamos en una habitación. La persona del objetivo tomaría un vehículo y se lo llevaría. Una vez que estuviera lejos del lugar, abriría el sobre y recibiría las instrucciones para ir a un sitio, estar allí por algún tiempo y quizá hacer ciertas cosas. De regreso en la habitación, yo y el vidente trataríamos de captar a esa persona y describir dónde está, qué hace y cosas de ese tipo; algunos términos técnicos se me escapan.

Dijo que durante ese tiempo los videntes remotos de GRILL FLAME probaron una gran variedad de métodos para inducir estados de conciencia alterados. "Todo excepto drogas."

Pero en la medida en que los videntes fueron ganando experiencia, encontraron que lo podían hacer igual de bien sin intentarlo de manera complicada con meditación, biorritmo, etcétera. "Por lo menos adoptaron una media docena de métodos —si no es que más— dentro del… programa en sí", recordó McMoneagle, "la mayoría de ellos habían sido utilizados en un grado u otro para la fase de investigación del programa. Hasta ahora ninguna investigación o resultado de las aplicaciones sugiere que un método sea mejor que el otro en lo que respecta a la visión remota".[8]

Riley dijo que cada vez que llegaba alguien nuevo, la unidad volvía aplicar las mismas pruebas. "Era una constante y no nos gustaba que se burlaran de eso después de un tiempo", dijo y dio este ejemplo:

> Una mañana, muy temprano, recibimos una llamada telefónica, nos dijeron que se había caído un avión A6-E.
>
> No podían encontrarlo; no sabían su ubicación, sólo que había caído en las montañas Smoky. Nuestros interlocutores necesitaban saber si lo podíamos hallar. Bueno, nos tronábamos los dedos tratando de verlo. Un vidente, Ken Bell, tuvo realmente una experiencia emocional. De hecho, estando bi-ubicado, vio los restos quemados del piloto y se descompuso de inmediato. Lo que fue interesante de la experiencia es que cuando pedimos saber dónde fue el accidente, Ken Bell estaba a menos de tres kilómetros. ¿Cómo supimos eso? Fue una de las pocas veces que tuvimos resultados. Los brutos del otro lado de la línea dijeron: "Claro, ya lo sabemos, nada más estamos probando si tú puedes encontrarlo."
>
> Éste es un ejemplo de la etapa de revestimiento 4, como se conoce en la visión remota por coordenadas. Si empiezas a sentir que hay cierta agenda oculta, algo de lo que no te hablan, llegas a la etapa de revestimiento 4. Es decir, es el momento en que la visión remota avanza. Si esta prueba la hubieran hecho años después, habríamos sabido de antemano que ellos conocían el paradero del avión.

Dijo que en aquel entonces los videntes remotos trabajaban sobre todo tratando de saber las coordenadas, una técnica similar a los experimentos de SRI en los cuales el vidente intenta "ver" la ubicación del sujeto de los objetivos o las coordenadas del lugar a donde están saliendo.

Los objetivos tipo coordenada fueron diseñados para dar un resultado rápido, explicó Riley. "Cuando terminas tu sesión como vidente, tomas tus notas. Cuando los del objetivo o las coordenadas regresan, entonces tú y el monitor con las coordenadas van al lugar." Riley dijo que una vez el propio general Thompson pidió participar en una sesión de visión remota.

El coronel Watt y yo fuimos al Pentágono y entramos a la oficina del general Thompson. Este último le pidió al coronel Watt que saliera. Cerramos las persianas y lo dejamos tranquilizarse un momento y después tuvo una sesión como vidente. El objetivo fue elegido por uno de sus ayudantes, a quien le hubiera encantado que todo fallara, pues esto no era congruente con su sistema de creencias. [El ayudante] eligió una pequeña estación de trenes ubicada a varias cuadras del Templo Masónico George Washington. No es bueno dar pequeños objetivos cerca de unos grandes pues el vidente se siente naturalmente atraído por los rasgos más prominentes.

Además, tras esa estación de tren hay unos estanques de agua que lucen como arrozales. Thompson se concentró e hizo sus dibujos y dio sus descripciones. Entonces todos saltamos a su limusina y fuimos a ver si podíamos encontrar algo relacionado con el objetivo. Nada. El general Thompson dijo que había estado viendo cuerpos de agua pero lo único que pudimos encontrar fue una pequeña pila con agua. Describía varias cosas imposibles de encontrar, lo que nos llevó a pensar que la sesión había fallado. Pero fue bastante asombroso que más o menos una semana después, el general Thompson tomó un avión en el Washington National Airport y voló sobre el área que había descrito. Por lo que entendí, su reacción fue: "¡Oh

Dios mío, eso es exactamente lo que vi!" Él no había descubierto que vio el área de su objetivo desde una perspectiva aérea mientras nosotros intentábamos hacerla corresponder con la vista terrestre. Creo que eso lo convenció de que había realmente algo en eso porque lo experimentó por sí mismo aunque al principio le hubiera parecido que la sesión había sido una pérdida de su valioso tiempo. Pero lo entendió mejor después de sobrevolar el área.

Riley dijo que la cosa más descorazonadora de su experiencia con los Espías Psíquicos era que ninguna de las autoridades pareciera tomarlos en serio, sin importar cuán espectaculares fueran los resultados obtenidos. "Un caso que se me quedó en la mente fue la negociación de los rehenes en la embajada de EUA en Irán. Estuvimos en esto desde el primer día. Fue auténticamente penoso y creo que eso al final hizo que mucha de nuestra gente tratara de no enfurecerse." El 4 de noviembre de 1979, una turba de estudiantes iraníes irrumpió en la embajada de EUA en Terán, tomando como rehenes a sus ocupantes. Riley recordó:

Estábamos constantemente, día tras día, proveyendo datos e información, repitiéndolos una y otra vez. Habíamos enviado todo lo que sabíamos a la comunidad de inteligencia durante meses sin obtener respuesta hasta que los rehenes fueron liberados, 444 días después de iniciado el asalto. Entonces apareció cierto coronel y dijo: "¡Oh sí, era buena información!", y bueno... Nos matamos tratando de suministrarles datos relevantes. Pensamos que la utilizarían, que sería importante, pero sólo funcionaba como una prueba.

Riley dijo que la falta de resultados en objetivos mayores era uno de los más grandes problemas de Espías Psíquicos. Agregó que durante la situación de los rehenes en Irán, los videntes remotos recogieron imágenes del intento fallido de rescate en abril de 1980.

Recuerdo que estuvimos encerrados todo lo que duró esta misión y la seguimos toda con visión remota, incluyendo el desastre. Nunca olvidaré la experiencia. Era un hotel de mala muerte. Por supuesto el más barato que pudieron conseguir. Había ratones por todas partes, estaba sentado en la oscuridad y de pronto vi a un vidente abajo, eché un ojo. Algo se estaba trepando en mi pierna, por lo que tuve que sacudirme al ratón antes de que pudiéramos continuar.

En el verano de 1981, Riley sintió que era tiempo de cambiar.

Podría haber permanecido pero no veía mucho futuro en eso. Al coronel no le gustaban los hombres alistados en el ejército y yo estaba impaciente porque quería ser utilizado en una operación y todo lo que hacíamos siempre eran pruebas, pruebas y más pruebas. Me hice a la idea de que tomaría la siguiente serie de órdenes que vinieran, y asombrosamente sucedió que eran para Alemania.

Riley regresó a Alemania; esta vez con la Primera División de Acorazados, y pudo lograr regresar a su vieja unidad de interpretación de imágenes en Wiesbaden.

Pocos años después, Riley estaba volando dentro y fuera de Honduras como parte de una misión para Centroamérica de apoyo a los contras nicaragüenses. Pero pronto se aburrió de eso. "Era una pesadilla —dijo Riley— nunca me gustó esa cosa táctica, creo que todo el tiempo es un horror comparado con algo digno de hacerse como la visión remota."

En 1986, Riley se enteró de que los Espías Psíquicos todavía existían y se las arregló para ser reasignado a la unidad. Al parecer, la unidad sobrevivió siempre bajo un nombre u otro. Parecía que se vendría abajo, pero siempre, como el ave Fénix, renacía en otro lugar con alguien que la había tomado a su cargo.

Finalmente recibí órdenes de regresar a Fort Meade en 1986, cosa que hice. Ahí me encontré con el nuevo equipo. Se me introdujo en este proceso totalmente nuevo llamado visión remota por coordenadas, que está altamente estructurado. Era lo máximo comparado con lo que hacíamos en la edad de piedra de la visión remota, cuando volábamos de manera improvisada.

Uno de los logros de la unidad Espías Psíquicos vino, en diciembre de 1980, con la publicación de un artículo titulado "The New Mental Battlefield: Beam Me Up, Spock" (El nuevo campo de batalla mental. Transpórtame a la nave, Spock) (NT. La última frase hace referencia al célebre programa *Viaje a las estrellas*) en *Military Review*. El texto fue escrito por el entonces lugarteniente coronel John B. Alexander con el inspector de la armada, el general Agency.[9]

Alexander, quien obtuvo un posdoctorado de la Universidad Walden, sirvió a las fuerzas especiales en Tailandia y Vietnam, había sido jefe de la división de recursos humanos de la Organizational Staff Office (Oficina de Organización de Personal) en Fort McPherson, Georgia. También había estado interesado desde los sesenta en el fenómeno psíquico.

Este artículo con sus citas científicas, estaba sustentado, en gran medida, por la idea de guerra psíquica o "psicotrónica" que se manejaba en las conversaciones normales entre los funcionarios militares. En él se definía "psicotrónica" como la interacción de la mente y la materia, y se señalaban específicamente procedimientos de alteración de la mente como el bombardeo de energía de frecuencia extremadamente baja (ELF) y la visión remota, como áreas en las que ya se había hecho mucha investigación.

En años recientes, Alexander dijo que había estado al tanto de los estudios de visión remota en los setenta y que conocía a algunas de las personas que los habían hecho.

Es en verdad real y eficaz.

El problema era saber cuando los resultados eran precisos *versus* cuando eran imprecisos y no había un buen mecanismo de filtración.

Entonces, por supuesto, estaba la cuestión de "¿cómo funciona esto?" Pues tenías el problema del huevo y la gallina si no había una teoría en que basarse; o si era real o no, importaba porque tú no hallabas el paradigma científico.[10]

Otro jefe de Espías Psíquicos vino en 1981, el mayor general Albert N. Stubblebine que asumió el mando de INSCOM. Stubblebine, alto y de cabello blanco, conocido por su firme apretón de manos y su disponibilidad a considerar ideas poco ortodoxas, fue receptivo con el concepto de visión remota. Su receptividad pudo basarse en una experiencia personal. Por ejemplo, en el libro *The Warrior's Edge* (*El límite del guerrero*), Stubblebine estaba en el departamento de John Alexander en 1982 cuando una psíquica llamada Ann Gehman intentó doblar un par de tenedores sin romper las buenas maneras.

Inicialmente trató de mirar fijamente los tenedores, que nunca es una estrategia exitosa. De pronto algo la distrajo y ante la mirada de todos los espectadores, uno de sus tenedores se dobló. Los dientes y el cuello del tenedor se flexionaron 90 grados.

Alexander y Stubblebine vieron el evento y tuvieron la certeza de que ninguna fuerza física había doblado el tenedor, estuvieron de acuerdo en que ese fenómeno justificaba más investigación.[11] En una entrevista realizada en 1993, Alexander describió otro ejercicio de doblar un tenedor "como uno de los más espectaculares que han sucedido". Recordó:

Estábamos afuera del Centro de Entrenamiento de Xerox en Leesburg, Virginia. Era una de esas sesiones en las que nos llevaban aparte —les llamaban "*love-ins*" (encuentros)—; había comandantes de todo el mundo allí. En esta reunión particular estaban presentes entre 30 y 40 oficiales de alto rango, varios generales, pero la mayoría coroneles. Estábamos planeando un curso para INSCOM en el futuro. El general Stubblebine, quien era mi jefe en aquel tiempo, se merece mucho crédito porque me dio la libertad de salir y hacer esas cosas. Las utilizábamos para expandir la conciencia en torno a las cosas que podrían no ser siempre de la manera que parecen… La cuestión era que si pones límites, es bastante más fácil que encuentres lo que esperas hallar. Y en el negocio de la inteligencia, esto puede ser muy perjudicial… Entonces ésta era una demostración a manos libres de que el mundo podría estar construido de una forma un poco distinta a como alguna vez lo supusimos…

En esa noche particular, tuvimos nuestra sesión avanzada… y los hicimos sostener sólo dos tenedores por la base, sin aplicar ninguna fuerza física. Lo que sucedió allí fue que hubo un alarido y los tipos gritaban: "¡Mira eso!" Y nosotros estábamos viendo por encima de uno de estos individuos que estaban sosteniendo un tenedor y éste se dobló completamente 90 grados. Yo no vi lo qué sucedió, pero Ed Speakman, nuestro asesor científico que era un GS-18, que es lo equivalente a un general de tres estrellas, fue testigo de todo. No lo vi, francamente soy un poco escéptico, particularmente porque había personas que no deseaban que yo hiciera algo así en ese ambiente. Entonces me imaginé que alguien lo doblaría y tan pronto como yo me diera cuenta, diría: "¡Te engañé, lo doblé con mis manos!" Yo no hubiera hecho que algo así le pasara a alguno de esos tipos.

Entonces dije solamente: "¡Eh, es realmente interesante!" Y después, con todos observando, el tenedor se enderezó y volvió a caer 90 grados; paró, y se enderezó 45. Te lo puedo demostrar porque tengo todavía el tenedor. El individuo bajó los tenedores y dijo: "Quisiera que esto no hubiera sucedido." Al salir estaba muerto de miedo. Afortunadamente, habíamos sido llevados aparte y nuestro psicólogo nos acompañaba. Pasaron un par de días para que el individuo volviera a estar bien. Con el tiempo fue a mi casa, estaba en buena forma y, de hecho, había replicado el fenómeno en su estación para probarse a sí mismo que podía hacerlo.

El apoyo de Stubblebine a la investigación poco ortodoxa le ganó el título de "Doblacucharas" y pronto se convirtió en el objetivo de sus ambiciosos pares.

"Bajo los auspicios del mayor general Stubblebine, fueron investigadas por los militares varias tecnologías humanas avanzadas. Desafortunadamente, hubo un precio que pagar por aventurarse más allá de los bunkers del saber tradicional: Stubblebine se retiró del servicio prematuramente después de haber caído en la pelea con las fuerzas organizadas del *status quo*", señaló Riley.[12]

El general Stubblebine declinó ser entrevistado debido a que, por los relatos de sus experiencias de visión remota, había sido "quemado" muchas veces por miembros de los medios de comunicación.

Sin embargo, con la aprobación limitada de los de arriba, los Espías Psíquicos avanzaron rápidamente en los ochenta, entrenando nuevos videntes remotos y desarrollando nuevas técnicas.

Uno de los nuevos videntes remotos reclutado entonces fue quien silbaba en la computadora, llamado Leonard E. Buchanan. Lyn Buchanan tenía antecedentes similares a los de los otros espías psíquicos. Nacido en 1939 en Waco, Texas, se mudó muchas veces; fue un joven bastante independiente, incluso tuvo en su juventud una experiencia psíquica, pero ésta no fue tan agradable como las de los otros.

Buchanan recordaba:

> Tuve esa experiencia cuando tenía entre 12 y 13 años. Realmente fue una experiencia agradable, pero lo que pasó después... Estaba jugando por ahí y encontré que podía poner una piedra en un plato de metal y utilizar mi mente para empujar la piedra al plato. Pensé que era bastante ingenioso. Entonces se lo mostré a una amiga. Bueno, resultó que era la hija de un ministro adventista de la Iglesia del Séptimo Día. Esa noche tocaron a la puerta y esa gente vino y me agarró. Pusieron sus manos en mi cabeza gritando; me decían que era "del diablo". Me llevé el susto de mi vida.

El padre de Buchanan trabajaba para el ferrocarril y su familia se mudaba con bastante frecuencia. "Fui a once preparatorias", recuerda Buchanan. De joven se mudó con su familia de Texas a California y de regreso. Se graduó en San Jacinto High School, en Houston. Después de diversos trabajos, Buchanan ingresó al ejército, donde fue entrenado en informática. "Durante los sesenta trabajé en sistemas de computación para la Nike Ajax y para los misiles Hercules", dijo.

Después de tres años, Buchanan dejó el ejército y obtuvo la licenciatura universitaria en el Lon Morris College, en Jacksonville, Texas. Fue a obtener un grado de maestría en psicolingüística en la Universidad Stephen F. Austin, en Nacogdoches, Texas.

Se acordó de un incidente que siempre le recordaba cuán lejos había llegado la tecnología de la computación en años recientes: "Una vez, cuando estaba buscando un trabajo, fui a esa pequeñísima compañía llamada CDC, justo al sur de Houston. Ese tipo me mostró un gran salón lleno de computadoras grandes y me dijo que un día tendríamos computadoras tan pequeñas como su escritorio. Por supuesto que ahora tenemos computadoras que puedes sostener con una mano."

Buchanan obtuvo trabajo como maestro en varias secundarias de Texas, pero pronto se cansó de eso y reingresó al ejército. En una de las típicas modas militares, dado que Buchanan se graduó en alemán y en español, fue enviado al Defense Lenguage Institute (Instituto de Idiomas de la Defensa) en Monterrey, California, a aprender ruso. A finales de los setenta se hizo sargento de equipo E-6, y fue asignado a Augsburgo, Alemania, donde su trabajo clasificado trataba de computadoras. En Augsburgo, se hizo E-7 o sargento de primera clase.

También allí, dijo Buchanan, tuvo otra experiencia psíquica "negativa". "No puedo hablar realmente acerca de eso —dijo—, pero llamó la atención de la gente correcta."

Poco después, fue transferido al Grupo de Inteligencia Miltar 902 en Fort Meade, donde fue reclutado como vidente remoto. Recordó:

Cuando vine la primera vez a la unidad, estuve allí porque era posible que el general Stubblebine formara un grupo que tendría como primer trabajo de aprendizaje cómo controlar la información de las computadoras del enemigo. De todas maneras el gobierno vetó el proyecto, pues olía demasiado a "control mental".

Era parte de la unidad cuando se dio la noticia de que nuestro financiamiento ya no sería renovado, la unidad estaba sin trabajo. Los encargados obtuvieron financiamiento en el último minuto, pero era la historia de siempre. De todas maneras no había algo que yo pudiera hacer, así que decidieron utilizarme como rata de laboratorio. Me dieron un ejercicio para visualizar. A los que iban al objetivo se les dio un sobre que contenía las coordenadas de un sitio. Dejaron la unidad y lo abrieron después de que estuvieron fuera de la vista del edificio. Pude mantenerme viéndolos dando vueltas, mirando por la ventana del coche y conduciendo más. Pero es todo lo que pude obtener; no podía lograr una descripción del lugar del objetivo. Dije: "Creo que están perdidos", y Skip (Atwater) me hizo terminar la sesión. Cuando regresó el equipo de los objetivos, dijeron que nunca habían encontrado el lugar, que se habían perdido.

Buchanan se describió a sí mismo como un "gurú" de las computadoras. "Cuando todos esos jóvenes con sus grados de computación no podían lograr hacer el trabajo, me llamaban", se reía. "Estoy absolutamente convencido de que la visión remota puede ampliarse con la tecnología informática." Buchanan dijo que quería ligar a varios videntes remotos utilizando la realidad virtual de las computadoras. "De esa manera todos podían ver lo que el otro estaba viendo."

Otro de los nuevos alumnos era Morehouse. Él dijo que la visión remota era particularmente difícil para él porque "en ese tiempo no era una persona realmente conceptual". Recordó:

Era difícil sentarse y escuchar a alguien que me daba una conferencia sobre una teoría que, abiertamente, no entendía. Decía: "No entendemos qué es lo que lo hace funcionar, pero déjenme darles la teoría de que no sabemos cómo funciona."

Y siendo un viejo empleado tonto como soy ahora, me siento atrás y me rasco la cabeza sorbiendo mi café y digo: "Bueno".

En la medida en que los años de Reagan se acercaban, los Espías Psíquicos estaban aprendiendo cada vez más. Y las técnicas de la visión remota habían avanzado mucho más allá de lo que Hal Puthoff, Russel Targ e Ingo Swann pudieron imaginar.

Pero había nubes oscuras en el horizonte: una investigación del Congreso, extraños duelos mentales con los psíquicos oponentes del bloque oriental, y brujos que ocasionaron problemas a los Espías Psíquicos.

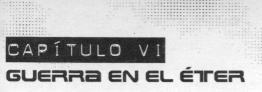

CAPÍTULO VI
GUERRA EN EL ÉTER

urante los años de Reagan, el miedo y la aversión al "imperio del mal" soviético alcanzaron altos niveles. Mientras tanto, el trabajo dentro de la unidad de Espías Psíquicos y en SRI continuaron avanzando rápidamente con las nuevas técnicas que se desarrollaron para aumentar la eficacia y la precisión de la visión remota.

Uno de los más grandes problemas era lograr la distinción entre las verdaderas "señales" psíquicas y todo el ajeno desorden de la mente llamado "ruido". El ruido consiste, dicho simplemente, en las operaciones normales de la conciencia en el cerebro; es decir, pensamientos fugaces sobre una amplia gama de temas. En cualquier momento del día el cerebro puede ser interrumpido con pensamientos sobre la casa y la familia; la sed y el hambre; ensoñaciones sobre lugares distantes, o el deseo de una cita el viernes por la noche.

"Básicamente lo que tú tienes es síntoma de un problema de ruido", explicaba el coronel Alexander. "Los que son naturales para la visión remota y otros, podrían producir claramente ciertos resultados en algún momento. Pero el problema es saber cuándo los resultados son precisos o imprecisos, y no hay un mecanismo de filtración muy bueno. El problema del desorden mental consiste en la visión remota, en un revestimiento analítico (RA); es decir, la interpretación consciente subjetiva de las señales psíquicas. El

RA frecuentemente es erróneo, particularmente en las primeras etapas en las que una persona experimenta la visión remota, aunque frecuentemente posee indicaciones válidas sobre el objetivo. Por ejemplo, un faro puede producir un RA de "chimenea de una fábrica" por su forma alargada y cilíndrica.

El RA es bastante fácil de identificar en una sesión de VR porque normalmente hay alguna comparación implicada. Según Riley, el vidente dirá: "Se ve como…" "Me recuerda…", etcétera. Se dice que cuando un vidente remoto obtiene una imagen clara, nítida y fija de un lugar, una suerte de fotografía mental, es siempre un RA.

Los monitores de Espías Psíquicos buscan pequeñas cosas para avisar que un RA está involucrado en las sesiones de visión remota. Se fijan en ciertas inflexiones de la voz o en la información que se expresa en forma de pregunta. Observan particularmente las desviaciones de la estructura. "Los primeros años que estuve en la unidad me convencí de que todos los problemas de VRC (visión remota controlada) se irían si sólo pudiéramos registrar la tendencia a obtener RA", recordaba Lyn Buchanan. "Trabajé en el problema todo ese tiempo pero nada parecía tener éxito".

Pero en un experimento para usar el magnetoencefalógrafo de Los Álamos para registrar la actividad cerebral mientras se veían líneas horizontales y verticales en una pantalla, en vez de tener la visión de estas líneas horizontales y verticales, obtenía visiones de vallas de estacas, de marcas de abedules, de rieles de tren (líneas horizontales), y de las casas de las viejas plantaciones con sus columnas en el porche. Descubrí que hay cierto tipo de RA que sucede en el nivel inconsciente y que no es del todo analítico. Éste aparece cuando la percepción de lo muy desconocido viene en burbujas que se pegan a un recuerdo, a un temor o a un deseo, antes de alcanzar, si de veras llegan a hacerlo, la mente consciente.

Después de un año de estudiar esto, empecé a llamar a este tipo de RA: "transmisión subconsciente de memorias, ansiedades y anhelos al pensamiento consciente accesible" (STRAY CAT, que significa gato callejero, por sus iniciales en inglés; N. T.). Sucede a nivel subconsciente, antes de que te hayas percatado de tu percepción, y no puede ser controlado ni eliminado en los procesos de VR. Lograr diferenciar el RA de la STRAY CAT era la única cosa que podíamos hacer, y desde entonces desarrollamos métodos para distinguirlos, para diferenciarlos.

Los monitores estaban entrenados para llamar a un receso en las sesiones de VR cuando se detectaba un RA. Igualmente, había recesos para las "confusiones", cuando el vidente se volvía confuso por su ambiente o cuando la señal física se volvía turbia.

Aclarar o calmar la mente es uno de los primeros prerrequisitos para la visión remota. Mary Sinclair, la esposa del autor Upton Sinclair, que fue muy conocida por sus dotes psíquicas, dijo: "Primero debes sugestionarte con la idea de que relajarás tu mente y tu cuerpo, haciendo tu cuerpo insensible y poniendo la mente en blanco."[1]

La idea es que si una persona puede tranquilizar su mente —reducir o eliminar el ruido—, entonces será más probable que la "señal" psíquica más débil alcance la conciencia. En un intento por hacer que la visión remota dejara de ser un estallido ocasional de pensamiento psíquico y se convirtiera en una herramienta respetable y confiable se le introdujo una estructura.

Los Espías Psíquicos aprendieron que la estructura es la clave de la utilización de la tecnología de la VR. Mediante una estructura o disciplina adecuada se suprime el ruido mental y la línea de información a través de señales puede surgir limpiamente. En la medida en que se mantenga una estructura adecuada, la información obtenida puede ser confiable. Si el vidente empieza especulando acerca del contenido —imaginándose qué es— empezará a apartarse de una estructura adecuada y el RA será un resultado inevitable.

Un deber esencial del monitor y el vidente es asegurar que el vidente mantenga una estructura adecuada, tomando la información en la secuencia correcta, en la etapa correcta y de la manera adecuada. El coronel Alexander dijo que encontró que otro problema con la visión remota era que los funcionarios que evaluaban el fenómeno querían cien por ciento de precisión todo el tiempo. "A diferencia de cualquier sistema que pudieras utilizar, este tiene que ser absoluto", dijo Alexander. "Ellos querían todo o nada. No hay nada cien por ciento preciso".

Ingo Swann, quien continuó desarrollando las técnicas de visión remota en el SRI durante los ochenta, dijo:

> El porcentaje de precisión de un vidente remoto espontáneo (o un psíquico natural) es de veinte por ciento a lo máximo. Algunas veces Pat Price obtuvo algo así como un 95 por ciento de precisión. Pero le llevaría alrededor de cien objetivos más obtener de nuevo algo tan bueno; entonces el promedio es próximo al veinte por ciento.
>
> Y un veinte por ciento de precisión no puede competir con otros métodos del aparato de inteligencia. Pienso que si sólo tuvieras veinte por ciento de precisión al invertir en la bolsa de valores, quebrarías. Por eso tiene que haber un 51 por ciento como mínimo. Y dije: "Bueno si voy a alcanzar esa cantidad, podría también alcanzar el cien". Es el mismo problema, ves. Tengo el dinero para aumentar la eficiencia de la visión remota. Entonces tengo que hacer que funcione.
>
> Aislé siete etapas generales de diferentes tipos de información, que vienen físicamente en orden exacto.

Swann describió las etapas como sigue:

Etapa 1 = Formación de un ideograma, una marca espontánea con una pluma o un lápiz que represente el lugar del objetivo.

Etapa 2 = Impresiones sensoriales que el vidente puede experimentar si ya está en el lugar del objetivo; como olores, sonidos, sentimientos, colores, etcétera.

Etapa 3 = Referencias espaciales; la altura y longitud del lugar, muy frecuentemente representadas en dibujos.

Etapa 4 = Refinamiento de las referencias espaciales; aumento de detalles tangibles del lugar del objetivo: los alrededores —árboles, edificios, mesas, sillas, etcétera—. También el reconocimiento de intangibles: uso del lugar —gubernamental, médico, religioso, educativo, etcétera.

Etapa 5 = Integración de las cuatro etapas anteriores en el entendimiento del vidente remoto. Aquí el vidente cuestiona su memoria y revela más detalles del objetivo.

Etapa 6 = Interpretaciones precisas o dibujos del lugar del objetivo. Esto también puede incluir escultura. Frecuentemente los videntes pueden moldear barro y fabricar modelos tridimensionales del lugar superiores a los dibujos a mano.

Etapa 7 = Rara vez se usan etapas que impliquen el uso de sonidos de palabras que se aproximen a nombres precisos de individuos, calles, ciudades, etcétera. Por ejemplo, si se desea el nombre en árabe de cierta calle, el vidente continuaría aproximándose al sonido hasta que un lingüista pudiera interpretar el nombre.

Swann explicó:

Pasé mucho tiempo tratando de entender cómo funcionaba. Quería entender cómo los datos daban parte por sí mismos. Verás, cuando estos tipos hacen un ideograma, esto da lugar a que una cadena se desenrede. La línea de la señal se incorpora a la mente del vidente o algo así. Y ellos están entrenados para diferenciar entre ruidos y señales. Pero la línea de la señal tiene sus propias características en estas etapas y en la medida en que las desarrolla, logra una sesión prácticamente sin ruido. Esto si ellos se adhieren a la forma, a la estructura. Pero es difícil conseguir gente que haga eso, porque a la gente le gusta contribuir, tú sabes.

Éste no es un proceso al que se contribuya. El vidente tiene que ser pasivo, no activo, y recibir sólo lo que llega. "Muchas metodologías tratan de enviar de vacaciones a la mente consciente. Es decir, tratan de ponerla en trance o en un 'estado alterado'", explicó Buchanan. Continuó:

Son gente que insiste en que el trabajo psíquico sólo puede hacerse "una vez que has alcanzado (las ondas cerebrales) theta". En realidad, la mente consciente se queda en ese estado alterado y regresa continuamente a confirmar cómo va el proceso. La persona no suele estar consciente de ello, pero una parte de ella está monitoreando la sesión, dando su aprobación o evitando que el inconsciente haga su trabajo al darle su desaprobación.

Habrás escuchado, por supuesto, que una persona que está hipnotizada no puede hacer algo que no quiera. Ésta es la razón. La mente consciente, aunque parezca estar en trance, está siempre vigilante. Un monitor bien entrenado de VRC puede observar cuando un psíquico está haciendo un trabajo de "canalización del trance", y puede ver, como en un anuncio de neón, cada vez que la mente consciente del psíquico "se regresa a confirmar" el proceso. Eso pasa todo el tiempo en todos los trabajos en estado de trance.

Al ver que este es el caso, los videntes remotos controlados tienen otra táctica. Le dan a la mente consciente la medida de otro trabajo que hacer. Las reglas y los protocolos de los VRC son realmente muy complejas por dos razones: primero llegar lo más profundo posible: al subconsciente y, segundo, mantener la mente consciente tan ocupada que no pueda irse por el camino del subconsciente.

Cuando alguien declara haber mejorado el método de Ingo Swann, encontrarás generalmente que lo que ha hecho es simplificarlo y hacerlo más fácil y rápido para que el público lo aprenda. Ellos piensan que están haciendo un servicio público —y haciendo dinero en el proceso— pero el hecho real es que los métodos simplificados le dan a la mente consciente más tiempo para interferir, y la precisión del proceso de visión cae radicalmente. La parte triste es que este tipo de metodologías "para las masas" no sólo fallan en precisión, sino que también acostumbran realmente al estudiante a no permitir que la mente subconsciente haga su trabajo limpiamente. Como tales, realmente dañan el avance del estudiante, a veces en forma permanente, echando a perder para siempre las oportunidades de lograr su máximo potencial personal.

Como cualquier padre orgulloso, Swann produjo numerosos archivos de pruebas desde mediados de los ochenta. Él señaló alegremente los impresionantes resultados registrados utilizando sus técnicas. Swann habló de un estudiante llamado "Tom" quien continúa teniendo un trabajo muy intenso en el gobierno. "En mayo de 1984, Tom estaba entre los últimos de mis estudiantes. Se convirtió en el primero al finalizar las siete etapas. Era mejor que yo", recuerda Swann. Tom los identificó correctamente y después creó un modelo de los dos reactores nucleares en Russelville, Arkansas, dijo Swann. Entonces fue a identificar correctamente el hipódromo en Churchill Downs, Kentucky, como "carrera de caballos". Después Tom describió correctamente el Bunker Hill Monument, escribiendo incluso abajo la palabra bunker como uno de sus nombres.

Las identificaciones correctas de los lugares de los objetivos fueron en 17 pruebas. Ése fue el final de su curso de visión remota y tuvo que ver 19 lugares. Cada uno tenía que ser perfecto. Tenía que decir exactamente qué había en cada lugar. Como recordó Swann. "Bueno, tomó el número 17 y el objetivo era Oral Roberts University, con su colección de edificios de muchos estilos. Estaba seguro de que fallaría en éste."

Tom empezó a dibujar sus impresiones. Escribió: alto, liso, gris, anguloso y curvilíneo. Después pasó a la etapa seis, los intangibles, y escribió: edificios, escuela, complejos, escuela de la iglesia. Después como frase final, Tom dijo "Oral Roberts University". Estaba asombrado. Lo dejé hacer libremente la prueba 17. La hizo perfecto, no hubo ninguna necesidad de seguir y hacer las otras dos.

Para 1986, Swann había entrenado a toda una nueva generación de videntes remotos. "La gente que ha recibido un entrenamiento intenso en VR puede entrenar a alguien más, entonces no necesitaba más ser un entrenador", dijo.

Swann dijo que entrenó 28 videntes remotos para fines de 1986. Estaban en dos grupos, ninguno de ellos sabía de los otros. Morehouse fue un vidente remoto de segunda generación, había sido enseñado por los discípulos de Swann. Ambos grupos fueron al SRI pero en diferentes momentos. Dice Swann.

No puedo realmente hablar de este segundo grupo. Ellos se mantuvieron totalmente separados de los (Espías Psíquicos). Incluso no sé adónde fueron a parar. Muchos eran "negros" y mucho más encubiertos. No creo haber sabido sus verdaderos nombres. Pero eran listos como el demonio.

El grupo del que Dave Morehouse era parte no trabajaba como grupo. Sólo estaban juntos, tú sabes. Ese otro grupo realmente trabajaba como tal. Eran mucho más importantes y decididos que el primer grupo. Debían ser ingenieros porque sabían lo que se supone que es un modelo de tres dimensiones y llegaron con estas pequeñas herramientas: utensilios para modelar, etcétera. Si no tenían lo que querían para hacer sus modelos se bajaban a SRI e iban con los ingenieros y regresaban con escobillas, cortadores y lo que pudieran encontrar. Asaltaban los cubos del almacén. Construían modelos increíbles de tres dimensiones. Hacían superestructuras de cables de alta tensión, de palillos y cosas así. Tras revisar sus proyectos los destruían, los ponían aparte rápidamente. Cuando se fueron no quedó nada de ese grupo.

Swann dijo que en esas alturas del entrenamiento de la unidad Espías Psíquicos, a mediados de los ochenta, había al menos 600 personas pendientes de la unidad y de sus logros. Recordó:

> Teníamos comités de supervisión, a veces con más de 50 personas en ellos, algunos compuestos por científicos eminentes. Teníamos comités por todas partes y también equipos de inspección.
>
> Los clientes protegían sus inversiones, créeme. Al principio, los clientes —inicialmente la CIA y después la DIA, Defense Intelligence Agency (Agencia de Inteligencia para la Defensa) hacían un gran esfuerzo para saber si había otra forma en que pudiera obtener la información, otra forma que la que proclamábamos. Por eso me hicieron muchos exámenes psicológicos y también físicos. Incluso hicieron una tomografía computarizada de mi cerebro para encontrar si un tumor podía tener que ver con mis habilidades. Había psicólogos, psiquiatras, aplicadores de pruebas, consultores, comités de supervisión y gente de seguridad. Había mucha gente involucrada.

McMoneagle apoyó lo que Swann afirma, escribiendo:

> A diferencia de la creencia popular y de casi todos los proyectos experimentales, (la visión remota militar) nunca tenía un éxito total. Pero, durante este periodo de operación completa, supe que daríamos información de inteligencia de gran valor en cientos de casos específicos. En decenas de ocasiones, esta información también se describió en documentos del gobierno a los que se podía acceder desde cualquier fuente.
>
> También a diferencia de las creencias populares, el programa operaba —así fue siempre—, bajo las miradas muy vigilantes de numerosos comités de supervisión, científicos y gubernamentales. Durante los 17 años y medio que duró, dió apoyo a casi todas las agencias gubernamentales de inteligencia de los Estados Unidos. Su existencia dependía de que sobrevivieran año tras año estos comités y agencias, y en esto se basaba no sólo su éxito, sino el diagnóstico de su funcionamiento de acuerdo con los límites científicos establecidos por esas agencias y comités de supervisión. Cualquier insinuación de que el programa funcionaba sin rigor, o con una falta de control, es mentira.[2]

Según los Espías Psíquicos hay más de 120 cajas que contienen los archivos operativos de la unidad, muchos de ellos aún permanecen secretos para él público. Al preguntarle a Morehouse por qué la historia de los Espías Psíquicos no se había contado antes, explicó: "Mucha gente se toma muy en serio lo que ha leído sobre el programa; particularmente en la comunidad de [inteligencia] de la que hemos estado hablando. Es muy raro que alguien rompa la barrera y diga: Déjame contarte la historia. Muchos de ellos se irán a la tumba con todo lo que saben o sólo habrán podido contar su historia dentro de un pequeño círculo."

La secrecía implicada ha creado un grave problema para intentar reconstruir la historia de los Espías Psíquicos. Las declaraciones públicas y lo que publicaron los más antiguos miembros parece caricaturesco, incluso contradictorio. Esto ha probado que es muy difícil separar la verdad de las historias de portada, de las memorias fallidas y de la falta de disposición para divulgar lo que muchos consideran aún secretos militares. Esta situación incluye la desinformación y confusión impulsadas por el gobierno en un esfuerzo por desacreditar la tecnología de la visión remota en la mente del público.

Swann fue rápido en señalar que él no tiene ningún material clasificado en sus archivos, también dijo que cualquier cosa que afectara la seguridad nacional era retirada rápidamente por los patrocinadores de la visión remota. "Cuando los clientes venían a sus reuniones, se llevaban cualquier trozo de papel, incluso los lápices y las plumas que habían utilizado. Por eso no existe ni una mínima prueba de materiales clasificados."

Pero Swann sostenía sobre sus técnicas de visión remota que "son de mi propiedad, yo las poseo. Está estipulado en los contratos y hay muchos de ellos. Insisto en eso. Es por eso que no me convertí en empleado de SRI, porque SRI hubiera poseído cuanto yo hubiera desarrollado. Actué sólo como un consultor y mantuve el control de esto por cualquier cosa que valiera la pena".

Alrededor de 1988, Hal Puthoff dejó SRI; y Swann estaba concentrado en cuestiones muy refinadas de la visión remota, se había cansado de las constantes pruebas que habían cambiado poco desde los setenta. "En 1988 decidí tomarme un año de descanso, así que renuncié —dijo Swann—. Después tomé el siguiente año de receso y todo desapareció." Swann nunca volvió a trabajar con los Espías Psíquicos como unidad militar.

La firma de acuerdos secretos también es parte de los antecedentes de Swann. "Firmé acuerdos donde me comprometía a no revelar los programas en los que había trabajado y soy un hombre de palabra, pero puedo hablar de lo que poseo."

Otra técnica que probó tener éxito para aumentar la precisión de la visión remota era utilizar una multiplicidad de videntes para un solo objetivo. Un ejemplo de esto puede hallarse en los testigos de un accidente automotriz. Si hay diez testigos, los investigadores obtienen 10 versiones diferentes del accidente. Pero una síntesis, o combinación de lo relatado por los testigos, proporcionará una versión cerca del cien por ciento precisa. Por lo tanto, en la visión remota, si seis u ocho videntes han dado el mismo objetivo y sus descripciones se combinan, el índice de precisión aumenta considerablemente.

Morehouse dijo que a los videntes remotos de cualquier grupo no se les habla de su objetivo, sólo si actúan como grupo de control. El grupo de control es mantenido en la oscuridad porque una vez que descubres algo, puedes perder muchos detalles sutiles, explicó. "Por ejemplo, digamos que estás buscando a un francotirador camuflajeado. Puedes percibir los árboles, los pájaros, la hierba, pero no ves al francotirador. Pero si el francotirador te llama la atención, te concentras en él y puedes perder otros detalles; por ejemplo, un segundo francotirador."

Al inicio de los ochenta, los Espías Psíquicos conducían sus operaciones utilizando estados alterados de conciencia para facilitar la visión remota. Se necesitaron cerca de seis años de logros y fallas en las operaciones de visión remota para calibrar el promedio del equipo, utilizando soldados que habían demostrado alguna habilidad psíquica natural.

Una de las típicas operaciones del principio era similar a esto. Al principio un monitor, que era frecuentemente otro miembro de la unidad, se sentaba en un escritorio cerca del vidente, que estaba acostado en una cama en una habitación pequeña y oscura. Una linterna con foco rojo permitía al monitor tomar notas después de que el vidente había alcanzado un estado alterado. Posteriormente, se enganchaban los electrodos a un voltámetro, ubicado de manera en que estos también se pudieran fijar al vidente. El vidente y el facilitador estaban equipados con audífonos y un micrófono. El facilitador observaba el voltámetro vigilando específicamente cualquier cambio de polaridad que ocurriera de la cabeza a los pies. Cuando este cambio radical de polaridad de 180 grados de voltaje ocurría, casi siempre indicaba que el vidente estaba en el estado alterado deseado. En ese punto, el facilitador simplemente instruía al vidente para que "se trasladara al área del objetivo" o le decía que "hay una persona que necesitamos que ubiques", o algo similar. Como medida de control, al vidente nunca se le proporcionaba información específica sobre el objetivo.

Se intentaron otras técnicas de alteración de la conciencia, como meditación trascendental. Morehouse dijo que incluso intentaron el viaje fuera del cuerpo, pero no podían replicarlo a voluntad. McMoneagle dijo que dejó de tratar de controlar sus experiencias fuera del cuerpo y se dedicó a concentrarse en la más controlable visión remota.

Uno de los principales problemas con el uso de estados alterados era que el vidente nunca estaba consciente de la orientación espacial de su objetivo. Por ejemplo, indicaría que "la habitación cercana a la puerta" estaba realmente en un edificio sobre la calle. Peor aún, un vidente podía no darse cuenta de su propia orientación –algunas veces daban información de una posición totalmente invertida si había algún cuerpo presente en el lugar del objetivo.

Y había otro factor: la visión remota se hizo una experiencia en vez de un trabajo. Riley dijo que el ejército no les estaba pagando a los soldados para que tuvieran esa experiencia. Ellos les pagaban para recolectar información, para producir inteligencia. Querían resultados "Salir fuera del cuerpo era una experiencia tan emocionante que los videntes olvidarían su misión", dijo. "Creo que cuando eres capaz de transportarte a las estrellas o ver otras dimensiones, el lanzamiento del cohete soviético te parece poca cosa. Pierdes el interés en ello."

Pero a mediados de los ochenta se descubrió otro lado no previsto de la visión remota. Alguien estaba observando a los Espías Psíquicos cuando trabajaban. Los Espías Psíquicos se percataron al principio de esta situación por Robert Monroe, un antiguo ejecutivo de publicidad cuyos estudios sobre las experiencias extracorporales lo condujeron a la creación del Monroe Institute for Applied Sciences (Instituto Monroe de Ciencias Aplicadas) en Faber, Virgina. Este instituto, según los Espías Psíquicos, era utilizado para captar videntes remotos potenciales y para introducirlos en las experiencias psíquicas.

Monroe estaba en experiencias extracorporales y otros estados alterados de conciencia cuando descubrió que había tres personas con él. Tuvo miedo pues no sabía quiénes eran. Una de ellas era una mujer que parecía particularmente poderosa. Ella estaba tratando de probar su mente. Monroe se sintió muy frágil, por lo que llamó pidiendo ayuda a los Espías Psíquicos.[3]

Habiendo sido avisados de la presencia de otros videntes remotos, los Espías Psíquicos se unieron al juego del gato y el ratón psíquico con el otro lado. "Nosotros íbamos por ellos y ellos venían por nosotros", dijo Morehouse. "Un sentimiento de camaradería fue creciendo gradualmente entre nosotros. Ellos estaban experimentando y aprendiendo como nosotros. Los considerábamos más nuestros oponentes que nuestros enemigos." Los Espías Psíquicos tenían el problema de localizar primero a los otros. Una vez que se hizo el contacto, los videntes remotos soviéticos —llamados extrasensoriales— empezaron a buscar a los Espías Psíquicos.

En esos tiempos de Espías Psíquicos *vs.* Espías Psíquicos, los videntes remotos de EU aprendieron mucho del equipo soviético. Ellos también empezaron a utilizar estados alterados de conciencia para lograr éxito en la visión remota. Pero para alcanzar este estado mental, la GRU (Inteligencia Militar Soviética) utilizaba una variedad de técnicas que incluía drogas, electrochoques, incluso pérdida de la percepción sensorial. Esos métodos tan severos producían videntes remotos despiadados pero menos eficaces.

"Ésa fue su perdición —dijo Riley—. Escuchamos que habían matado a varios jóvenes intentando eso, y que también se había reducido su capacidad de visión remota porque ésta requiere de una concentración en estado de alerta. Cuando una persona ha consumido drogas, su capacidad de visión remota disminuye."

A diferencia del GRU la KGB soviética buscó con laboriosidad entre más de un millón de individuos para encontrar personas extraordinarias con grandes cantidades de energía psíquica. Estos súper psíquicos se convirtieron en los Espías Psíquicos de la Unión Soviética, y eran asignados algunas veces para buscar a sus contrapartes occidentales. Riley dijo que la situación se volvió rara, incluso para la unidad de Espías Psíquicos, pues ellos no podían hablar de eso fuera de allí. "Nuestro comandante sabía pero no los comités de supervisores", recordó Riley. Añadió:

Y en la Unión Soviética tenían miedo de contarle a sus jefes que habían sido descubiertos. Temían que su programa fuera cancelado. Creo que nosotros teníamos miedo de lo mismo. Por ello tuvimos una suerte de trato entre caballeros con nuestros oponentes —a veces todos participábamos en búsquedas, pero ninguno lo comunicó a sus superiores.

En una ocasión, Morehouse vio remotamente en persona a los extrasensoriales soviéticos y descubrió que habían desarrollado una medida contra el espionaje psíquico. Describió su experiencia de esta manera:

Fui a una de mis habitaciones de visión remota y escuché "Desperado" de Eagles en los audífonos para mantenerme calmado durante la sesión. Después leí las coordenadas de la misión, cerré los ojos, y en segundos, aterricé en cuclillas en la punta de un techo. Todo estaba congelado y cubierto de nieve hasta donde pude ver. El viento soplaba en rachas, rompiendo justo frente a mí. Estaba en la punta de un edificio de tres bloques que era parte de un complejo en algún lugar muy adentro de Rusia. Estaba rodeado de bosques y sembradíos.

Montones enormes de nieve se acumulaban sobre cualquier cosa que se irguiera allí. Cerré los ojos y traté de sentir algo que alentara mi interés psíquico. De pronto caía en un pequeño edificio adyacente a las afueras del complejo, me entumecía a causa del frío; de hecho, al regresar a Fort Meade tenía la piel de gallina.

Me obligué a moverme a través de las paredes del edificio e instantáneamente sentí alivio con el calor del interior. Después de unos momentos de reconfortarme, empecé a explorar el edificio y encontré que había seis habitaciones en torno a una grande ubicada en el centro. Ésta era una suerte de salón o sala de juntas. El edificio estaba vacío pero definitivamente sentí que era un lugar importante. Le dije a mi monitor que no había nadie allí y él me sugirió que me trasladara hacia atrás en el tiempo un día o dos. "No he aprendido a hacer eso", objeté. Él dijo: "Es tan fácil como moverse de una habitación a otra. Hazlo de la misma manera, sólo concéntrate en ello, piensa en ayer."

Entonces me concentré, al principio, no pasaba nada excepto que me empecé a sentir estúpido. Entonces vi a un hombre en un escritorio en el pasillo del vestíbulo cerca de la entrada frontal. Estaba leyendo un papel gastado y tosco alumbrado con una luz teue. Cuando coloqué mi mano en la espalda del hombre, sentí un espíritu solitario y olvidado, una vida cerca de terminar, y memorias de tiempos pasados nubladas por la edad y el vodka. El hombre no estaba allí antes así que supe que el tiempo había cambiado. Me concentré de nuevo pensando en transportarme en el tiempo. El mundo empezó a moverse en reversa, primero lentamente, pero ganando después velocidad. Se movía cada vez más rápido hasta que todo se volvió un caleidoscopio de colores y velocidad. Me mareé y caí de rodillas. "Aliéntalo y verás que estarás bien", oí decir al monitor. Lo hice y el mareo pasó.

Vi personas trabajando en sus escritorios. Algunos hablaban por teléfono, otros hacían papeleo, había quienes hablaban entre sí. Las oficinas parecían ser para la administración, no para la visión remota. Pero tenía una fuerte sensación de algo que parecía calor. El calor me interesó y empecé a dibujar lo que observaba, al tiempo que experimenté problemas para doblar las piernas y mover la cabeza. La sensación se volvió más fuerte cuando dibujé más de cerca un pequeño y delgado instrumento en forma de caja, colocado en alto sobre la pared. Provenía de él una luz brillante. Era como estar viendo fijamente a un faro de coche encendido. Sentía como si todas mis células estuvieran hormigueando.

Me puse intranquilo y regresé a mi cuerpo físico. Más tarde ese mismo día, comparé mis dibujos con algunos que hizo Mel Riley durante su sesión y eran idénticos. Él también vio la caja en la pared como otros. Después de que me fui, ellos realmente habían buscado dentro de la caja. Resultó ser cierto tipo de pantalla protectora, en la que los soviéticos habían trabajado por años. Este instrumento reconocía todas las formas familiares de energía —frecuencias extrabajas, radio, televisión, etcétera— pero cuando halló una imagen no la reconoció; sonó una alarma y emitió una onda de baja frecuencia diseñada para interrumpir y confundir la señal psíquica. Los soviéticos las montaron en las habitaciones donde había mucha actividad sensorial o donde los extrasensoriales trabajaban.

Siguiendo las primeras investigaciones sin éxito de sus oponentes, los Espías Psíquicos descubrieron que los extrasensoriales no sólo operaban en Rusia, sino que pretendían mudarse a Estados Unidos. La unidad estaba preocupada porque los soviéticos pudieran no estar satisfechos con la simple visión remota de sus oponentes extranjeros y necesitaran más.

Riley dijo que había miembros de la unidad que se habían convencido de que los soviéticos experimentaban con psicotrónica, particularmente en la habilidad de matar o discapacitar a distancia. Recordó que una vez, en 1984, un representante del Servicio Secreto de los EUA fue a la unidad de Espías Psíquicos y expresó la preocupación de que los soviéticos pudieran atacar psicotrónicamente al entonces presidente Ronald Reagan ocasionándole un ataque al corazón o algo peor.

Con base en esta preocupación, la unidad comenzó series de sesiones de visión remota para investigar el asunto, pero no pudo fundamentar ninguna de las partes de la historia del ataque psíquico al corazón. El Servicio Secreto había dicho que los extrasensoriales soviéticos podían estar vigilando todo el tiempo al presidente Reagan, ellos sabían dónde estaba y qué hacía, pero no podían atacarlo físicamente. Los agentes del Servicio Secreto se sintieron aliviados con la información y se puso punto final al asunto. Pero los Espías Psíquicos montaron una ofensiva contra sus oponentes. Según varios miembros de la unidad, los Espías Psíquicos hicieron correr una serie de sesiones de visión remota contra los entrometidos; primero pudieron saber a través del evento extracorporal de Robert Monroe qué estaba pasando. Con la suficiente seguridad, comprobaron que tres personas los estaban observando. Una de ellas era una mujer. Los espías psíquicos siguieron al trío hasta sus cuerpos físicos ubicados cerca de Moscú. Cada uno estaba aislado en una habitación de cinco pies por cinco pies en un remoto complejo.

Riley recordó:

Decidimos que podrían ser vulnerables a una fuerza concentrada. Era sólo una corazonada, pero después de un tiempo notamos que ellos parecían operar siempre independientemente, incluso no utilizaban monitor. Eran psíquicos naturales y creo que sentían que no necesitaban ninguna supervisión. Pensamos que si podíamos poner a cuatro o cinco de nosotros ante ellos, todos a la vez, les provocaríamos un miedo tremendo.

Los miembros de la unidad se concentraron en la mujer que parecía ser el oponente más poderoso. Monroe había tenido la impresión de que su nombre era Inga Arnyet. Esto fue confirmado por los Espías Psíquicos.

Un equipo completo de seis espías psíquicos hombres, concentrados en la mujer soviética. Los videntes entrenados militarmente estaban emocionados, parecían las tácticas de un escuadrón de infantería entrando en batalla. Algunos bebían café, otros descansaban con música, pero todos trataban de aclarar su mente.

En un momento dado, tomaron sus posiciones en las habitaciones de visión remota y el comandante empezó a contar al revés en el sistema de sonido. Uno por uno, los espías psíquicos se fueron deslizando en el éter. Utilizando las mismas coordenadas, se fueron reuniendo en el complejo soviético. Primero uno, después otro, hasta que los seis estuvieron allí, tenían conciencia de los otros sólo por la proximidad de sus figuras traslúcidas. Aunque a cada uno el resto le parecieran fantasmas, él número los confortaba.

Trasladándose por un largo pasillo vestibular, el grupo encontró a dos hombres en una oficina. Uno estaba sentado ante un largo escritorio escribiendo sobre hojas de papel. Cuando terminaba cada hoja, el segundo la recogía y la ponía cuidadosamente en una pila de hojas. No había signo de extrasensoriales.

Los espías psíquicos se dividieron para inspeccionar las oficinas cercanas. De pronto localizaron al extrasensorial mujer. Según Riley, la mujer se puso muy enojada cuando se enfrentó al equipo porque no esperaba algo así. Con todo el equipo viéndola, perdió la concentración y se volvió inútil para la visión remota.

Al pasar la operación, los espías psíquicos se miraron entre sí. Era el momento de regresar a casa. Como si fueran globos de helio que se desinflaran, se despidieron en el aire unos de otros. Era un espectáculo que nadie había visto antes; hasta ese momento todas las sesiones eran conducidas individualmente.

De nuevo en casa, los miembros de la unidad estaban inundados de un sentimiento de orgullo y satisfacción. Pensando en la misión, Morehouse dijo: "Ésta es una pandilla de chicos valientes. Conozco hombres mayores —soldados de ataque— que se habrían mojado los pantalones al hacer esto. Ellos lo hicieron como si bebieran otra taza de café."

Lyn Buchanan describió su enfrentamiento con una espía psíquica de China.

Estaba haciendo una práctica de objetivos en esa ocasión, el blanco era un museo en algún sitio, no lo recuerdo con precisión; en esa sesión, miraba el entorno y describía el contenido de las vitrinas, quién estaba ahí, etcétera. En una sesión normal de VRC, alcanzas el objetivo en un momento estático, todo se congela en el tiempo. Tienes que dar una orden para lograr que el vidente se mueva en el tiempo real. Pero no hicimos eso. Sólo miraba y describía; justo una de las personas descritas me miraba directamente. Era una joven china, no se movía, había algo distinto en ella. Yo veía más allá pero tenía la sensación permanente de su mirada. Me volteé, ella se dio cuenta de que la había visto, dio la vuelta rápidamente y desapareció. Se suponía que eso no ocurría. La impresión me sacó de la sesión. Le conté al monitor lo ocurrido y él dijo: "Regresa a la sesión y síguela para ver adónde se fue." Lo hice y la sesión entonces nos llevó a un lugar aislado en las montañas, donde había un montón de niños muy chicos, todos trabajando en cierto tipo de sesiones (no era VRC o cualquiera de las VR que yo conocía) e informando qué encontraban. Eran los espías psíquicos de China.

Habiendo encontrado el lugar "lo marqué" y entonces pude regresar. En pocos meses logré conocer a la chica que me había espiado, y comenzamos una extraña amistad mental. Tenía 13 años y estaba próxima a retirarse de la unidad de espionaje por su edad. Yo no entendía por qué, pues era muy buena en lo que hacía. Fue más tarde que supe que los chinos retiran a sus espías psíquicos cuando alcanzan la pubertad.

Mantuve contacto con ella después de que dejó su unidad, y un día la encontré yendo del trabajo a su casa, montada en un vehículo de la calle que hacía mucho ruido en una ciudad muy grande. Ella se dio cuenta de mi presencia, pero me hizo saber que la VR ya no era más parte de su vida y era, de hecho, una parte de su vida que quería olvidar. Nunca la volví a molestar.

Ella nunca les habló de mí a los de su unidad. Era una simple amistad que no incluía espiar al otro país o revelar secretos de ningún tipo. En nuestros encuentros en sesiones hablábamos de la infancia en China, y de la vida cotidiana en EUA. Ella estaba sobre todo interesada en las estrellas de Hollywood, la ciudad de Nueva York y los chicos estadounidenses. Me di cuenta desde el principio que no quería hablarme de su trabajo y lo respeté. En lo que respecta al resto de la unidad, creo que realizaron algunas sesiones conjuntas sobre el esfuerzo de espionaje psíquico chino.

Después de estos incidentes los Espías Psíquicos se plantearon la necesidad de bloquear o confundir a los videntes remotos extranjeros. Entre otras cosas se propuso construir pantallas de protección similar a la caja de cobre de Faraday, pero los miembros de la unidad sabían que esas defensas, aunque la perjudicaban, no podían evitar la visión remota, así que olvidaron el tema.

Buchanan explicó:

Una de las razones que hacían de la VRC una herramienta tan buena, era que casi no había protecciones contra ella. Puedes poner "atracciones" y "distracciones" en tu lugar de trabajo, pero eso ayuda contra los videntes remotos controlados inexpertos. Los soviéticos no ignoraban este hecho, y algunas veces mantenían sus reuniones más secretas en prostíbulos o cerca de cosas como carnavales u objetivos más excitantes y menos descriptibles.

Un día estaba monitoreando a un vidente que de pronto se volteó hacia mí y me dijo: "Hay una protección en este objetivo, no puedo atravesarla para obtener la información que necesitamos." No sé de dónde me vino la idea pero le pregunté: "Bueno, si la protección no estuviera allí ¿Qué encontrarías?" El vidente se volteó hacia su papel y dijo: "Ah, encontraría…" y comenzó a ver el objetivo pese a la protección. Cierto o no, la simple evasión nos permitía superar la "protección contra espías psíquicos" aplicada a algún objetivo.

De hecho, encontramos a una persona que había logrado que alguien la protegiera psíquicamente, y no lo habría hecho a menos que ellos creyeran en la protección psíquica. La sola creencia hace que bajen las defensas naturales, y en el proceso facilitan la visión. Nos encanta que algún líder político o militar quiera protección psíquica. Se vuelve en efecto como pato de feria para los videntes remotos controlados de la unidad. En lugar de obtener la información en las dos sesiones de una hora que normalmente requerimos, en 20 minutos ya está hecho, salimos y tomamos café.

Riley contó que incluso surgió la idea de hacer visión remota usando una máscara de Ronald Reagan. "Nos imaginábamos a los rusos aterrados, pensando '¡Dios mío! ¡El propio presidente de Estados Unidos nos está viendo remotamente!'", se reía Riley.

Pese a los avances en visión remota durante los ochenta, seguía siendo difícil venderle a los funcionarios del Pentágono estos nuevos instrumentos del aparato de inteligencia, aunque Ingo Swann decía que prácticamente todas las agencias de inteligencia habían contribuido a financiar la unidad de Espías Psíquicos en una época u otra:

> De hecho, no sé exactamente de dónde venía el dinero. Creo que tres agencias se pasaban el balón, y todas compartían finalmente los datos, así lograban que nadie supiera de dónde venían.
>
> El único grupo que no creo que participara era la marina y esto pudo haber sido porque tenían su propia unidad funcionando.

Swann recuerda una de las muchas presentaciones que hizo en ese tiempo:

> Se suponía que iba a hacer una presentación de diez minutos en una habitación sin ventanas en lo más profundo del Pentágono. Tenía todo ordenado. La presentación real llegó a ser de seis minutos con cuatro minutos para las preguntas. La gente del equipo nos dio sólo diez minutos porque no querían que nosotros les hiciéramos perder el tiempo a esos generales. Entonces apresuré mi presentación y la terminé en cinco minutos. El cuarto estaba lleno de oficiales del Estado Mayor y sus ayudantes, además de algunos observadores del Congreso y, por supuesto, todos esos hombres de seguridad con sus armas. Bueno, después de que terminé todos miraban hacia el gran jefe,

algún general. Él me preguntó tranquilamente: "¿Cuál es su plan, señor Swann?" y respondí: "Estoy a su disposición." Se volteó hacia un ayudante y le dijo: "Despeje mi agenda." Todos siguieron la indicación y pasamos otras dos horas hablando. Y como tú sabes, nuestro financiamiento iba en camino.

A finales de 1984, el general Stubblebine se retiró y el mayor general Harry E. Soyster tomó el mando de INSCOM del ejército. Soyster, al parecer, no tuvo el mismo interés que Stubblebine. Según los Espías Psíquicos, en 1985, la unidad quedó bajo el control del doctor Jack Verona, entonces jefe del Departamento de Inteligencia Técnica y Científica de la Agencia de Inteligencia de la Defensa (DIA). De ese tiempo en adelante los Espías Psíquicos fueron parte de la organización de la DIA. El nombre en código de la unidad sufrió varios cambios: GRILL FLAME se convirtió en CENTER LANE, otro nombre generado por computadora, después en SUN STREAK y, finalmente STAR GATE. Oficialmente nunca se supuso que los Espías Psíquicos fueran operacionales pese a las misiones de acción que emprendieron. En los documentos, Espías Psíquicos era sólo un programa de investigación, esto provocó que fueran considerados conejillos de indias humanos y entonces estaban bajo el escrutinio del protocolo de uso de humanos. Después de las revelaciones sobre irregularidades, particularmente el uso de LSD en personal de confianza del ejército, el Pentágono estaba muy preocupado por el uso de humanos con propósitos de investigación.

La unidad de los Espías Psíquicos se convirtió en uno de los dos únicos programas entre los militares que se consideraba de uso de humanos con propósitos experimentales. Uno de los miembros del Comité de Uso Humano, que actuó como parte del grupo supervisor del programa de los Espías Psíquicos, era el capitán de marina Paul Tyler, que también era médico. El doctor Tyler era el antiguo director del Armed Forces Radiobiology Research

Laboratory (Laboratorio de Investigación de Radiobiología de las Fuerzas Armadas) en Bethesda, Maryland. "Había tenido noticias de la agencia (CIA) en relación con GRILL FLAME", recordó el doctor Tyler.[4]

El doctor Tyler mencionó el uso encubierto de LSD como una de las razones para la creación del comité. Lo otro que mencionó fue el infame estudio Tuskegee, en el que un gran número de hombres negros pobres, sureños, eran estudiados como ejemplos de los efectos a largo plazo de la sífilis, bastante después de que la penicilina fuera conocida como la cura. Él dijo: "Esa gente no fue tratada y este programa fue puesto en marcha deliberadamente por el Public Health Service (Servicio Público de Salud). No sabían qué pasaba con los efectos a largo plazo, así que decidieron averiguarlo. Lo cual fue un verdadero escándalo." El estudio Tuskegee y las revelaciones de las pruebas con drogas, provocaron que se demandara que los programas se diseñaran para asegurar la ética en el uso de sujetos humanos. "Se aprobó una serie de leyes —dijo Tyler— y todas las agencias federales desarrollaron su propia normativa regulatoria para el uso de sujetos humanos."

El doctor Tyler explicó que si los humanos eran usados en experimentación, la ley requería a un Comité de Uso Humano, compuesto normalmente por un mínimo de cinco miembros que representaran a la comunidad local, a la científica, a la legal y de una persona independiente por la que el programa sería sometido a escrutinio.

Después de aprender de los Espías Psíquicos, el doctor Tyler dijo que él se sentía atraído por el tema de la visión remota. "Es fascinante cómo funciona", afirmó rotundamente y continuó:

Era muy interesante. Siempre quise sentarme y analizar por qué tengo una mente tan abierta. Tuve básicamente los antecedentes del entrenamiento científico tradicional, pero siempre he estado interesado en, bueno, cosas raras. Siempre me ha parecido más interesante saber por qué la gente no se enferma que por qué se enferma. La medicina estudia a enfermos todo el tiempo, nunca estudia a personas sanas, no se indaga por qué permanecen bien; allí está mi interés que, en muchas formas, es raro… Creo que el aspecto más importante de cualquier enfermedad es el sistema mental y de creencias del paciente. Si tú no crees que te vas a enfermar, es probable que no te enfermes incluso si estás expuesto al bacilo de la tuberculosis. La combinación de tu genética y tu sistema de creencias será lo que influirá principalmente. Por lo tanto, cuando alguien me dice que puede trasladarse a un punto lejano con su mente, estoy abierto a eso.

Claro que no hay mayores intolerantes que los científicos. Ellos tienen miedo no sé de qué. Para mí, el abordaje científico es "demuéstramelo". Si digo que puedo volar, seguro que no me llamarás mentiroso y me dirás "pruébalo". Y si la persona puede volar, entonces cambiarás tu sistema de creencias. Si no puede, entonces sabes que estás en lo correcto. No pienso que la gente pueda volar, pero decir que es una idea tonta es totalmente no científico. Pero todavía encuentras que la mayoría de los científicos son muy obstinados con lo que piensan.

Se le preguntó si con base en su conocimiento de la unidad de los Espías Psíquicos estaba de acuerdo con que la visión remota funciona, él respondió con confianza: "¡Absolutamente!"

Cuando se le preguntó cómo funciona, tras reflexionar, dijo:

Es la pregunta de los 64 mil pesos. Debe haber varias cosas involucradas. Tomemos un experimento clásico de física. Si tú envías dos fotones, un par, uno va por este lado y el otro por este otro; hay una buena evidencia experimental de que no importa cuán lejos vayan, su espín siempre será el opuesto. Puedes probar lo del espín enviando un fotón a través de un imán. Digamos que tú envías uno de los espines a través de un imán y te aseguras de tener un espín izquierdo en él. Y vuelves a medir el otro y es un espín derecho. Todo el tiempo.

Éste es un experimento muy conocido, pero no muy aceptado, incluso por los físicos, porque se contrarresta localmente. Y todo el mundo piensa que la causa y el efecto tienen consecuencias locales, ninguna debida a la distancia.

Lo que tenemos aquí es comunicación entre los fotones, una comunicación instantánea; pueden estar a millas de distancia, pero en el minuto que tu mides el espín en uno, el otro se vuelve conocido. Y si tú cambias el espín en uno, el del otro también cambia. Entonces, ¿cómo este fotón sabe instantáneamente lo que hace su pareja? No lo sabemos, pero lo sabe. Ésta es pura física conocida aunque muchos físicos la ignoran.

El doctor Tyler dijo algo semejante a que la teoría del campo unificado de Einstein podría explicar la visión remota: "Si tú estás en un mismo plano de existencia y puedes acceder a un plano más alto, entonces puedes mirar hacia abajo y saber lo que ha pasado antes y ver un poco más allá."

Él dio la analogía de la aguja del fonógrafo como un punto en el que estamos en nuestra realidad. Si elevas un poco la aguja puedes ver más allá de tu propio surco. Puedes ver el disco completo hacia delante y hacia atrás. Señaló: "Podrías tener la conciencia universal de la que mucha gente habla, no sólo los *new age*, sino los místicos. Todos ellos hablan de una conciencia universal que tiene toda la información, y por momentos, podemos disponer de este conocimiento."

El doctor Tyler dijo que los humanos están constantemente aprendiendo más de sí mismos y de su ambiente. "No hay razón para suponer que todo lo que sabemos es lo que hay que saber hasta este momento", y explicó:

Todavía pensamos a cerebro como una computadora. Estamos buscando en la estructura, estudiamos la fisiología, los flujos de electrones. Estamos viendo los circuitos. Estimulamos aquí y vemos que una señal viene de allá. Y pensamos que con esto aprendemos sobre el cerebro, pero esas acciones no dicen nada sobre el contenido del cerebro.

Solemos pensar que el cerebro tiene células que continuamente se pierden por completo y que cuando pierdes una función nunca vuelve. Ahora hemos aprendido que el cerebro tiene plasticidad, que las áreas pueden suplir funciones que se han perdido en otra que se ha dañado.

Puedes tomar una computadora y estudiar todo lo que quieras sobre la estructura y el cableado, el montaje y los procesadores internos, pero eso nunca te dirá lo que es el programa. Siento que es lo mismo con el cerebro humano. Pienso que no hemos podido aprovechar las mínimas capacidades de la mente, que puede hacer cosas tremendas con el cuerpo y fuera del cuerpo.

El doctor Tyler dijo que muy poca gente, incluso entre los militares, sabía de los Espías Psíquicos:

Realmente no hablé de eso con mucha gente porque era nuevo y esas cosas estaban clasificadas en aquel tiempo. La mayoría de las personas con las que trabajé ni siquiera tenían la libertad de saber de ello aunque quisieran. Y la mayoría de la gente con la que trabajé en la Marina era bastante conservadora. Pero incluso había algunas personas de mente abierta por ahí, la fuerza aérea tenía menos. El ejército contaba con la gente con más apertura. Tenía un enfoque algo pragmático. Ellos decían: "Bueno no sé si funciona, pero si lo hace, necesitamos estudiarlo."

Teníamos todo el espectro de puntos de vista; desde "son tonterías" hasta "es la finalidad de todo". Pero realmente eran pocos quienes sostenían lo último. La mayoría estaba en un nivel de escepticismo.

Y a mí me gusta decir que soy escéptico sobre todas las cosas, pero mucha gente declara ser escéptica y están realmente inclinados en contra de algo. No son realmente escépticos. Los escépticos dicen: "No sé, pero le prestaré atención."

Ingo Swann tampoco sabía qué decir a la hora de explicar la mecánica de la visión remota. "Nunca hice hincapié en eso porque mi obligación era proporcionar una herramienta útil, no explicarla", dijo Swann. A falta de teoría dijo: "Es obvio que a cierto nivel subconsciente estamos todos conectados con el Universo y todo lo que hay en él. Pero dado que no podemos explicar cómo sucede, sólo nos queda hacerlo con un propósito."

Pese a la "plausibilidad" del fenómeno de la visión remota, la credibilidad de los Espías Psíquicos siempre estuvo en duda. La cuestión no era que los otros servicios de inteligencia no hicieran rápidamente uso de su información, más bien no querían reconocer cómo había sido obtenida.

La unidad de los Espías Psíquicos era como la amante militar. Todos querían cortejarla por su información, pero nadie quería ser asociado con ella. Se volvió evidente que no importaba cuánta información se hubiera obtenido mediante visión remota para los militares, ellos nunca la tomarían en serio. En ese punto, Riley y Morehouse contaron cada uno que varios de los espías psíquicos se pusieron de acuerdo para trabajar a espaldas de sus jefes.

Los comandantes de los espías psíquicos querían tener toda la información a la mano, porque pensaban que políticamente era una papa caliente. Estaban temerosos de ser vetados o condenados al ostracismo. Por lo tanto mucha de la información obtenida mediante visión remota no se difundía a otras agencias.

Para evitar este bloqueo, algunos miembros de la unidad simplemente llamaban a otros que conocían en otras agencias y les pasaban la información platicando casualmente. Morehouse dijo que estos receptores sabían acerca de la unidad de Espías Psíquicos y consideraban la información de acuerdo con ello, incluso a veces la utilizaban en sus misiones.

El año de 1988 fue un hito en la unidad de Espías Psíquicos. Ese año, al tiempo que continuaban realizando sus operaciones en contra de sus oponentes: los extrasensoriales soviéticos, estuvieron bajo el ataque mordaz de un artículo de la National Academy of Sciences (Academia Nacional de Ciencia, NAS); la unidad llegó a estar bajo el escrutinio del secretario de la Defensa Frank Carlucci.

En 1984, el Army Research Institute (Instituto de Investigación de la Armada) pidió a la NAS que formará un comité a través del National Research Council (Consejo Nacional de Investigación, NRC) para que indagara varias técnicas que proclamaban aumentar el desempeño humano. Estas técnicas abarcaban un amplio espectro de temas, entre ellos la instrucción para dormir con asistencia, biorretroalimentación, manejo del estrés, programación neurolingüística y parapsicología. Al comité este estudio le tomó cerca de tres años y alrededor de medio millón de dólares —cantidad, según el coronel Alexander, equiparable al gasto anual de todas las fuentes de investigación psíquica.

En junio de 1985, se aplazó la primera reunión del comité de NRC sobre el aumento del desempeño humano. El comité estaba dirigido por John A. Swets de Bolt Beranek, y Newman Inc. de Cambridge Massachussets, mejor conocida como la empresa que produjo el controversial estudio acústico para House Select Committe on Assassinations (Comité sobre asesinatos seleccionado por la Casa Blanca) que indicó un segundo tirador en el asesinato de John F. Kennedy.

Con relación a la parapsicología su informe, publicado en 1988, concluía lo siguiente:

El comité no encuentra ninguna justificación científica en la investigación que se ha realizado por un periodo de 130 años sobre la existencia de fenómenos parapsicológicos. Concluye, por lo tanto, que no hay ninguna razón para una participación directa del ejército en estos momentos. Recomendamos, sin embargo, que la investigación en ciertas áreas sea monitoreada, incluyendo el trabajo de los soviéticos y el mejor trabajo que se lleve a cabo en los Estados Unidos.[5]

Ray Hyman —del departamento de psicología de la Universidad de Oregon, un ardiente detractor de la parapsicología y miembro del consejo editorial del Committe for the Scientific Investigation of Claims of the Paranormal (Comité para la Investigación Científica de las Afirmaciones sobre lo Paranormal, CSICOP)— se las arregló para asegurar su posición de jefe del grupo del Subcomité sobre Parapsicología. Hyman fue particularmente mordaz en sus críticas sobre los estudios de visión remota en SRI. En una introducción para la sección del comité "sobre fenómenos paranormales", el informe era desdeñoso y despectivo, concentrándose en las posibilidades psíquicas más lejanas.

El proclamado fenómeno y sus aplicaciones van de lo increíble a lo escandalosamente inverosímil. Se supone, por ejemplo, que el "bucle temporal antimisiles" desvía de alguna manera el ataque de las cabezas nucleares, entonces éstas explotan entre los antiguos dinosaurios; por lo tanto nos dejan sin daño pero destruye a muchos dinosaurios y, supuestamente, a algunos de nuestros ancestros evolutivos. De otras de las armas psicotrónicas, como el "mortero hiperespacial nuclear", se dice que tienen capacidades igualmente extrañas. Muchas de las fuentes citan la afirmación de que las armas psicotrónicas soviéticas fueron responsables del brote en 1976 de la enfermedad de los legionarios, y también del hundimiento del submarino Thresher, en 1963.[6]

El informe intentaba indicar que su investigación limitada "coincidía" con la afirmación: "Los fenómenos son reales e importantes en las mentes de quienes los proponen, por lo que tenemos que evaluarlos objetivamente."[7]

Señalaba, además, la duradera controversia sobre la existencia de los fenómenos paranormales, admitiendo que quienes la proponen creen firmemente que el funcionamiento psíquico ha sido demostrado "en diversas ocasiones". "Al mismo tiempo, la mayoría de los científicos no creen que lo psíquico exista", continuaba el informe.[8]

Retomando el argumento "del huevo y la gallina" de Parking, el informe citaba un artículo de 1985 de J. Palmer titulado "An Evaluative Report on the Current Status of Parapsicology" (Un informe evaluativo sobre el estado actual de la parapsicología) que afirmaba: "No podemos argumentar que un efecto determinado tenga una causa paranormal hasta que tengamos una teoría adecuada de la paranormalidad."[9]

Sin embargo, Palmer admitió que ciertas anomalías —definidas como "desviaciones estadísticas significativas de lo que se esperaba"— y que no pueden ser explicadas de inmediato por teorías científicas,[10] habían sido demostradas. Prefirió, por lo tanto, considerar el funcionamiento psíquico como una anomalía científica y no como una prueba de los fenómenos paranormales. "Tendemos a estar de acuerdo con Palmer sobre esta materia…" se afirmaba en el informe.[11]

Pero otra persona con credibilidad, familiarizada con el trabajo del comité, hizo objeciones a esta conclusión.

El doctor Tyler dijo:

> De acuerdo con mi experiencia con la Academia Nacional de Ciencias, tú me dices la respuesta que quieres y yo te encontraré un comité que te la dé. Puedo sacar de la nada un comité para lo que quieras, sólo depende de lo que desees.

La mayoría de las personas se hicieron de una idea antes incluso de estar allí. Ellos pensaron: "Esta cosa no funciona, así que los escucharé pero ya sé cuál es la respuesta".

El doctor Tyler comparó el informe de NAS con el Informe Condon sobre OVNIS de 1969. El doctor Edward Condon, a instancias de la Fuerza Aérea de EUA, publicó los resultados de su estudio sobre los OVNIS. En años posteriores se estableció que Condon transmitía una imagen de investigación imparcial que desacreditaba todo el asunto. El doctor Tyler dijo que el informe del NRC pasaba por una serie de "filtros" similares, que los prevenían de una verdadera y completa evaluación del funcionamiento psíquico.:

> Estos filtros tienen que ver con nuestras percepciones y con el lenguaje. Frecuentemente no nos comunicamos en el mismo lenguaje. Un buen ejemplo de esto sería si tú me preguntaras: "¿Qué haces para descansar?" y yo te respondiera: "Bueno, me voy a mi casa y me siento en mi silla." Si todos tienen la experiencia de las sillas de respaldo rígido de madera, pensarán que estaría loco; es decir, si nunca te has sentado en una silla acojinada y reclinable no lo comprenderás.
>
> La ironía de esto es que los filtros científicos más sólidos están entre la gente que proclama ser científica.

El doctor Richard S. Broughton, antiguo presidente de la Asociación Parapsicológica Internacional, estuvo de acuerdo en que el comité fue muy subjetivo y condenó el uso de Ray Hyman como jefe del Subcomité sobre Parapsicología. Broughton escribió: "El (Consejo Nacional de Investigación) declinó cualquier ayuda de los parapsicólogos y en su lugar designó a Hyman para encabezar el subcomité de parapsicología. Nadie con experiencia en investigación de parapsicología se sentó en el comité... Hyman es un miembro fundador de... (CSICOP) el grupo ampliamente apoyado y conocido por su cruzada contra la parapsicología."[12]

"¿El ejército obtuvo lo que pagó?, ¿un objetivo, una evaluación imparcial?", preguntó Broughton. "En realidad no, en lo que concierne a la parapsicología."[13]

El coronel Alexander, entonces administrador de la Technology Integration Office (Oficina de Integración Tecnológica) del Army Material Comand (Comando de Materiales de la Armada), con el mayor general Stubblebine, hicieron de representantes ante el comité:

> Fui representante del comité de miembros de NRC cuando investigaban el EHP (Enhancing Human Performance, Aumento en el Desmpeño Humano). Serví de tecnología humana avanzada pera el (Army Intellingence and Security Comand, Comando de Seguridad de Inteligencia de la Armada, 1982-1984) y, durante la preparación del informe EHP, fui director de la Systems Concept Office (Oficina de Conceptos Avanzados) en el U.S. Army Laboratory Command (Laboratorio de la Comandancia del Ejército de EUA). Creo personalmente que estoy bien calificado para revisar los hallazgos del comité.
>
> Alexander pidió al comité que respondiera un artículo titulado "A Challenge to the Report", publicado en el número de marzo-abril de 1989 de la revista *New Realities*. Él también comparó el informe de la NRC con lo expuesto sobre Condon. "Supuestamente la Academia Nacional de Ciencias había convocado a una reunión al parecer para aprobar los hallazgos del informe (de Condon) y su metodología... Durante las dos décadas después de su publicación el informe Condon ha sido citado a conveniencia por cualquiera que desee detener la investigación de OVNIS..."[15]

Alexander señaló que el informe de NRC parecía internamente inconsistente:

> Por un lado, renunciaron de pronto a un siglo de investigación psíquica que valía la pena; por otro, concluyeron que lo mejor para desacreditar esa investigación era el monitoreo. ¿Apoyarían o no más investigación parapsicológica?
>
> Obviamente, los hallazgos y el informe final del comité de NRC no son muy confortantes o aceptables para aquellos de nosotros que hemos trabajado en el área del aumento del desempeño humano.[16]

Y él no estaba solo en esta evaluación. Señaló.

> Las... conclusiones del comité fueron denunciadas por nada menos que la oficina de la dirección de la Asociación Parapsicológica (AP), Inc... La AP está afiliada a la Asociación Americana para el Avance de la Ciencia y sus miembros son confirmados sólo con la aprobación de su consejo. Los miembros de la AP estaban tan ofendidos por lo que consideraron errores en el... informe, que tomaron la medida inusual de comisionar a un equipo para analizar las partes del... informe que se referían al trabajo de los miembros de AP y preparar una refutación.[17]

La refutación de los parapsicólogos afirmaba:

> La... conclusión principal del comité en relación a la parapsicología no sólo esta injustificada por su informe, sino que contradice directamente que el comité admita que no puede ofrecer alternativas plausibles. Esta concesión, viniendo como viene de un comité cuyos principales evaluadores de parapsicología estaban públicamente comprometidos con un veredicto negativo desde el principio de su investigación, realmente constituye una

fuerte fuente de apoyo a la conclusión de que la parapsicología sea identificada con auténticas anomalías científicas.

Alexander siguió a Broughton y a otros en sus críticas al comité por poner a Robert Hyman, un crítico abierto de la investigación psíquica a cargo del subcomité parapsicológico. Él señaló que Hyman, con otros escépticos reconocidos, como el psicólogo doctor George Lawrence del Instituto de Investigación del Ejército, terminó en 1972 con el financiamiento gubernamental al Instituto de Investigación de Stanford, en el tiempo en que éste empezó su trabajo sobre visión remota. Afortunadamente la CIA acogió la investigación.[19] Alexander concluyó: "Parece claro que Lawrence (quien también representaba al comité) y después Hyman y James Alcock... procedieron de manera intencional para desacreditar el trabajo en parapsicología. Los antecedentes de los autores, al igual que sus 'hallazgos', se explican por sí mismos desde este punto de vista."[20]

Para apoyar además su visión de que el comité de la NRC se inclinó en contra de la parapsicología desde el principio, Alexander señaló el hecho de que el jefe del comité, Swets, pidió que el comité hiciera una solicitud de informe que resultara favorable a la parapsicología, pero que se retractara porque no era de "alta calidad", decía Alexander: "...No veo base para una solicitud tan cuestionable."[21]

Para ilustrar más que el comité no se dio cuenta de nada fuera de su punto de vista prejuiciado, Alexander contó la siguiente anécdota:

> Tuve contratado a Cleve Backster en ese entonces, vino por parte del NRC para hacer su asunto... dijimos: "¿Por qué no hacemos una demostración para ellos?" Se puso muy interesante. Estuve allí con tiempo para asegurarme de que el sistema funcionaba. Era una prueba donde poníamos glóbulos blancos en

un pequeño tubo de ensayo y teníamos electrodos conectados a un electroencefalógrafo con señal amplificada. Con éste se obtendría un registro de las células. Encontramos que había un alto grado de correlación entre el estado emocional del individuo que había donado las células y el registro, incluso si el individuo estaba en otra habitación.

Entonces, en ese día particular había donado algunos glóbulos blancos y los conectamos con el electroencefalógrafo, sólo para estar seguros de que todo funcionaba normalmente. El edificio en el que estábamos tenía dos alas: estaba el laboratorio Backster en una y las aulas en la otra. Llevamos a la mayoría de los visitantes a las aulas para darles los antecedentes, mientras otros iban al laboratorio a donar células. Estaba con Cleve y él dio una plática que se volvió más larga de lo previsto. Le dije: "Cleve, debes terminar con esto porque ya quieren irse." Debí estar algo exaltado porque cuando me levanté y empecé a hablar, el asistente de laboratorio de Cleve corrió al aula y dijo: "¿Qué pasó hace un minuto?" Y le contesté que había empezado a hablar. Dijo: "Bueno, la gráfica se volvió loca. ¡Tienen que venir a ver esta señal!"

Entonces fuimos allá y pudimos ver en el registro de cuando empecé a hablar; y después cuando había entrado al laboratorio, la señal había caído. De nuevo, éste es un ejemplo de unas células registrando el estado emocional de su donador incluso a distancia. Y este grupo de científicos dirigidos por Ray Hyman, corrieron al laboratorio y pusieron el registro y lo vieron. No se necesitaba un analista de señales para saber que había diferencias. Allí estaba.

Puedes afirmar siempre positivamente que no hay un cuervo blanco. Mi punto es que un solo cuervo blanco prueba que no todos son negros. Y aquí estaba el cuervo blanco. El cuervo blanco voló frente ellos y no existe mención de esto en ningún informe.

Nos deberíamos preocupar porque las elites científicas más elevadas de la Tierra trabajen de esa manera tan tosca y tendenciosa; y porque no hay una manera de quejarse o revisar su trabajo. ¿Qué les podíamos pedir? ¿Nos tenían miedo? Es más vital proteger la ortodoxia científica que negar la evidencia y suprimir la opinión de los contrarios?

Ahora parece que el informe EHP, con todos sus defectos, puede ser considerado impermeable a las críticas y ser elevado por la conciencia científica a una categoría demasiado similar al informe Condon.

Otro representante del Aumento en el Desempeño Humano del NCR era Dale E. Graff de la Agencia de Inteligencia de la Defensa. Aunque varios de los Espías Psíquicos decían que Graff estaba bastante consciente del trabajo de la unidad, él, al parecer, no hizo ninguna mención de los Espías Psíquicos al comité. Justo el año después de que los estudios sobre los videntes remotos se hicieron públicos, Graff se identificó como uno de los antiguos jefes de la unidad de visión remota: fue un conferencista invitado a un "viaje psíquico".[22]

En 1988, el doctor Jack Verona, científico y jefe técnico de la DIA, nombró a Graff jcfc dc la unidad dc Espías Psíquicos, según Riley, Morehouse y otros. De acuerdo con varios miembros de la unidad, Graff era un civil al que le desagradaban los militares porque ellos no cederían silenciosamente ante las conveniencias políticas.

También en 1988, el secretario de la Defensa, Carlucci respondió al escándalo Irán-contras que estaba sucediendo, con el lanzamiento de investigaciones a gran escala de otros programas marginales que eran dirigidos por el Departamento de Defensa. Encontró sólo dos, y uno de ellos, señalaron Morehouse y Riley, era el de los Espías Psíquicos.

Como inspector general del Departamento de Defensa fue enviado a hallar algo sobre la unidad. Como la unidad era supuestamente sólo de investigación, Morehouse y otros le dijeron a Fern Gauvin que procediera a triturar todos los documentos que no se vieran como de pura investigación.

Lyn Buchanan explicó:

> Estaba triturando nuestra historia. Corrí a mi escritorio y telefonee a la DIA, y finalmente encontré a alguien conectado con nosotros… Les dije lo que estaba sucediendo y que tenían que hablar con Fern. Cuando el teléfono sonó un minuto después, más o menos, fui por Fern a la trituradora. Me dijo que siguiera triturando y cuando fue a su oficina a hablar por teléfono, tras triturar un montón de hojas blancas, metí un destornillador dentro de la ranura y descompuse la trituradora.

Morehouse dijo que la mayor parte de lo que había triturado eran "asuntos operacionales" y explicó:

> Afortunadamente varios de la unidad teníamos copias de nuestro trabajo, particularmente de los "Archivos Enigma", en los que habíamos participado. Diría que allí había incluso "datos de investigación" que eran fabricados por el equipo IG. De todas maneras, parecieron satisfechos de que sólo fuéramos un equipo de investigación y se fueron. Fue cerca de esta época que la unidad pasó a estar bajo control civil.

Después de esa época, según los espías psíquicos veteranos, la unidad se fue para abajo. Morehouse dijo: "Tú ves que en la milicia, la misión es primero —explicó Morehouse— pero una vez que los civiles están allí, la política es todo." "Nadie se la juega por nadie y todos los líderes quieren ganarse el favor de sus superiores, que son cada vez más los miembros elegidos para el Congreso."

Recordó que antes de que la unidad estuviera bajo el control civil, la moral era alta. El último comandante militar fue el lugarteniente coronel Hill Xenakis que una vez fue nombrado "Padre militar del año".

Morehouse y otros dijeron que Xenakis aisló a la unidad de toda la confusión que rodeaba su existencia. Esto permitió a los miembros de la unidad concentrarse en su trabajo. Fue durante este periodo que los Espías Psíquicos tuvieron una de sus tareas más difíciles: ayudar a la CIA a identificar a "topo", un agente de contrainteligencia dentro de la agencia. "No hubiéramos podido cumplir esta misión sin un equipo de trabajo totalmente militar", recordaba Morehouse. "Eramos un equipo militar, como una unidad normal del ejército. No había *prima donnas.*" Una vez que la unidad fue tomada por INSCOM y puesta bajo las órdenes de DIA, las cosas se torcieron, según los espías psíquicos veteranos.

La principal responsabilidad de DIA era para análisis de inteligencia e información, no recolección de información de inteligencia u operaciones. No había ningún estatuto que permitiera a DIA conducir operaciones de inteligencia. Los Espías Psíquicos no podían estar legalmente dentro de DIA porque estaban conectados con el financiamiento que otorgaba esta agencia para la investigación psíquica; la unidad, bajo las órdenes del doctor Jack Verona, se convirtió en el hijo ilegítimo de la Dirección de Inteligencia Científica y Técnica.

Verona, a diferencia del general Odum, dijo, según un informe, que veía la unidad como un activo valioso y que se sentía codicioso por su nueva adquisición. Morehouse y otros decían que Verona caminaba en la cuerda floja, al mantener la historia de que la unidad de Espías Psíquicos era estrictamente para investigación, mientras permitía que las operaciones psíquicas continuaran.

En Washington, una ciudad donde la información y el conocimiento equivalen a poder, Verona cultivó cuidadosamente conexiones que pudieran ayudarlo a él y a la unidad. "Verona identificaba selectivamente a todos aquellos que pudieran ayudarlo, incluyendo a los políticos", decía Morehouse. "Él no identificaba a aquellas personas que pudieran realmente utilizar nuestra inteligencia. Se convirtió en un político."

Los Espías Psíquicos dijeron que Verona tomó una serie de medidas para asegurar su total control sobre la unidad, entre las que estaba reemplazar a los miembros militares de la unidad con civiles y nombrar un administrador civil que era protegido de Verona. Entre los militares la misión es lo principal, explicaban los miembros de la unidad; mientras que para los civiles, los burócratas, lo principal es agradar al jefe y obtener ascensos. Verona, que continúa trabajando para el gobierno, se rehusó a dar entrevistas.

En un último ejemplo, era claro que ciertos individuos no quisieran que llegara a conocerse la eficacia de los Espías Psíquicos. A la unidad se le pidió que preparara un informe para el Congreso sobre el estado de su trabajo y su precisión. Buchanan recordó:

> Hicimos un estudio de dos meses con sesiones prácticas incorporando todas las percepciones de cada vidente al resultado y comprobando su precisión. Los resultados mostraron de manera concluyente que teníamos un promedio de precisión del 72.8 por ciento. Fern vio los datos y me hizo cambiarlos por "sí" o "no" en la base de datos hasta que demostraran un índice de precisión del 24 por ciento. Hice una copia de la base de datos y le cambié el nombre para tener una copia de respaldo del original antes de los cambios. ¿Qué pasó con la base de datos que renombré?, no sé; pero estoy seguro que está en una caja en algún almacén, todavía sin descubrirse.

A finales de los ochenta, la moral dentro de la unidad de los Espías Psíquicos estaba en el nivel más bajo. Después vinieron las brujas. Morehouse y otros dijeron que poco después de que la unidad pasara a estar bajo el control de los civiles, aparecieron dos alumnas: Angela y Robin.

Robin había sido empleada de base en la DIA; su mamá era una "canalizadora". La mamá de Angela, era una mujer orquesta. No sólo era "canalizadora", sino que leía el tarot, practicaba la "escritura automática" y era una maestra en la tabla ouija. Angela llevó todas estas habilidades a la unidad. Según varios espías psíquicos, Angela trabajaba para cierto tipo de "instituto" en Washington los fines de semana; hacía "lecturas" psíquicas por 50 dólares cada una. La mitad del dinero se la quedaba el instituto.

Pronto el doctor Verona se apareció en la unidad de los Espías Psíquicos y obtuvo una "lectura" de las dos mujeres, a quienes los espías psíquicos veteranos empezaron a llamar "las brujas". Según varios de los espías psíquicos, las "brujas" nunca fueron entrenadas en la estructura de la visión remota.

> Ellas nunca fueron sometidas a ninguna disciplina. Angela recurría a la "escritura automática" diciendo que ella podía obtener mejor información de esa manera.
>
> Como eran civiles, no se les podían encargar trabajos que pagaran los contribuyentes. Así que sólo hacían pequeñas cosas. Todos los civiles, incluido el secretario, de pronto se convirtieron en "videntes". No podíamos creer que eso estuviera ocurriendo.

"Tenían su propia agenda" recordó Mel Riley. "Estaban en sus cosas, Angela en sus canalizaciones y Robin en las cartas del tarot. Intentaron la visión remota. De hecho, recuerdo que Angela era particularmente buena cuando estaba dispuesta a trabajar. Pero creo que era demasiado trabajo para ella."

Morehouse y otros dijeron que las "brujas" eran cuidadosas en no dejar detrás de sí ningún documento sobre sus sesiones de "canalización" y de tarot. Decían que las mujeres trituraban rápidamente todos los papeles después de una sesión. "Era muy conveniente —explicó Morehouse— si querías regresar y preguntarles sobre una sesión, no había registro que consultar." Riley dijo que si hubo algún resultado de su trabajo "nunca hablamos de eso".

Morehouse explicó que la mayor parte de la DIA quería terminar con el programa de los Espías Psíquicos durante esa época, excepto los congresistas que fueron introducidos en las "lecturas" psíquicas. "Había una supervisión del Congreso que no permitiría que cerraran la unidad".

Morehouse, Riley y otros dijeron que es de vital importancia entender que la visión remota por coordenadas, como un desarrollo científico que tomó muchos años, y con una estructura que probó ser operacionalmente exitosa, era una cosa totalmente distinta de las canalizaciones y las "lecturas" psíquicas de los civiles que terminaron controlando la unidad.

Aunque la unidad de los Espías Psíquicos aún existía a mediados de los noventa, ya nunca volvió a ser como en los ochenta. "La unidad se vino abajo", dijo Riley. "Sólo había un problema con eso: aún estábamos haciendo operaciones." El estudio de las operaciones de los espías psíquicos probó ser fascinante e impresionante.

Una lectura cuidadosa de los propósitos de la visión remota pone de manifiesto la gran variedad de objetivos, desde una simple mirada a edificios conocidos o no tan conocidos, o la visión de una planta química de una nación hostil.

Las siguientes sesiones fueron recolectadas en los archivos de los Espías Psíquicos, que fueron conservados por varios miembros de la unidad.

Aunque los objetivos dentro de la Unión Soviética fueron las principales actividades operacionales de los espías, no eran las únicas. La gran mayoría de las misiones eran clasificadas, y casi no se le comunicaban los resultados a la unidad, pues tenían que ver con objetivos militares en las naciones hostiles.

Antes de que los espías fueran utilizados en operaciones serias, se hicieron incesantes pruebas.[1] Una sesión de práctica en 1989 produjo este informe según Morehouse:

El lugar es una estructura. La estructura es de tamaño mediano y está ubicada en el medio rural. El lugar es visitado por gente que pasa el tiempo observando sus contenidos. El sitio tiene muchas cajas y cajones de madera que están alineados uniformemente con el propósito de exhibir los contenidos. El interior de la estructura es moderno y viejo a la vez. Hay luces suspendidas y reflectores por todo el interior. Hay pisos de madera y otros alfombrados. Otra característica del lugar es que hay una habitación central conectada con otras habitaciones más pequeñas, ahí mismo. Cada una de las habitaciones tiene cajas en su interior. Hay un "torniquete" en el lugar y conceptos asociados a la palabra: boletos, personas, teatro, pasillo, entrada, algo histórico, presentación, diversión, miradas, historia, guerra, música, cuchillos, espadas, combate, humo y guerra. Al interior del lugar hay grandes objetos colocados en largas filas. Los objetos están hechos de metal y de madera, muchos de ellos tienen latón o metales de color dorado en ellos.

En resumen, ésta es obviamente la descripción de un museo dedicado a las pistolas y al armamento de guerra. El lugar es J. M. Davis Arms & Historical Museum en Claremore, Oklahoma. Un anuncio del museo afirmaba: "Los visitantes pueden caminar una milla a lo largo de toda la colección, viendo algunas reliquias que datan de tiempos remotos como el siglo XIV y un cañón manual del Oriente. Además de las armas, el museo tiene grandes colecciones de tarros alemanes, artefactos de la India, carteles de la primera guerra y estatuas de John Rogers, que fue muy popular en la época victoriana. Muchas de las pistolas que se exhiben están decoradas 'con empastes de marfil natural y artificial, latón y oro'."[2]

En otra sesión práctica Morehouse (el vidente) dio la siguiente descripción del Bunker Hill Monument.

El lugar es una estructura. La estructura está hecha de piedra y concreto. Sus dimensiones se elevan bruscamente a partir de los lados relativamente lisos de las bases de apoyo... La estructura es algo central respecto a los alrededores, es utilizada como punto de reunión (como librería, como teatro de la ciudad), es algo utilizado o visitado regularmente... El propósito de este sitio parece estar relacionado [con] el arte o para recordar algún evento pasado o personaje histórico. El sitio parece preservar la memoria de un evento o una persona. Percibo sensaciones de guerra, fuerzas que se oponen desde frentes opuestos o categorías. Había árboles, murallas, preparativos para entrar en batalla, humo y neblina. Creo que la estructura es una especie de monumento de guerra.

El Monumento Bunker Hill y el Museo Davis Gun eran sólo dos de los varios cientos de objetivos dentro de los archivos de la unidad de Espías Psíquicos, que eran utilizados con fines de entrenamiento.

Una de las primeras operaciones de visión remota es descrita en un "Informe de una sesión del programa GRILL FLAME" marcado como supersecreto y con fecha del 1 de agosto de 1980. En él se dice: "Este informe documenta una sesión de visión remota llevada a cabo conforme una solicitud de información sobre un objetivo de interés. La misión describía una carpa en una intersección de calles en Teherán, Irán."[3]

El reporte establecía que las impresiones del objetivo que tenían los videntes eran proporcionadas sólo como datos de inteligencia en crudo, "como si no hubieran estado sujetos a ningún análisis intermedio, evaluación o compaginación". Se advertía además que la "interpretación y el uso de la información proporcionada es responsabilidad del solicitante".[4]

También, en esta sesión particular, al vidente remoto se le proporcionaba una guía de las calles de Teherán. Durante la sesión obtuvo estas impresiones:

Tengo la impresión de que éste es un paso peatonal… una franquicia de comida… al borde de la acera… hay una exhibición cercana al edificio… objetos de metal, artefactos, latón… Veo… un kiosco… hay algo verde después de… creo que es un tipo de vegetación, hacia el oeste de la estructura... (el monitor dijo: "Trata de ubicarte respecto al objetivo. Muévete en el aire y mira indirectamente el objetivo hacia abajo... Háblame de las cosas que me mencionaste, díme qué ves desde ese ángulo.") La franquicia de comida se ve como si fuera una acuarela cubierta, una sombrilla... que cubre un lado del edificio que sobresale sobre el paso peatonal... Pero veo de todas maneras una entrada.[5]

En este informe en particular habían notas hechas a mano, "comentarios del usuario" que eran aparentemente resultados del solicitante de la sesión de VR. Por los comentarios parecía que el vidente había hecho un muy buen trabajo. "El vidente identificó independientemente la carpa que se sabía que existía en la esquina suroeste de la intersección", era el primer comentario. El siguiente comentario señalaba que las medidas del vidente eran casi correctas. "El tamaño de la carpa: el vidente habla de que 'la franquicia' tenía 4-5 pies de ancho por 8-9 de largo; nuestros datos son que la carpa es aproximadamente de 2 metros de ancho (6 pies) y 4 metros (12 pies) de largo." En el tercer comentario se leía: "La observación del vidente de algo verde al oeste es apoyada por los árboles del noroeste de la intersección en el complejo de la embajada. Esto, sin embargo, puede distinguirse en la fotografía proporcionada."[6] Las notas finales en los "comentarios del usuario" afirmaban: "El vidente habló de pernos tirados en el pavimento; señalar que éstos aparecen cubiertos en la foto".[7] Como nadie replicó contra esta sesión de visión remota, parecería que el comentario final indicaba que la descripción de los pernos correspondía con lo que se había visto en una diapositiva del objetivo que no se le había mostrado al vidente.

El vidente McMoneagle ganó una reputación de precisión después de una serie de seisones de VR en 1979 durante las cuales describió correctamente un nuevo tipo de submarino soviético que entonces estaba en construcción en una instalación secreta en Severodvinsk.

Siguiendo esta serie de pruebas, los Espías Psíquicos preguntaron por la disponibilidad de la información obtenida por visión remota. Le preguntaron a un coronel de la fuerza área y de la DIA a quien le informaban, si había puesto a salvo toda la información, y si no había intención de actuar con esa información o incluso distribuirla a otras agencias. "¿Qué les diría a los jefes de departamento cuando me pregunten por la fuente de información?", le respondió a los miembros de la unidad, según Morehouse.

De nuevo, en lugar de ser utilizados como una herramienta operativa, la unidad de los Espías Psíquicos era considerada sólo una novedad para satisfacer la curiosidad de los funcionarios de inteligencia. Cierto tiempo después, una operación de visión remota casi echa a perder el encubrimiento de una de las armas más secretas de Estados Unidos. Y de nuevo, se suponía que esto sólo era una prueba.

Como lo dieron a conocer los miembros de la unidad, los funcionarios a cargo de la unidad de los Espías Psíquicos estuvieron cortejando a la fuerza aérea de los EUA como posible cliente de su inteligencia. Los oficiales de la fuerza aérea aceptaron una prueba. A los Espías Psíquicos se les dio un sobre sellado que contenía una foto de su objetivo y les dijeron que era posiblemente de una aeronave soviética de la siguiente generación.

El sobre permaneció cerrado durante una semana en la que los videntes trabajaron en el proyecto. El proyecto avanzó, pero los videntes olían que algo estaba mal. De nuevo fue en la etapa cuatro cuando la agenda oculta de lo que les encargaron puso en evidencia la naturaleza del objetivo.

Los Espías Psíquicos no sólo describieron y dibujaron la nave, con las instalaciones del hangar, también describieron una variante existente. Resultó que la nave que se decía soviética era realmente un prototipo de la nave de combate de EUA, Stealth (Sigiloso) y la variante era su bombardero.

Los oficiales de la fuerza aérea le habían dado a la unidad de Espías Psíquicos uno de los programas más clasificados del país para probarlos. Éste era un programa al que ninguno de los miembros de la unidad había tenido acceso en ese momento. Morehouse recordó:

> Bueno, los de la fuerza aérea se volvieron locos. No sabían qué hacer. Normalmente, si alguien accidentalmente hace un hallazgo sobre un proyecto tan clasificado como éste, tienen que firmar un acuerdo de revelación involuntaria, en el que se establece que nunca darán a conocer lo que supieron de manera involuntaria. Pero en este caso se callaron y siguieron adelante. Verás, si nos hubieran pedido firmar ese acuerdo, hubieran pasado dos cosas: uno, existiría una evidencia de que lo que vimos era preciso y correcto; y dos, habrían tenido que admitir que nos mostraban material ultrasecreto, clasificado.
>
> Los aterroricé. Supongo que si podíamos entrar en su programa más secreto, podíamos entrar en todo.

Los Espías Psíquicos dijeron que muchas de las misiones operativas de su unidad involucraban a otros grupos, además del ejército estadounidense. Había misiones para la CIA, para la Agencia de Seguridad Nacional (NSA), incluso operaciones de contrainteligencia para el FBI y la DEA.

"Querríamos hablar de algunas de estas misiones —explicó Morehouse— pero como eran misiones operativas para otros, no podemos entrar en ellas realmente. Sólo que se sepa que existieron de verdad."

Entre las misiones más difíciles que se le dieron a Espías Psíquicos hubo una que involucró cabezas nucleares soviéticas. Durante la guerra fría, la secrecía y el subterfugio fueron utilizados por ambas partes para conocer la fuerza y el dispositivo de los sistemas de armamento. Con este fin, los soviéticos desplegaron un gran dispositivo de cabezas nucleares, muchas de ellas están entre los explosivos más dañinos. Al equipo se le encomendó determinar si las cabezas de misiles nucleares soviéticos eran reales o sólo señuelos preventivos, una tarea particularmente difícil porque las cabezas de misiles reales y las falsas se ven idénticas. Esta misión requería un abordaje indirecto y bastante creatividad.

La metodología utilizada fue en la siguiente forma: primero tenían que distinguir entre elementos radiactivos como el U-235 y el U-238. Ambos isótopos del uranio tienen características similares y es imposible distinguirlos. Por eso se necesitaba abordarlo de manera imprevista. Resultó que, al menos en uno de los casos el mineral utilizado para producir U-238 existía en una región de la URSS apartada de aquella donde se producía el U-238. Por eso los miembros de la unidad rastrearon en el tiempo la producción del metal a través de todas las etapas, hasta que llegaron a la mina donde se produjo. Entonces los dibujos del lugar de la mina se compararon con lo que sabía la Inteligencia acerca de con qué isótopo se producían los señuelos, y etcétera. Una vez que vieron la diferencia en los señuelos, pudieron deducir qué cabezas nucleares eran reales y cuáles no.

Este método de rastreo fue utilizado antes por el espía psíquico McMoneagle, a quien se le dio una cartera como objetivo de visión remota. "No se le dieron ni orientaciones ni indicios —dijo Mel Riley— así que pronto empezó a describir campos de hierba. Parece que tuvo una visión remota de cuando la cartera era parte de la vaca."

Los miembros de la unidad insistieron en que información producida por los Espías Psíquicos, como la de las cabezas nucleares, no fue utilizada en sí misma, sino sólo para confirmar otras pruebas de inteligencia o para abrir un campo posible de investigación para otras fuentes.

Una de las misiones más extrañas solicitadas fue la de un vidente que fue instruido para que se colocara él mismo enfrente de un arma de energía extranjera, algo como un rayo de partículas o láser, para determinar magnitudes de operación del arma como polarización, temperatura, energía de impacto, etcétera.

Lyn Buchanan describió esta increíble experiencia:

Uno de nuestros clientes necesitaba algo de inteligencia sobre un arma de rayos de partículas en Semipolitnsk. Un arma de éstas es básicamente una pistola de rayos para objetivos. Destruye todo a su paso. Aun las más pequeñas pueden hacer grandes agujeros de 33 centímetros de grueso en bloques de acero sólido en cosa de microsegundos... Nuestro cliente incluso se refería al "rayo mortal".

Necesitaban una sola parte de la inteligencia que no se podía obtener con otras alternativas de espionaje disponibles en los EUA. Para conseguir la información tenían que saber qué pasaba dentro de una partícula del rayo, pues el rayo destruía todo a su paso. Incluso si hubieran tenido forma de saberlo, pero el hecho es que un proyecto clasificado ruso impedía el acceso al arma o a cualquier información sobre ella.

Alguien vino con la brillante idea de colocar mentalmente un vidente remoto dentro de la partícula y hacer que describiera qué pasaba allí. Esto fue realmente rechazado por nuestro director en aquel entonces, por la posibilidad de peligros desconocidos para los videntes. Pero la información era de vital importancia, así que le expliqué a nuestro grupo y quien encargaba las tareas pidió voluntarios... Pensé que iba a ser un objetivo verdaderamente inusual, y una experiencia interesante, así que levanté mi mano. La mía fue la única.

En visión remota controlada utilizas tu cuerpo como un intérprete entre tu mente consciente y tu mente subconsciente.

El subconsciente manda sus impresiones al cuerpo y tú las experimentas. En efecto, empiezas a desarrollar una suerte de minirrealidad virtual. El problema con estas realidades virtuales, es que, por supuesto, alcanzan un punto en que te absorben y llegan a ser más reales que la habitación que te rodea… Eso puede llegar a ser peligroso… De todas maneras, planteaba una oportunidad en extremo interesante para mí y no podía resistirme. Lo atractivo de la experiencia y la información adquirida de ella, era tan grande como para atravesarla…

Justo acababa de entrar en la fase cuatro, cuando sentí suficiente contacto con el lugar de dónde procedía el arma… Tuve una impresión repentina de una cosa larga, redonda y tubular de alrededor de 50 yardas frente a mí. La impresión no era vaga, era muy real. Estaba "entrando en" la realidad virtual. Cuando entras completamente, alcanzas lo que se llama biubicación o perfecta integración al sitio (PIS). En ese momento, sólo sientes la información que proviene de tu subconsciente y no puedes percibir nada de la habitación que te rodea. Ya no puedes decir que no estás en el lugar del objetivo…

En la medida en que veía cada vez más cerca el rayo, la totalidad de mi interés me envolvía… Estaba ahora enfrente de un centelleante, danzante y horizontal flujo de energía, viéndolo como un niño que ve el aparador de una tienda de juguetes en Navidad. Era totalmente cautivador. El rayo parecía un flujo constante de luz líquida café propagándose en ondas a velocidades supersónicas. Era un flujo perfectamente redondo, horizontal y tubular de esta energía "líquida" pero sin ningún tubo físico que lo contuviera. En la medida en que acercaba mi rostro a él, me di cuenta de que era diferente más o menos a la mitad de cómo era en los extremos.

Puse mis dedos en el flujo para saber qué sucedía. En la medida en que mis dedos iban entrando, el líquido se dividía, el flujo se partía sólo por una fracción de segundo, después recobraba su coherencia mientras mi dedo se derretía y cambiaba de color hacia la derecha, dejando que lo descolorido se viera a través del rayo. Mi dedo pareció empezar a ser parte del flujo pero allí estaba todavía, incluso en su estado derretido, una parte de mí también. Era una sensación de calor abrasador y mucho frío a la vez. Me quedé mirando mis dedos derritiéndose y fluyendo a través del rayo, totalmente fascinado por el proceso. De nuevo comencé a pensar que eso podía ser peligroso. Retiré mi mano del rayo y ésta volvió a asumir su forma y color anterior. Mis dedos estaban intactos. Me di cuenta de que mi mano no se había derretido en lo absoluto. Estaba ubicado en un área donde el tiempo marchaba a una velocidad distinta. Había estado viendo la mano en ese espacio-tiempo local desde el punto de ventaja del espacio y tiempo normales.

Empujé mi mano dentro del rayo y vi que sucedía lo mismo. En ese momento el calor abrasador y el frío tremendo no parecían tan intensos.

Entonces metí mi brazo hasta la mitad del antebrazo. Entonces mi muñeca se puso helada y dolorosamente fría e instintivamente retiré mi mano. El rayo recobró su forma y color. Mi brazo estaba como debía ser.

Me volteé a la izquierda y vi la máquina que originaba el rayo. Había dos hombres en ella con gogles. Estaban revisando instrumentos y artilugios. Quería ir hacia abajo y ver qué hacían, pero recordaba vagamente que mi tarea de estar ahí no incluía viajes a los lados "¡Oh sí! —recordé— debía introducirme en él y describirlo por dentro." Sin pensar de nuevo en mi seguridad personal, incluso sin recordar qué estaba buscando me metí en el rayo.

Experimenté algo en ese momento que nunca he podido explicar de manera precisa. Era algo tan totalmente extraño y único que nada en mi vida me había preparado para eso. De pronto descubrí que mi cuerpo se extendía a lo largo del rayo por lo que parecían ser kilómetros sin fin de distancia. Mi espalda estaba contra el plato metálico derretido. Puede ver hacia atrás y hacía adelante a lo largo del rayo y me vi a mí mismo en miles de lugares en él. Miles de imágenes de mí mismo se desplegaban a lo largo del tubo, todavía dentro de una imagen se veía algo borroso. Me di cuanta de que podía ver cada una de las otras imágenes desde el punto de vista de ventaja de cada una, todas al mismo tiempo. Era como una película de ciencia ficción de gran presupuesto, pero esto era real.

Todas las miles de conciencias empezaron a conversar una con otra, mostrando personalidades y patrones de pensamiento algo distintos, pero de alguna manera estaban unidas en una sola mente. Cuando las múltiples conciencias conversaban, llegaron a la misma conclusión: yo tenía que hacer el trabajo.

Con la dificultad de caminar dentro de una fuerte corriente de viento, vi todas las imágenes luchando por unirse juntas en una, y regresar al punto por el que yo había entrado al rayo. No todas lo lograron, pero bastantes de ellas lo hicieron y pude ser capaz de voltear y enfrentar el rayo de energía que se acercaba, para estudiarlo desde el interior.

Primero empecé analizando el rayo. El mero centro del rayo se arremolinaba rápidamente en dirección contraria a las agujas del reloj. Los extremos de afuera del rayo iban directos, sin arremolinarse en lo absoluto. Entre la mitad exacta y el extremo, el remolino disminuía desde la rapidez del huracán del centro a la dirección lineal del extremo.

Pero el análisis se terminó ahí. No pude mantener más una mente analítica mientras veía dentro del rayo. Cada partícula dentro del rayo tenía todos los colores del arco iris, todos a la vez, pero nunca se mezclaban en el blanco. Los colores eran más vividos de lo que nunca había visto, ni en mis sueños más vividos. Me encontré a mí mismo ante un torrente de belleza que nunca había visto antes. La belleza de la escena me hizo perder la coherencia repetidas veces, y veía el rayo que se acercaba desde miles de lugares a lo largo de él. Recobré la coherencia física, sólo para sentirme totalmente sobrecogido y afligido y perderlo de nuevo.

Hasta ahora no recuerdo el final de esa sesión, supongo que debo haber salido de esa experiencia de perfecta integración en el sitio y la sesión terminó; escribí un resumen final y regresé a mi escritorio para hacer otro trabajo. Debo haber terminado en la tarde; haber cerrado y sacado mis documentos para ponerlos a salvo; haber caminado hacia el coche y haber manejado a la casa. Honestamente no me acuerdo. El siguiente recuerdo que tengo de ese día fue de manejar dentro de Waldorf, Maryland, casi a 60 millas de la oficina, ya casi en la casa por la tarde. El sobrecogimiento ante tanta belleza que vi no desapareció en las semanas que vinieron. No sé realmente si se ha ido del todo todavía.

Pese a lo emocionante, esta experiencia no era nada nuevo para los Espías Psíquicos. Ésta sólo requería bi-ubicación, en la que el cuerpo del vidente está en un lugar mientras su mente está totalmente absorta en las experiencias en otro lugar. Mel Riley explicaba:

Creo que la parte más divertida de la visión remota es la bi-ubicación, porque en ella estás realmente allí. Algunas veces hay momentos en los que tú no das nunca información; estás en una situación de supervivencia. Eso depende de adónde te envíe tu monitor. Uno de nuestros monitores pensaba que éramos masoquistas porque durante las pruebas nos enviaban a lugares como plantas de tratamiento de aguas y cuando estábamos allí podíamos oler y probar sabores.

Riley cuenta haber visto remotamente batallas históricas, incluso algunas ocurridas durante la Edad Media. "La cosa es que no siempre estás bi-ubicado, pero una vez que logras la separación y estás allí, créeme, estás sumergido entre hachas y espadas. Te asfixias con el polvo. Claro que estás allí. Pero es difícil para cualquiera descifrarlo a menos que lo hayas experimentado."

Al preguntarle que hubiera pasado si él hubiera sido atacado por un arma durante esas experiencias de bi-ubicación, Riley ríe y dice: "No sabemos. Hubo un tiempo en que me obsesioné mucho en evitar esas cosas. Es instintivo. Pero no sé si pueden atacarte o no. Por lo que sé, eso nunca sucede."

Una de las últimas operaciones de los Espías Psíquicos fue directamente contra la Unión Soviética en 1989, cuando el imperio del mal estalló: Morehouse participó en una sesión de visión remota contra una planta soviética para la guerra bioquímica. Morehouse dio la siguiente descripción de su experiencia.

Después de recibir coordenadas de Mel Riley, quien iba a actuar de monitor... sentí que caía a través de un túnel de luz, pero lograba mantener el control durante el descenso. Sentí que me doblaba, pero con mis pies en algún lugar en el tiempo y en el espacio. Pude sentir caliente mi espalda. Puede ver algunos edificios a la distancia. Floté hacia los edificios.

Seguí y pasé a través de la pared de un gran edificio sintiendo sólo un poco de presión. Estaba en un largo pasillo de piso pulido. Estaba muy limpio y brillante; una atmósfera como de hospital. Mi cuerpo fantasmal fluía a lo larrgo del pasillo y de una gran habitación. Me reí de mí mismo porque me sentí un fantasma. En la habitación vi personas con bata de laboratorio. Había vajilla de vidrio por todas partes, no quiero decir platos. Había tubos de ensayo, vasos de precipitados, mangueras, lo que quieras. Este lugar obviamente era un tipo de laboratorio. Me moví a lo largo y traspasé cuatro, cinco o más paredes, viendo el contenido de todas las habitaciones por las que pasaba.

Finalmente llegué a una gran habitación donde un olor acre capturó mi atención. Olía a fosa séptica, o realmente a algo como químico, como ácido o a un metal ardiendo. La boca me sabía a químicos y a cobre, y la nariz me ardía por el humo. Me estaba mareando y quería irme, pero continué mi búsqueda. El picor de los ojos me hacía difícil enfocar la vista. Parecía que la gente estaba ahí envasando algo gaseoso o quizá líquido. Se me iba haciendo cada vez más difícil respirar, por lo que regresé a casa, a mi conciencia. Cuando me recuperé, todavía estaba sentado en la mesa de la habitación en Fort Meade. Pero estaba sofocado, sudoroso y mi nariz sangraba. La sangre se había derramado por el papel en el que había hecho notas.

En el informe oficial de la sesión de Morehouse se lee:

El lugar es una estructura que consta de un edificio central que es largo y hueco (como un hangar o un almacén). Este edificio central, bastante alto está rodeado de otros más pequeños, de un piso o dos de alto algunos pegados al más grande y otros repartidos en el terreno. La estructura principal está construida de un metal delgado sobre un marco, una parte del techo es corrugada y hay grandes aperturas en los extremos de la estructura… La actividad en ella está asociada con el ensamblaje, la producción, la integración, la construcción, el desarrollo, el estudio y la creación de algo… El resultado final de este producto es algo peligroso, que pone en riesgo la salud (químico o biológico). Mucha de la actividad se centra en el envasado para repartir el producto… Tiene algo de atmósfera de laboratorio… El personal de la estructura principal lleva con frecuencia máscaras con filtros y trajes de protección. El evento clave relacionado con la estructura aparece en el futuro, y está relacionado con la destrucción, cierto tipo de "ataque" a un objetivo gubernamental de valor nacional.[8]

Riley y otros en la unidad concluyeron que este lugar parecía ser una instalación soviética de nueva generación para producir un agente de la guerra bacteriológica, y su existencia se debe a un vacío en los tratados sobre la guerra bacteriológica de 1972. La información referente a esta instalación fue transmitida a la vez al Centro de Análisis de Amenazas Biológicas y al Departamento de Estado.

Aunque muchas de las misiones emprendidas por los Espías Psíquicos trataban de asuntos graves de seguridad nacional, había momentos relajados. Riley recordó una Navidad en la que varios miembros de la unidad, entre ellos el comandante, presionó a uno de los videntes remotos para que localizara a un sospechoso de terrorismo. El vidente dijo que ese terrorista era un extranjero bastante conocido y que estaba cometiendo delitos durante la temporada navideña:

> Dijo: "A este tipo ya lo tenemos." Pero nada parecía tener sentido. Vio a esa persona vestida de rojo, lo acompañaban pequeños ayudantes, viajaban poco ortodoxamente. Ese hombre trabajó por varios días y finalmente decidió aproximarse a la visión remota de esa persona cuyo medio de transporte parecía ser la clave de su identidad. Vio lo que parecía ser un trineo y que viajaría sobre el Polo Norte y, ¡zas!, ¡de pronto descubrió que estaba teniendo una visión remota de Santa Claus! Se enojó mucho en el momento, pero después se rió con todos de la broma.

Lo interesante aquí es que aunque Santa Claus no es una persona real, hay tanto involucramiento humano con este mito y su imagen, que el vidente remoto fue capaz de tener sensaciones relacionadas con él. Este fenómeno merece indudablemente más estudios. Pero también sirve como advertencia para no confiar excesivamente en los datos crudos de la visión remota.

Una de las principales razones por las que los Espías Psíquicos continuaron con sus misiones de VR, pese a la baja moral y a las órdenes "de no hacer nada" mientras estuvieran bajo el escrutinio oficial, era su "Archivo de Enigmas"; registros de las sesiones en que estuvieron en contacto con algunos de los misterios terrestres más extraños.

Todo el asunto de la unidad de los Espías Psíquicos causó una gran consternación en las salas del gobierno. Para 1990 todos los videntes remotos militares originales se habían ido, habían renunciado o los habían transferido. Las "brujas" quedaron a cargo.

A diferencia del viejo soldado del proverbio, los Espías Psíquicos nunca desaparecieron. Llevaron al público su experiencia de la visión remota.

CAPÍTULO VIII
LOS ESPÍAS PSÍQUICOS VAN AL ENCUENTRO DEL PÚBLICO

a mediados de 1989 todos, excepto uno de los videntes remotos entrenados militarmente, habían dejado la unidad de Espías Psíquicos. Algunos, como Morehouse fueron transferidos a otras unidades del ejército, mientras otros simplemente se retiraron. Sin embargo todos ellos estaban determinados a no permitir que su experiencia de visión remota se perdiera. McMoneagle se retiró en 1984 y ya en ese entonces trabajaba en su libro sobre la visión remota, *Mind Trek (El viaje de la mente)*. Varios miembros veteranos de la unidad prometieron proseguir con los descubrimientos y técnicas de SRI, pese a que el gobierno aparentemente las hubiera descartado.

Morehouse, con Ed Dames y otros, decidió formar una compañía privada. En noviembre de 1989 se fundó PSI TECH Inc. La primera base de la compañía fue un domicilio privado cerca de Fort Meade, Maryland; Morehouse llegó a ser vicepresidente de PSI TECH.

Los miembros de PSI TECH descubrieron pronto los problemas de capitalizar una nueva compañía. Se dieron cuenta de que una de las razones de que los soldados fueran capaces de desarrollar la visión remota, era que como empleados del gobierno, sabían siempre que les llegaba su cheque. "Fuimos muy afortunados en eso porque tuvimos la oportunidad de desarrollar nuestras habilidades antes de que tuviéramos que competir en el mundo de los negocios", comentó más tarde Morehouse.

Alrededor de 1993, PSI TECH estaba compuesta de siete videntes remotos, muchos de ellos veteranos de la unidad de Espías Psíquicos, con Ingo Swann como mentor y consultor. PSI TECH metió una colección de directores de las comunidades científica, industrial y de negocios, que actuaron como consultores. Además, un grupo de científicos, ingenieros y doctores en medicina de varios laboratorios nacionales, corporaciones principales y universidades proporcionaron apoyo analítico a los proyectos de PSI TECH en la medida en que lo requerían. A muchas de estas personas no había que convencerlas de la realidad de la visión remota porque ya habían servido de consultores a la unidad de Espías Psíquicos.

La credibilidad de las capacidades de visión remota aumentó en junio de 1990, cuando el general Stubblebine, el antiguo oficial supervisor de la unidad de Espías Psíquicos fue nombrado director del consejo consultivo de PSI TECH.

En 2007, Dames, Morehouse y casi todos los miembros originales ya habían dejado la compañía en manos de Jonia Dourif. La compañía que vende cintas, discos compactos y entrenamiento, se declara a sí misma "Fundadora de la industria de la visión remota".[1]

A finales de 1990, la existencia de los Espías Psíquicos llamó la atención de los principales medios noticiosos. KIRO News en Seattle, Washington, emprendió una investigación de cinco meses que confirmó esencialmente la existencia de la supersecreta unidad de espías psíquicos. Fue en ese tiempo que un reportero de KIRO NEWS arrinconó al entonces secretario de Marina, Lawrence Garret y éste dijo: "Sé acerca del proyecto, pero no puedo responder sus preguntas."[2]

Sin embargo, el representante del sexto distrito del estado de Washington, Norm Dicks y miembro del Comité de Inteligencia de la Casa Blanca no titubeó en hablar confidencialmente. Dijo a KIRO: "Hay algunos [videntes remotos] que han tenido el récord de haber sido bastante precisos por tener esa habilidad de esencialmente saber qué va a pasar. Claro que en el mundo de la inteligencia esto podía ser muy importante."[3]

Otro funcionario del gobierno que habló sólo si le prometían que guardarían su anonimato, confirmó a KIRO que el programa fue utilizado para proporcionar lineamientos de inteligencia durante todo el periodo de la Tormenta del Desierto.

Una vez que la existencia de PSI TECH empezó a ser conocida, las preguntas empezaron a inundar la oficina. Iban desde las más científicamente sofisticadas hasta las más bajas y abruptas ("¿Me podría dar el número ganador de la lotería?" era la pregunta más frecuente). Alguien que escribió una carta lo puso de esta manera:

> Caballeros: dado que en su folleto dicen que un vidente remoto es capaz de describir cosas y eventos distantes en el tiempo, uno puede suponer que los futuros valores (de) la bolsa podrían ser descritos con precisión por sus disciplinados expertos. Si esto es posible, entonces me gustaría aprovechar yo mismo sus servicios y esperar su oferta detallada.

Quien escribía esperaba darnos un golpe directo con lo de la bolsa de valores pero un funcionario de PSI TECH le respondió:

> Pese que los videntes remotos pueden meterse en un objetivo y seguirlo hacia atrás y hacia adelante en el tiempo, nuestras capacidades no abarcan poder fijar el objetivo en el tiempo   un vidente remoto tampoco puede discernir fácilmente datos alfanuméricos, sólo está relacionado con estados análogos e ideas asociadas. Estas cosas son muy de la naturaleza del hemisferio izquierdo del cerebro —directamente analíticas—, mientras que la

visión remota depende estrictamente del funcionamiento del hemisferio derecho, el patrón de reconocimiento gestalt... No puedo depositar un nivel de confianza suficiente en el éxito de un proyecto prospectivo de visión remota de esta índole para garantizar que los resultados le serán útiles a usted.[4]

Los Espías Psíquicos intentaron explicar muchas veces que por la visión remota no se puede saber el número que ganará la lotería o las acciones que mejor se venderían. Los números son ideas abstractas, una creación artificial de los humanos, y están conectados principalmente con la estructura del hemisferio izquierdo del cerebro, que posee muy poca relación con la realidad física. Por lo tanto, es casi imposible para los videntes remotos determinar números con precisión.

Es más interesante que aunque es posible entrenar a videntes remotos para predeterminar un ganador de la lotería —independientemente de que sean hombres o mujeres, de cómo se vean, de dónde vivan, etcétera—, estos videntes no pueden determinar los números ganadores. Parece que la "señal" psíquica es muy débil y no produce una imagen lo suficientemente clara por bastante tiempo para determinar números, nombres o fechas precisos.

Lyn Buchanan dijo que todavía corría a la gente que le ofrecía dividir las ganancias si le daban los números ganadores de la lotería diciéndoles: "Si tuviera los números de la lotería, me llevaría todo el dinero", se reía. "No parecía que ellos hubieran pensado en eso."

Sin embargo la visión remota podía representar verdaderas ventajas en el mundo real. Uno de los mundos de negocios donde tenía aplicación la visión remota tenía que ver con el área de publicaciones. Los videntes podían mirar el futuro próximo y describirle a un editor cuáles iban a ser los temas de los libros que mejor se venderían, aunque no pudieran dar los títulos o los autores de esos libros. Los editores podrían entonces utilizar esta información y poner especial atención cuando material de ese tipo pasara por sus escritorios.

Tampoco nadie debe estar preocupado porque algún vidente remoto llegara a fisgonear en su vida privada. Si, por ejemplo, un hombre vidente inescrupuloso decide espiar a su novia en el baño, no tendrá la experiencia que desea: el vidente sólo puede enfocar un aspecto de la escena a la vez. Aunque un vidente experimentado podría determinar que la persona bajo observación psíquica es una mujer y que el agua está corriendo, no obtendría la gran apreciación estética que podría tener estando ahí en persona viendo la escena desde un punto de vista normal. En la visión remota no hay sensaciones eróticas, es sólo una fuente de información.

Varios espías psíquicos dirían que utilizar la visión remota de esa manera "trivializaría" la experiencia. "Es una herramienta tan poderosa que te cambia la vida", dijo Morehouse.

Mel Riley estuvo de acuerdo. "Cuando puedes salirte fuera y ver el universo ¿quién quiere ver un submarino ruso?", preguntó con una carcajada. Otro aspecto de la visión remota precisa parece ser la necesidad de utilizar un buen equipo de aproximación. Aunque hay diferencias de opinión, según la mayoría de los veteranos, en cualquier misión específica, se utilizan múltiples videntes para asegurar resultados precisos. Los trabajos de equipo son los que producen los mejores resultados.

McMoneagle, argumentó por otra parte: "A partir de archivos de dos décadas de información que apoyan la precisión de la visión múltiple… De hecho, los resultados de estas investigaciones tienden a fluir en la dirección opuesta: si estás utilizando múltiples videntes, un vidente o dos cuya visión difiera de la mayoría, es probable que sean quienes están proporcionando la información correcta."[5]

Buchanan asintió diciendo:

La idea es que múltiples videntes en el mismo sitio aumentan la precisión. En la superficie parece una cosa simple, pero realmente no lo es. Si tú pones un grupo de videntes en un solo lugar y los tienes a todos viendo todo, tendrás unos videntes que vean unas partes del lugar y otros que vean otras, y la visión de la cosa completa dependerá casi totalmente de un analista que permanezca aparte. En esa situación, el aumento o la disminución (de la precisión) no tiene que ver con tener más videntes, sino con tener un analista realmente talentoso.

Al igual que con el lenguaje, la capacidad de visión remota es innata en cada uno. Sin embargo, lo mismo que con el lenguaje, debe ser aprendida para utilizarla eficazmente.

El entrenamiento es muy estructurado y reglamentado, no requiere de creatividad por parte del estudiante. ¿Puede cualquiera tener éxito con la visión remota?

Los Espías Psíquicos dan las siguientes recomendaciones para probar la propia habilidad de visión remota:

1. Tratar de sacar de la mente cualquier idea o creencia preconcebida. Empezar por preguntarte a ti mismo "¿Estoy de acuerdo en que el funcionamiento psíquico es una parte natural del mundo?" Después pregúntense a sí mismos "¿Estoy de acuerdo en tener una habilidad psíquica?"

2. Toma una actitud positiva. Di a ti mismo: "Puedo ver un lugar remoto." Si tienes cualquier resistencia a la idea de que puedes ver remotamente, entonces tómate cierto tiempo para trabajar en ello hasta que te sientas cómodo con la idea de que puedes funcionar psíquicamente, incluso aunque sea sólo por un tiempo.

3. Siéntate cómodo y tranquilo en un lugar sin distracciones. Trata de encontrar un lugar de color y atmósfera neutrales. Evita los lugares con muchas distracciones. Baja las luces, aunque la oscuridad no es necesaria.

4. Siéntate derecho y permanece alerta. Ten a la mano algunas hojas en blanco y plumas o lápices.

5. Empieza a tranquilizar tu mente. Relájate y respira profundo. Con cada exhalación relaja los músculos de tu cuerpo y tu mente. Deja que tu mente se quede en blanco sin tratar de detener los pensamientos que le llegan. Simplemente déjalos y no te concentres en ellos. No se requiere ninguna meditación especial, aunque una técnica útil es imaginarte a ti mismo en un teatro vacío absorto en una pantalla blanca. Relájate hasta que las imágenes aparezcan en la pantalla.

6. Cuando las imágenes vengan, describe lo que ves, no lo que piensas. Ve las imágenes como si fueras un espectador al que no le afectan. Obsérvalas cuidadosamente, porque las imágenes relampaguean rápido en la mente. Las impresiones más básicas son las más probables en la visión remota precisa.

7. Trata de dibujar lo que ves, incluso aunque no sepas lo que representen los dibujos. No intentes conectar imágenes. Sólo dibújalas y descríbelas. Trata de iniciar con un ideograma, que es un simple dibujo a línea que represente la idea total del objetivo. Concéntrate en la idea del objetivo y deja que tu mano se mueva automáticamente con el lápiz.

8. Después, concéntrate en las figuras, formas, colores y texturas. Que no te preocupe si algo no parece tener sentido, sólo regístralo.

9. Trata de tener una sensación de tu objetivo y pregúntate a ti mismo: ¿es una persona, un lugar, una cosa? ¿Es natural o hecho por el hombre? ¿Para qué se usa? ¿Quién va allí?

10. Restringe tu visión remota a quince o veinte minutos.

Si es posible un vidente remoto novato debe visitar lo más rápido que pueda después de la sesión, el lugar del objetivo. Hay que verlo detenidamente y comparar lo que viste con las imágenes que recibiste. Si esta confirmación se hace cuando las imágenes están todavía frescas en tu mente, las comparaciones que hagas serán beneficiosas para ti en las siguientes sesiones de VR.

Recuento del autor de su primer intento
de visión remota.

En octubre de 1992 me preparaba para viajar desde mi casa en Texas Albuquerque, para reunirme por primera vez con los miembros de PSI TECH. No tenía idea de lo que iba a conseguir, pero ya sabía que estaba relacionado con la visión remota. Decidí que trataría de ver algo remoto antes de irme para allá. Me habían dicho que PSI TECH estaba planeando construir una oficina, así que pensé que intentaría ver su oficina.

Como ya tenía cierto conocimiento de las técnicas de meditación, específicamente de meditación trascendental, sólo me senté tranquilamente en una silla cómoda y cerré mis ojos, imaginándome cómo sería la oficina de PSI TECH. Inmediatamente tuve la imagen de la oficina en lo que parecía ser el diseño de un centro o plaza comercial. Las esquinas eran más altas que el resto del edificio y había una especie de soportes cerca del techo. No sabía nada entonces del peligro del revestimiento analítico. Pensé que esos objetos eran las vigas de madera que predominan en la arquitectura de Nuevo México. Entonces vi el plano del piso de esa oficina desde arriba, o desde la perspectiva de un pájaro.

Cuando llegué a Albuquerque, supe que PSI TECH estaba trabajando temporalmente en un domicilio privado que no se parecía en nada a lo que vi. El 30 de octubre de 1992, dibujé lo que había visto, pero me dijeron que no se parecía nada a los proyectos que tenía PSI TECH. El 16 de agosto de 1993, regresé a Alburquerque. Allí me informaron que como el entrenamiento se había vuelto prioritario para PSI TECH, la compañía había pospuesto sus proyectos de un edificio y había rentado un espacio de oficina para llevar a cabo el entrenamiento. Me acordé de mi primera descripción de la oficina de PSI TECH; me regresaron mi dibujo con una nota en la que se leía: "¡Buen trabajo Jim! Un dibujo espontáneo de visión remota." La oficina estaba en un complejo que parecía diseñado para un centro comercial. Era de un color tierra oscuro, y las esquinas eran más altas que el resto del edificio. Pero en lugar de vigas de madera cerca del techo había cabezas de león que sobresalían en cada esquina. Mi dibujo del plano del piso de la oficina se ajustaba al plano impreso del edificio un cien por ciento, pasillo por pasillo, oficina por oficina. Les dije que éste era un caso de visión hacia adelante en el tiempo más que ver en el presente. Se sugirió también que el efecto de "la suerte de principiante" podría explicar mi aparente éxito. Fue ciertamente una apertura de mirada y de mente para mí.

Hay una simple prueba de la visión remota que sólo requiere un poco de tiempo y por lo menos tres personas. Una persona es el vidente remoto; el segundo actúa como monitor y el tercero como contacto con el objetivo.

Mientras el vidente y el monitor van por la lista anterior para conducir una sesión de visión remota exitosa, quien hace contacto con el objetivo tendrá que hacer un viaje al lugar ya decidido como el objetivo.

No hay que permitir al vidente ni al monitor saber la ubicación del lugar. Hay que elegir un lugar con características que puedan ser rápidamente identificables.

En un tiempo predeterminado, el contacto con el objetivo deberá estar en el lugar del objetivo. Él o ella deberán estar alertas y poner mucha atención en el lugar y su ambiente. No hay ninguna necesidad de tratar de enviar imágenes o mensajes al vidente.

Al mismo tiempo, el monitor debe animar al vidente a que describa el lugar donde está el contacto con el objetivo. De nuevo, no intentar analizar los datos que se reciban. Hay que describir o dibujar simplemente las figuras básicas, las formas, los colores que se vean.

Según varios de los Espías Psíquicos esta prueba no debe durar más que 15 ó 20 minutos. Al cabo de ese tiempo el vidente y el monitor deben partir al lugar del objetivo por los resultados.

Morehouse dijo que la mayoría de las personas se sorprenderán con el éxito de la visión remota. Sin embargo agregaba que no todos producen los mismos resultados. Algunos videntes empiezan siendo fuertes para desarrollar la habilidad y después se debilitan. Otros son muy confiables. Algunos empiezan siendo débiles, pero se hacen fuertes con la experiencia.

Los videntes de PSI TECH continuaron trabajando en varios proyectos. Aunque no pueden dar detalles sobre algunos de sus contratos, pues hay de por medio acuerdos de secrecía con los clientes de la compañía que describieron tres proyectos. Estos proyectos incluyen "un perfil de la crisis de Sadam Hussein" y "las tecnologías claves para procesar recursos en la Luna, *in situ* (en el lugar)".[6]

Un cliente, una gran compañía con intereses petroleros en el Medio Oriente, estaba preocupado por los efectos potenciales del conflicto en el Medio Oriente sobre el precio del petróleo a corto y a largo plazo poco antes de la guerra del Golfo. Hay una declaración del trabajo que llevó a cabo PSI TECH a mediados de 1990 para proporcionarle datos y análisis sobre el propio Sadam (es decir, su mente: sus intenciones, sus motivos y sus estados de conducta), para penetrar en su cuarto de guerra y obtener información sobre planes de batalla, operaciones, despliegues de fuerzas y posibles estrategias de engaño y proporcionar un panorama general de la región del Golfo Pérsico por seis meses.

Mientras cumplían su contrato, los miembros de PSI TECH realmente vieron de antemano la guerra del Golfo. Los videntes describían un evento "monstruoso" y tremendo. Podían ver una enorme devastación, particularmente a lo largo de la costa. Y vieron "nubes oscuras, turbias y apocalípticas sobre el océano con componentes volátiles y aromáticos del petróleo en el aire".

Pero uno de los aspectos más interesantes de este proyecto de PSI TECH fue que más de seis meses antes de la Tormenta del desierto, de que las tropas aliadas se plantearan marchar hacia Kwait y de que los israelitas declararan: "Si ustedes no van por Sadam Hussein, vamos nosotros", los videntes remotos de PSI TECH se dieron cuenta de que en diciembre de 1991, Sadam había sobrevivido a dos intentos de asesinato: uno por envenenamiento y otro con pistola.

Sus antiguos colegas en la comunidad de inteligencia se reían del informe diciendo que Sadam no podía realmente seguir vivo en ese año. Incluso el cliente les dijo que esa información iba a ser muy difícil de vender. Pero hasta bastante después de que se inició la invasión, en 2003, Sadam aún estaba vivo.[7]

Otro de los contratos provenía de una compañía muy importante de automóviles que tenía curiosidad sobre el futuro de los autos que funcionan con hidrógeno como combustible. Los videntes remotos realizaron una búsqueda de la investigación que se realizaba en todo el mundo sobre trabajos de ingeniería aplicada en relación a automóviles que funcionaran con hidrógeno. Localizaron y describieron proyectos de ingeniería en Norteamérica, Japón, Francia, China, Alemania y Rusia.

Su informe final ponía hincapié en los proyectos potencialmente más exitosos e incluía dibujos de diseños de prototipos y descripciones de características de los motores como las turbinas, los acumuladores y los componentes hidráulicos, eléctricos, etcétera. Lo que fue significativo es que el diseño más exitoso no provenía de los clientes de PSI TECH.

Otro contrato de PSI TECH fue con una gran empresa de ingeniería. Su sección de investigación y desarrollo quería que la ayudaran en un estudio sobre las tecnologías más baratas sobre extracción de elementos, por ejemplo, el oxígeno, que se utilizaría como fuente de energía para una base en la Luna. Estaban buscando energía para sustentar vida, y energía de propulsión para las expediciones a la Luna y a Marte.

PSI TECH proveyó a la compañía con descripciones y dibujos de lo que sería la minería lunar y de las operaciones de procesamiento de recursos con recomendaciones sobre los dispositivos de generación de energía.

Cuando seguían la guerra del Golfo, La Associated Press (Prensa Asociada) tomó un contrato de PSI TECH que ocupó los encabezados de los principales periódicos. En un artículo titulado: "U.N. enlist psychic firm to find Iraqis'weapon sites" (Naciones Unidas recluta una firma de psíquicos para encontrar lugares con armamento en Irak), el *Washington Times* informó que PSI TECH había sido contactado por la mayor del ejército de EU, Karen Cansen, una enviada especial de Naciones Unidas encargada de ubicar y destruir los almacenes ocultos de armas biológicas y nucleares de Irak.[8] La mayor Cansen buscaba que la ayudaran a localizar los almacenes ocultos de armas. PSI TECH procedió a localizar dos de esos sitios.

Cuatro videntes remotos de PSI TECH trabajaron voluntariamente en este proyecto. El trabajo se llevó a cabo del 5 al 8 de noviembre. Una carta que acompañaba los resultados de VR, señalaba: "Tengo la confianza de que el valor agregado de los resultados vistos en estas pocas 'partidas' de visión remota serán útiles para usted y que no impliquen una confusión para sus anfitriones iraquíes".[9]

Un informe resumido de este proyecto afirmaba:

El primer objetivo está relacionado con un largo trecho laberíntico subterráneo que es un contenedor y que se parece en muchos aspectos a un submarino. La entrada está bajo una serie de escalones de cemento, en o cerca de un gran edificio cuya distribución es abierta… allí hay soldados uniformados. Si se examina superficialmente, el objetivo da la impresión de que hay un refugio para bombardeos en el sótano del edificio. Sin embargo, lo más lejano se ve complicado y hay cables ocultos (enterrados) de energía conectados hasta el final. Asociados a ese final hay también una impresión sensorial de contracciones estomacales violentas, muy dolorosas y desgarradoras, con la idea de algo como una clínica médica. Algo parecido a cajas de guantes está presente o va a ser instalado.[10]

El informe agregaba que los videntes tenían la impresión de que el acceso a esta instalación subterránea estaba cubierto con arena y escombros "como parte de un engaño", un señuelo.[11]

Algunas de las estructuras sobre el piso estaban diseñadas como señuelos para ser bombardeadas; las verdaderas instalaciones eran subterráneas. Algunas estaban cubiertas a propósito con escombros para simular los daños de un bombardeo. La mayor Cansen se salió de su cadena civil de mando para lograr que se hiciera el trabajo. Derek Boothby, un oficial que estaba asignado a la comisión de Naciones Unidas para encontrar armas biológicas ocultas, confirmó que se hallaron las instalaciones para investigar armamentos biológicos, pero no dijo que hubieran requisado ninguna de las armas.

Bothby dijo que no estaba al tanto de la participación de PSI TECH pero comentó a Associated Press: "Le damos la bienvenida a toda la información si es útil y está sustentada."[12]

Desafortunadamente, por la sensible naturaleza de la misión, aparejada con el disgusto de los funcionarios de Naciones Unidas de que se revelara por una vez el uso de investigadores psíquicos, no hubo resultado. Morehouse señaló que a PSI TECH nunca se le dijo si su información era correcta o no. "Pero tampoco nos dijeron que estábamos equivocados."

Casi al final de 1993, PSI TECH llegó a entrenar cada vez más videntes remotos. Más de 12 personas fueron entrenadas en visión remota técnica en sus oficinas de Albuquerque. Entre ellas había académicos y personas de la comunidad de negocios, incluso algunos científicos.

Algunos de los que recibieron entrenamiento se negaron a hablar de su experiencia, en apariencia temerosos de la reacción del público. Alguien que estuvo de acuerdo en hablar para el registro fue George G. Bayers, vicepresidente de Government Affairs (asuntos de gobierno) para la corporación Santa Fe Pacific Gold, la tercera compañía minera más grande de EUA basada en el oro: Byers obtuvo los grados de licenciatura y maestría en la universidad de Mississipi y se le elevó al grado de capitán como soldado de asalto y capitán de infantería en Vietnam.

Byers dijo que tomó su curso de visión remota en PSI TECH de octubre a diciembre de 1993. Recuerda su experiencia de esta manera:

No me causaba ningún problema. Me sentía bien. Lo hacía sobre todo en los fines de semana, sábados y domingos.

Al principio me sentaba allí pensando: "¿Por qué estoy haciendo esto? Estoy perdiendo el tiempo. Podría estar fuera rastrillando hojas." Como ves, era un escéptico total. Había oído hablar de PSI TECH a un productor de televisión. Me encontraba con mi monitor varios días a la semana y encontré que era un individuo listo. Así que pensé en por qué no lo intentaba. Después de todo, ¿no podría ser una visión remota en la que se hiciera nuestro próximo gran descubrimiento de oro?

Me inscribí y empecé mi entrenamiento. Al principio la parte más difícil fue el revestimiento analítico. Seguía queriendo interpretar lo que veía. No diferenciaba un RA (revestimiento analítico) de una mera indicación. Siempre estaba pidiendo detenerme por los RA.

Me tomó mucho tiempo porque era lento en diferenciarlos. Trataba de pensar demasiado, tú sabes, lo forzaba. Yogi Berra dijo: "No puedes pensar y lograrlo al mismo tiempo." Bueno, no puedes pensar y ver remotamente. Es algo que debes hacer posible que suceda. Y finalmente lo logré. Fue como andar en bicicleta, una vez que lo logras, nunca pierdes la habilidad. Ya con ella fue realmente asombroso. Mi monitor me había hablado de hacer visión remota del espacio, pero la obtuve de un gran grano de sal. Pero después mi monitor me puso en Titán, el satélite más grande de Saturno.

Claro que no sabía donde estaba al principio, únicamente me dieron algunas coordenadas. Pero vi un terreno áspero. Terminé concentrándome en un lugar: en un profundo abismo en la superficie de esa luna. Recuerdo un sónido de ráfagas y en el fondo del abismo parecía haber objetos en movimiento. Al principio me quedé pensando en alguna gran ciudad por las paredes casi verticales a cada uno de los lados.

Y allí parecía predominar cierto olor a chocolate. Mi monitor me dijo que había estado en Titán y que otros videntes remotos también habían percibido el olor a chocolate. Es algo que tiene que ver con la composición química de la atmósfera.

Bueno, estaba asombrado, y encontré muy difícil creerlo. Que lo creyera llegó después cuando desarrollé cada vez más confianza en mi habilidad de vidente remoto.

Cuando finalmente empecé a creer fue en una sesión a principios de noviembre de 1993, cuando vi una nube blanca formando un remolino sobre la tierra. Mi objetivo era una foto de un tornado blanco girando sobre algo fijo, un lugar en el medio oeste del país. Con este tornado me convertí en un verdadero creyente en la visión remota.

Una vez que experimentas estas cosas, tu confianza aumenta y te vuelves más abierto a cosas inusuales como ver dentro del espacio o encontrarte con marcianos sobrevivientes.

Ya no hubo ninguna duda en mi mente de que la experiencia de la visión remota es real y válida. Es difícil vendérselas a otros, pero me la vendí a mí mismo.[13]

Como se puede ver a partir de las experiencias de Byers, los miembros de PSI TECH continuaron trabajando en sus archivos de misterios, sesiones relacionadas con los misterios más implacables de la Tierra.

Otra persona entrenada por PSI TECH fue el doctor Courtney Brown, profesor asociado de ciencia política en la Universidad Emory. Con base en sus experiencias de VR, el doctor Brown produjo un libro en 1996, titulado *Cosmic Voyage: A Scientific Discovery of Extraterrestrials Visiting Earth* (*Viaje cósmico. Un descubrimiento de extraterrestres que visitan la Tierra*).

El primer espía psíquico norteamericano, Mel Riley, estuvo de acuerdo en conducir una demostración de una sesión de visión remota real, de la que pude ser testigo el 18 de agosto de 1993. Inesperadamente, Riley fue enviado a ver un misterio reciente.

Por petición mía de último minuto, a Riley se le dieron unas coordenadas que representaban el tiempo y el lugar del asesinato del presidente John F. Kennedy. Riley fue enviado a Dealy Plaza en Dallas, Texas, en noviembre de 1963.

Lo que se suponía que sería una demostración de una sesión de visión remota se convirtió en una experiencia emocional para Riley y su monitor. La sesión se llevó a cabo en la oficina de entrenamiento de PSI TECH en Albuquerque. Riley era el vidente remoto, yo era sólo un observador.

Lo siguiente fue seleccionado de mis notas de la sesión, de los dibujos originales de Riley y de las cintas grabadas de la sesión.

A Riley, como procedimiento normal, no se le da ninguna clave como el objetivo de la VR. Por haber estado en constante contacto conmigo desde su llegada a Albuquerque y porque el objetivo de la sesión se había decidido sólo unos minutos antes de que ésta empezara, parecía claro que él no tenía ningún conocimiento previo de su objetivo.

Riley tomó un café y se sentó tranquilamente en uno de los extremos de la mesa de conferencias en la oficina de PSI TECH. [El monitor] se sentó en el extremo opuesto. Había tranquilidad, silencio y luz baja en la pequeña habitación. Había tres plumas atómicas y papel enfrente de Riley. Se le dieron coordenadas de cuatro dígitos: 8976-4130. Las coordenadas representan Dealey Plaza, Dallas, Texas, 22 de noviembre de 1963.

En el encabezado de la primera página Riley escribió: "(IP) Interferencias personales o consideraciones que pueden interferir con el funcionamiento psíquico, ha pasado mucho tiempo." Esto significaba que había pasado tiempo para que Riley tuviera su última visión remota con un monitor.

Bajo IE (impacto estético o cualquier respuesta por adelantado al objetivo), Riley respondió: "ninguno". Riley respiró profundamente, y con los ojos abiertos empezó a marcar en su primera hoja de papel. Dibujó una línea con curvas y dijo "atravesando la curva, alrededor de la curva, una pendiente". Entonces se detuvo y cerró los ojos como si se concentrara. Dijo: "Difícil, oscuro, gris… como asfalto, una superficie, un camino."

Parecía que tenía problemas para enfocar su atención en el objetivo. (El monitor) le preguntó si quería las coordenadas de nuevo. Riley negó con la cabeza y dio un sorbo al café. Cerró los ojos. "¿Algún sonido?", preguntó el monitor: "De brisa y el susurro de las hojas por el viento."

"¿Texturas?"

Riley dijo: "Aspero, arenoso."

Después Riley comentó que había un movimiento. "Un movimiento ondulante, que fluye, balanceo... un sentimiento de vértigo con ese movimiento."

Riley levantó la mirada con los ojos cerrados como si estuviera fijando internamente la mirada en algo, bajó más la cabeza e hizo más marcas en el papel. Lo impresionante era que como estudiante de arte, pudiera levantar la mirada para ver su objeto y después mirar hacía abajo para registrar su impresión en el papel.

Después le vinieron más imágenes. "Hay confusión, caos." Riley dibujó la imagen de algo semejante a una pequeña nube con un tornillo dentado iluminado que salía de ella. "Es algodón, como el de una nube. Algo viene de fuera de esto", dijo. "Es rápido. Trayectoria. Un lanzamiento, como un disparo... No me pregunten cómo voy a explicar esto, pero algo se disparó fuera de este círculo."

Se le pidió que marcara con precisión dónde se estaba llevando a cabo el evento. Riley dibujó de nuevo una línea con curvas en forma de ese y dibujó un punto pasando la mitad de la ese. Riley parecía ponerse agitado con lo que estaba diciendo: "Hay algo acerca de esto..." Su voz se arrastraba. "Hay cosas a mi alrededor." Riley hizo una larga y lenta exhalación mientras inclinaba la cabeza con los ojos cerrados. Después fue de nuevo al papel con los ojos abiertos. Empezó a dibujar.

No hay duda sobre lo que dibujaba. Era una calle con curvas, con árboles a todo lo largo y con edificios altos atrás. Enfrente de los árboles, a lo largo de la calle, había una multitud de gente. Como si su dibujo necesitara mayores explicaciones, Riley escribió: "Altas estructuras atrás. Verde, como árboles que van a lo largo de las curvas, altos, difícil, multitudes, atestado, gente."

En este punto, Riley pidió un receso por un "revestimiento analítico", que significaba que estaba empezando a analizar la información que estaba recibiendo. Se levantó y dejó la habitación por varios minutos.

Cuando regresó, su monitor le preguntó: "¿Ya sabes cuál es el objetivo, no?": Riley asintió sombríamente. "Es el asesinato de Kennedy. Fue por eso que tuve que salirme un rato."

Riley dijo más tarde que hasta que se levantó en el receso, no tenía idea de lo que estaba viendo. Pero se le hizo claro que era necesario tomar un receso. Ya sentía que eso era el asesinato de Kennedy. Vino a mi mente de una manera muy fuerte. Pero no tenía resultados y quería asegurarme de que no tenía ideas preconcebidas de lo que estaba viendo.

A Riley se le pidió que dibujara lo que vio, en especial los disparos de bala. Se apoyó en la mesa y empezó a dibujar comentando mientras trabajaba. "Vi dos disparos, el primero venía de atrás y le dio en el área del hombro. El segundo fue casi a la vez. Venía del frente. Su cabeza cayó hacia atrás cuando le dispararon desde atrás, pero el otro disparo casi instantáneo que le dio en la cabeza, hizo que ésta se regresara, fue como un bum, bum."

"Voy dentro de una VRE (visión remota extendida o bi-ubicación), casi como si estuviera ya allí", dice Riley. Esto significaba que intentó en su bi-ubicación enterarse de sus sensaciones más profundas, de los sonidos e impresiones del evento.

"El primer disparo que venía de atrás parecía ser un proyectil normal de alto poder, una bala. Pero el segundo es pequeño, largo y delgado, muy duro. Ese viene desde el frente y hay una palabra asociada con él, que no estoy seguro de cómo se pronuncia, pero la palabra es 'flechette', dijo Riley, y el punto que originó esa cosa no parece estar demasiado afuera del vehículo."

Más tarde, Riley comentó: "Pensé que era realmente extraño porque estaba en la misma posición que el presidente. Parecía como si yo fuera él. El pequeño proyectil vino hacia mí desde el espejo retrovisor".

Pero Riley y su monitor señalaron rápidamente que esta sesión era estrictamente con propósitos de demostración y que no podían garantizar sus conclusiones a menos que se hiciera un nuevo estudio de visión remota completamente detallado en el que participaran otros videntes.

"Ésta es sólo una mirada superficial con fines de demostración", explicó el monitor de Riley, quien agregó que su propia visión remota del asesinato de Kennedy coincidía con la valoración de Riley.

Riley dijo que con una VR bajo protocolos más rígidos que involucren a varios videntes, sería posible determinar con precisión cuántos disparos se hicieron, y podrían ser rastreados los puntos en los que se originaron estos disparos. Sin embargo, ambos hombres estaban visiblemente conmovidos por la experiencia, en especial el monitor de PSI TECH que comentó: "¡Ay! Siempre creí en lo que me decía mi gobierno. Esto realmente me estremece porque es hasta ahora que tengo conocimiento directo de que al presidente Kennedy le dispararon desde atrás y desde el frente. Ellos me mintieron. Ellos nos mintieron a todos nosotros."

Riley dijo que "como la mayoría del público", él sospechó mucho tiempo de que hubo una conspiración en el asesinato de JFK, pero que no había leído libros sobre ello, incluso no había visto películas sobre eso.

También es bastante interesante que el espía psíquico McMoneagle haya hecho su propia visión remota del asesinato de Kennedy. Él también se dio cuenta de que el acto fue resultado de una conspiración y que a JFK le dispararon desde tres o incluso cuatro posiciones distintas. Escribió:

Creo que quienes originaron/iniciaron el plan provenían al menos del nivel del gabinete del gobierno y que ellos probablemente utilizaron al menos un puñado de recursos dentro de sus oficinas del (Departamento de Defensa, DOD) para llevar a cabo la coordinación entre ellos y los grupos del crimen organizado cubano involucrados.[14]

Durante los años en que los Espías Psíquicos perfeccionaron sus técnicas de VR y su ejecución de misiones operativas, encontraron un factor "misterioso" que se deslizaba dentro de su trabajo. Este factor eran visiones y eventos que no podían explicarse por la ciencia tradicional del hombre o por experiencias normales.

Los Espías Psíquicos trascendieron lo fabuloso hasta tocar lo fantástico en la creación de sus archivos enigma.

CAPÍTULO IX
LOS ARCHIVOS ENIGMA

Un día en el otoño de 1985, según el autor nominado al Pulitzer, Howard Blue, una serie de oficiales de alto rango se encontraron a puerta cerrada en una sala de conferencias en el tercer piso del antiguo edificio de oficinas generales que se halla cruzando desde la Casa Blanca. Aunque los detalles de esta reunión fueron debatidos por ciertas personas que participaron, la esencia de la experiencia se reconoció como verdadera.

Sentados frente a dos de los oficiales y al asesor científico del presidente había dos científicos de SRI, muy probablemente Putthoff y Targ, y un vidente remoto, Ingo Swann, según un informe. La ocasión fue también una demostración del fenómeno de visión remota, pero ese día lo extraordinario llegó a lo fantástico.

Al vidente se le pidió que dibujara su visión de un submarino soviético. Éste empezó a dibujar rápidamente círculos. Uno era alargado —al parecer el submarino— pero por encima había un círculo sin alas. Se le preguntó si había visto un cohete; el vidente remoto sólo se encogió de hombros.

Finalmente, expresando las expectativas y los temores de muchos en la sala, el científico dijo: "¿Bueno, qué más puede ser? Creo que no me irás a decir que es un platillo volador."

"Sí —contesto el vidente—, es eso exactamente."[1]

Pese a este roce con lo fantástico, la DIA, con la Inteligencia Naval, aceptó la legitimidad de la demostración y en seis meses emprendió una operación clasificada utilizando videntes remotos contra submarinos soviéticos.

Estas demostraciones y esta aceptación por parte de los funcionarios y científicos de alto nivel fue sólo uno de los episodios en la larga historia de la duplicidad de Washington. Mientras oficialmente se burlaban de cualquier informe que se diera a conocer al público sobre objetos voladores no identificados, diversas agencias gubernamentales continuaban poniendo seria atención a esos asuntos. La unidad de Espías Psíquicos no era la excepción.

Los estudios de laboratorio de visión remota indicaban que ese fenómeno no estaba limitado por las leyes de tiempo o espacio.

El aspecto espacial de la VR se confirmó a principios de los setenta, cuando Ingo Swann registró utilizando la visión remota sus impresiones de varios cuerpos en nuestro sistema solar. Sus visiones fueron tomadas con ligereza en aquel tiempo, pero después se confirmaron por los resultados de varias misiones a las profundidades del espacio de la NASA.

Mientras se estaban terminando las pruebas con los científicos de SRI, Swann se fue interesando con la emoción, en algo que se desviaba de las pruebas estructuradas.

A la mitad de la desesperación durante marzo de 1973, seguí cada vez con mayor interés el viaje al distante planeta Júpiter de la nave *Pionner 10* de la NASA. La nave mandaría datos sobre Júpiter más o menos el 3 de diciembre, o sea, en nueve meses. ¿No hubiera sido interesante que un psíquico pudiera en algún momento comparar sus resultados con los del *Pionner 10*?"[2]

Swann, con otro psíquico, Harold Sherman, condujo una visión remota de Júpiter el 27 de abril de 1973: las impresiones registradas por Swann y Sherman eran prácticamente idénticas. Swann lo describió así:

Hay un planeta con franjas. Espero que sea Júpiter. Creo que debe tener una capa muy grande de hidrógeno. Si una prueba espacial hace contacto con ella, debe estar quizá a 80 mil o 120 mil millas del planeta… A mucha altitud en la atmósfera hay cristales que brillan, quizá como los de los anillos de Saturno, aunque no están tan lejanos como ellos, sino más cerca de la atmósfera… Ahora descenderé a través… Dentro de esas capas de nubes, esos cúmulos de cristales se ven bellísimos desde afuera. Desde adentro se ven como nubes ondulantes de gas, una luz amarilla espeluznante, arco iris.

Tengo la impresión, aunque no veo, que es líquido. Después voy a través de la cubierta de nubes, la superficie es como de dunas de arena. Las dunas están hechas de grandes y magníficos cristales y se deslizan. Hay vientos tremendos, como los dominantes de la Tierra, pero muy cercanos a la superficie. Desde este punto de vista el horizonte se ve anaranjado o rosado pero por encima es de un amarillo verdoso. Si observo a la derecha hay una enorme sierra montañosa… Esas montañas son enormes pero no pinchan la cubierta de nubes de cristales… Veo algo parecido a un tornado ¿Hay inversión térmica aquí? Apuesto a que la hay… Me muevo hacia el ecuador. Tengo la impresión de que debe haber una franja de cristales similar a las de más afuera, unas azuladas. Parecen guardar cierto tipo de órbita, una órbita permanente a través de la otra capa más abajo que es como la de nuestras nubes pero moviéndose rápido… Un viento tremendo. Está más helado aquí. Quizá porque allá no hay inversión térmica… La atmósfera de Júpiter es muy delgada.[3]

¿Anillos de cristal?, ¿ atmósfera? Eran conceptos ridículos en aquel entonces. Hasta el viaje del *Pionner 10* en diciembre de

1973, no había datos suficientes para confirmar las descripciones de Swann.

El científico del SRI, Hal Puthoff dijo: "En discusiones con astrónomos después de los experimentos, el consenso era que los resultados de nuestros experimentos no estaban reñidos con cualquiera de los que ya se conocían o con los datos adicionales que fueron transmitidos por la nave, pero de todas maneras no se podía hacer ninguna evaluación definitiva."[4]

La confirmación completa de las descripciones de Swann no llegó hasta el *Voyager 1* y dos pruebas espaciales en 1979. La revista *Time* informó:

El fenómeno más inesperado ocurrió no obstante, cuando el *Voyager* empezó a detectar una corriente de materia dentro de la órbita de Amaltea (uno de los satélites de Júpiter). Afortunadamente quienes controlaban la misión habían programado la cámara para que permaneciera abierta 11.2 minutos, por la remota probabilidad —nadie se la tomaba muy en serio— de que Júpiter tuviera algún tipo de anillo.

Para el asombro de todos, el tiempo de exposición del *Voyager* produjo la imagen de una franja que los científicos sólo pueden explicar como un anillo con fragmentos de piedras de tamaño considerable. Los hallazgos parecían tan improbables que el equipo de la NASA pospuso hacer pública la información por varios días mientras los datos eran confirmados y reconfirmados. Saturno era el único planeta del que se sabía que tenía anillos y era considerado el único que podía tenerlos. En 1977 la teoría se derrumbó con el descubrimiento de anillos alrededor de Urano. Júpiter mismo fue explorado antes por las naves *Pionner* 10 y 11, pero es fácil ver por qué no encontraron ningún anillo joviano. El anillo de Júpiter es casi tan delgado como una hoja de papel, está a un kilómetro de altitud (0.6 millas) y es imposible verlo desde la Tierra.[5]

Pero no fue imposible verlo remotamente para Ingo Swann seis años antes.

Muchas otras características de Júpiter descritas por Swann, fueron confirmadas por posteriores misiones de la NASA: los vientos veloces, las impresionantes sierras de montañas altísimas, y la delgada cubierta de nubes.

El científico Hal Puthoff dijo creer que la exploración espacial podía ser una de las aplicaciones más importantes y de bajo costo de la visión remota.

En marzo de 1974, Swann hizo un viaje mental a Mercurio anticipándose al acercamiento del *Mariner 10*. Esta sesión de visión remota fue monitoreada por la doctora Janet Mitchell. Los comentarios de Swann fueron registrados, transcritos, notariados y depositados al mediodía del 13 de marzo con varios testigos, entre ellos el Central Premonitions Registry (Registro Central de Premoniciones) en Nueva York. Sus impresiones grabadas incluían las siguientes:

Creo que tengo que ir hacia el Sol, así que puedo ver la Luna tras de mí. Bueno, allá vamos. ¿Suponen que Mercurio debe tener —cómo la llaman— una magnetosfera? Es parecida a una esfera de magnetismo circular, no hay una esfera, pero en el lado iluminado por el Sol de Mercurio, está cercana a la superficie del planeta y en la parte más lejana del Sol del planeta, hay algo que empuja hacia fuera, hacia el espacio… Todo parece muy claro. ¡Oh! ¡No sé por qué!

Parece haber una capa atmosférica delgada, pero no lo suficiente como para que se forme un cielo azul como en la Tierra; así que ves negrura excepto cuando hay sol, quizá es púrpura, no lo sé. No hay mucha bruma. Tengo la impresión de humedad, agua. Y mareas, enormes mareas; mareas líquidas… En la medida en que el planeta gira, el sol crea ondas de mareas de tierra, por eso la superficie tiene tantas roturas y fisuras. La gravedad debe ser irregular, atrayéndolo más hacia el Sol todo el tiempo. Veo nubes, tormentas eléctricas ahora. Estas nubes van y vienen muy rápido y se forman en la parte diurna del planeta, en sus dos extremos. Veo arco iris que aumentan de pronto. Se arquean, son más parecidos a las auroras, creo. En la superficie hay líquido, parece más pesado que el líquido de la Tierra, pero es líquido. Es agua de cierto tipo, y mareas de tierra; hay mareas de tierra y de agua y un ciclo de condensación rápido. Creo que así los llamarían. Esto crea los arco iris que aumentan todo el tiempo en todas las direcciones. Debe haber gravedades distintas dependiendo del lugar en el que estés. Es bello, Dios, es bello… Veo masas de tierra pero las veo bañadas de agua como si el agua sólo diera vueltas alrededor del planeta todo el tiempo… Parece un pequeño planeta encantador. Hay diferencias entre las masas de tierra, en cierto sentido son montañosas, pero no demasiado. Todo se ve muy erosionado, creo que por las mareas de tierra. Diría que el planeta se caracteriza por una suerte de esplendor eléctrico magnético de baja tonalidad. Es todo.[6]

La descripción detallada que hizo Swann de Mercurio fue vista por los pocos astrónomos que leyeron el informe como una odisea novelesca. Después de todo existía el dogma en los círculos científicos de que Mercurio no tenía atmósfera, ni campo magnético, ni ionosfera.

La visión establecida del planeta se derrumbó menos de un mes después, cuando el *Mariner 10* empezó a producir las primeras fotografías muy cercanas de este planeta. *Science News* informó:

Hasta esta última semana, la mayoría de los planetólogos creían con buenas razones que Mercurio era casi un planeta: sin atmósfera (el viento solar la arrastraría); sin campo magnético (la rotación lenta del planeta no crearía el efecto de dinamo necesario para mantenerlo); sin satélites; después de todo, un mundo aburrido. Ahora resulta "extraño", "asombroso", "espeluznante" y "fascinante"; todo esto gracias a los pocos días de observación a través del *Mariner 10*. La primera nave espacial que vuela a Mercurio, ha tomado fotos de cerca que revelan una superficie con una gran cantidad de cráteres y ha transmitido montones de datos sorprendentes que invalidan muchas de las teorías sobre el planeta más pequeño y cercano al Sol.[7]

Se comprobaron una por una las observaciones de Mercurio que había hecho Swann conforme llegaban los datos del *Mariner 10*.

Swann había identificado correctamente la delgada atmósfera de Mercurio, el campo magnético y la estela de helio que sale del planeta hacia el Sol. Estas observaciones contradecían directamente el pensamiento científico de ese tiempo. Swann realmente no había leído sobre las características de los planetas.

Dado que la credibilidad de la visión remota del espacio parecía establecerse con los experimentos de Swann y los resultados científicos, se tomaron más en serio las otras experiencias informadas por los Espías Psíquicos.

Durante la investigación del inspector general de 1988, la unidad de los Espías Psíquicos mantuvo un perfil bajo. Se les ordenó: "¡No hagan nada!" Sólo se les permitió que continuaran el entrenamiento. Bajo la apariencia de las "sesiones de entrenamiento avanzado", la unidad de videntes remotos fue enviada a atacar unos objetivos inusuales. Esto condujo a producir información de inteligencia que iba más allá de lo ordinario.

Lo extraordinario llegó a ser un lugar común en la unidad de Espías Psíquicos, que crearon los "archivos enigma" donde integraron sus casos más extraordinarios que abarcaban las salidas de los videntes remotos a lugares más allá de la Tierra. Lo que para la mayoría del público parecería la fantasía más salvaje se convirtió en norma entre los Espías Psíquicos.

Morehouse recordó cabalmente su primera experiencia con lo desconocido:

Recuerdo haber oído voces después de que me tranquilicé... Y las seguí escuchando. Ahora uno de los protocolos de VR es no perturbar a alguien que está bloqueando una señal... Recuerdo pasos y risas y que no me podía concentrar...

Me levanté y abrí la puerta y seguía oscura la oficina, el pasillo oscuro, todo oscuro. Era pleno día y estábamos en ese edificio viejo de la Segunda Guerra Mundial al que le llegaba toda la luz, creo que atravesaba los malditos hoyos de las paredes, si no venía de algún otro lugar. Pero estaba oscuro. No había nadie alrededor y cuando empecé a caminar a través del pasillo recuerdo haberme sentido extraño. De pronto me di cuenta de que no estaba realmente allí. Estaba en algún otro lugar además de allí. Entonces pensé para mí mismo: "Estoy teniendo una experiencia extra-corporal." Y dije: "Sé que si estoy teniendo una, puedo caminar a través de esa puerta." Así que seguí adelante y me di con la puerta y recuerdo el frío acero de esa puerta golpeándome en la parte derecha del rostro. Sólo fue un ¡ka-fum!; me di en el ojo derecho en un lado de la puerta. Hice la cabeza para atrás y dije: "¡Dios, qué estúpido fue eso! Entonces fui a la puerta del frente y abrí, y vi hacia fuera. Era como si hubiera habido un eclipse de sol porque todo estaba gris oscuro, todo. No había nadie en los alrededores. No había coches en movimiento. Todo estaba caliente pero negro. Bajé los escalones y me sobrevino una sensación de que eso no era normal. No podía entender lo que estaba sucediendo. Pero decidí tratar de hacer otra cosa. Doblé mis rodillas y levanté mis manos hacia los lados. Lo hice como si fuera a lanzarme desde una plataforma de buceo. Y salté al aire. Iba volando como un maldito cohete, directo hacia el cielo. Después recuerdo haber estado muerto de miedo, porque cuando miré hacia abajo, la Tierra se extendía tras de mí y supe que moriría de una caída como aquélla. La siguiente cosa que supe era que iba hacia Mel Riley que me vigilaba. Me sacó y me hizo caminar un rato por los alrededores hasta que aterricé. Caminamos alrededor de árboles que se abrazaban y rocas que se alzaban.

Morehouse siguió teniendo una gran variedad de experiencias más allá de la Tierra. Él describe otras dimensiones cercanas a nosotros, llenas de seres extraños y bellos. Mel Riley, el primer espía psíquico, también declara haber visitado otros mundos y dimensiones mediante visión remota. Para él no es una gran cosa. "Lo interesante es que esa bola de soldados de infantería empezaran con sus habilidades a ver dentro de las cosas y terminaran haciendo este tipo de tareas", dijo Riley. "Pero todo esto ha sido tan parte de mi vida por tanto tiempo, que ya es parte de mí."

Lyn Buchanan también vio escenas increíbles lejos de la Tierra. Él incluso describe que un no humano le ofreció el trabajo de pilotear un OVNI, (ver mi libro *Alien Agenda* para más detalles); de hecho, cada espía psíquico tiene experiencia de haber conocido directamente OVNIS y paisajes no terrestres, aunque algunos de ellos se rehúsen a hablar al respecto. McMoneagle recordó:

Estaba atacando el objetivo de un OVNI de cuyo avistamiento fueron testigos cerca de 2 000 personas en Tacoma, Washington, en los cincuenta. Los testigos informaron de "luces que danzaban en el cielo"… Mi primera afirmación en el cuarto de visión remota fue: "Veo luces danzando en el cielo." Esto fue seguido por una experiencia extracorporal espontánea, en la que vi e interactué con una aparición de mi padre, quien había muerto tres años atrás, y una entidad multiluminosa con forma humana.[8]

El doctor Brown escribió que como vidente remoto de un OVNI y sus ocupantes, se empezó a dar cuenta de que "la situación de los extraterrestres era más compleja de lo que yo había pensado previamente. Ya no era más el simple hecho de que volaran alrededor de la Tierra. Había un propósito real tras sus actividades…"[9]

Los Espías Psíquicos dijeron que era difícil concentrarse en los problemas mundanos de la Tierra, una vez que has viajado a otros reinos. Riley dijo que halló una gran cantidad de placer al descender por los cúmulos de nubes de Neptuno próximos a su superficie. "Es tan bello. Hace que quieras estar ahí. Planeo hacer esto muchas veces cuando tenga tiempo."

Nosotros, como videntes remotos fuimos a lugares que eran tan bellos. "Y es con ellos que tu habilidad de descripción se termina", dijo Morehouse, "hay gente allí. Es un lugar. Nuestro mundo es un mundo con otros mundos encima. Pero no tenemos la habilidad de regresar y describir a la gente lo que hemos visto".

Una de las visiones más fascinantes de los videntes remotos que han volado a través del espacio no son los vehículos que vuelan alrededor con seres vivientes en su interior, sino las torres ubicadas en mundos aéreos a lo largo de toda la galaxia. Parecen ser una suerte de torres de transmisión. Dicen que estas torres parecen impulsar a los vehículos a una velocidad mayor que la de la luz de una parte de la galaxia a la otra, traspasando el tiempo y el espacio. "Hay tecnologías allá afuera mucho más avanzadas que las nuestras."

Todos los Espías Psíquicos confirmaron que esas visiones maravillosas sólo fortalecieron sus creencias religiosas. Según Morehouse:

Una vez que sabes que la muerte no es el fin de tu existencia, entonces estás verdaderamente liberado, eres verdaderamente libre. La única cosa que puedo imaginar es estar ante la presencia de Dios y estar allí en un mundo de cuatro dimensiones, en el que puedes ir hacia delante y hacia atrás en el tiempo, todo a una distancia dada. Te haces omnisciente y omnipotente. Ese es el reino de Dios.

Nosotros escuchamos personas paradas en un púlpito, leyendo palabras, diciendo que Dios es omnisciente y omnipotente y todo eso. Y nos sentamos atrás y nos preguntamos ¿cómo puedes llegar a ser así? Pero si has estado en un mundo de cuatro dimensiones, entonces ves cómo puedes llegar a ser así. Yo lo he visto. Mel y los otros lo han visto...

La gente me pregunta si la visión remota me permite ir más allá que creer en Dios. Al contrario, lo que he visto precisamente me ha confirmado la existencia de Dios. Ha confirmado la existencia de todas las cosas que se han diseñado para nosotros, los otros mundos.

Morehouse dijo que la experiencia de la visión remota ha fortalecido su religión, ayudándolo a poner las cosas en un contexto más amplio y claro:

No puedes tener la experiencia del entrenamiento en visión remota sin que tu vida cambie radicalmente, pues te vuelves muy consciente de lo mucho que sabías antes.

Creo que una de las cosas más difíciles de comprender es que nosotros aquí en la Tierra seamos tan insignificantes. Somos sólo una pequeña parte de una dimensión entre incontables mundos. Nuestro Universo está conformado por un sin fin de mundos. La Tierra es como una página de una enorme enciclopedia.

Agregó que los Espías Psíquicos "han aprendido que otras dimensiones se intersectan con la nuestra, por lo que frecuentemente es innecesario 'ir afuera' para experimentar esos mundos".

Desafortunadamente, no todas las experiencias de visión remota son tan edificantes como las que se acaban de describir. En los archivos enigma hay informes cargados de premoniciones. Uno de éstos tuvo que ver con el continuo problema de la capa de ozono.

En marzo de 1992, cinco videntes remotos de PSI TECH fueron comisionados para explorar las ramificaciones del problema del ozono. El contrato provenía del Institute for Human Potencial (Instituto para el Potencial Humano), un grupo de reflexión formado en honor del senador Cliborne Pell, jefe del comité de relaciones exteriores del Senado. El financiamiento del instituto vino principalmente en calidad de becas otorgadas por Laurance Rockefeller. "El panorama es deprimente" afirmaba sucintamente el borrador de una carta con el informe final del proyecto.[10]

El informe contenía estas cavilaciones que invitan a la reflexión:

> El agotamiento/reabastecimiento del ozono atmosférico es percibido como algo conducido por un proceso de flujo y reflujo, un ciclo geofísico. Pero este proceso se ha acelerado a causa de las actividades humanas… Se alcanzará un punto crítico de 2005 a 2015, donde la destrucción se desbocará, en una forma análoga a la metástasis (la transferencia de células malignas de un lugar a otro). Durante este periodo, el problema —y sus posibles consecuencias— ya no se pondrá en duda… El decaimiento del ozono no será necesariamente lento, pero sus efectos serán temporalmente aminorados por actividad volcánica coincidente. Un evento relacionado con esto será la explosión de un volcán "extinto" en la cadena de Norteamérica… La actividad volcánica literal, y figurativamente, eclipsará el problema

del ozono, pero la disminución de la luz solar causará grandes estragos en la producción de cereales en muchos lugares. Los patrones climáticos caóticos en combinación con la disminución de la luz solar harán necesaria la construcción de enormes casas ecológicas controladas ambientalmente, para que la producción de alimentos pueda continuar sin estar sujeta a las vicisitudes del clima/tiempo. Sin darse cuenta, estas estructuras formarán los patrones de las tecnologías que se volverán cada vez más imprescindibles para sostener la vida humana. Empezarán siendo vistas como santuarios, después como hábitats, hasta que la sociedad terminé "emigrando" a su interior… Llegará un momento en que habrá muy poca vida fuera de las estructuras artificiales. La atmósfera en el exterior será casi antiséptica. El cielo es rayado y de muchos tonos azules. Los habitantes (sobrevivientes) que permanecen en la Tierra tienen que conducirse a través del subsuelo al interior de estos domos grandes de clima controlado, que ahora resguardan ciudades de tamaño mediano. No se siente violencia. La energía más creativa está dirigida a cuestiones de supervivencia.[11]

Pero el informe va más allá en el futuro, señalando que el género humano no está condenado. Según el informe, la humanidad se adaptará a las nuevas condiciones y vivirá en ciudades con domo. Aunque nuestros cuerpos se vuelvan menos atractivos para los estándares actuales, serán más durables. Además, los videntes prevén que otra raza no originaria de la Tierra se nos unirá en el futuro. Según el informe:

Alguna vez estuvieron en vías de extinción también y sufrieron en forma similar, pero ahora sirven como "consultores": amigos, hermanos de otro lugar… Eventualmente los habitantes se juntarán para construir grandes generadores que producirán moléculas, no de oxígeno, que elevarán para "sellar" y formar una capa protectora que restaurará artificialmente la atmósfera de la Tierra.[12]

La verdad de estas predicciones desesperantes probablemente no se sabrá por varios años, pero la negatividad de sus visiones del futuro no disuade a los videntes remotos de continuar experimentando con objetivos "enigma".

La búsqueda de más conocimiento condujo a los Espías Psíquicos hasta uno de los grandes misterios de la Tierra. Ellos han visto remotamente al monstruo Loch Ness, los célebres círculos de cosechas, la desaparición de Amelia Earhart, el arca de Noe y la misteriosa explosión de Tunguska en 1909 en Siberia, entre otros casos.

Los Espías Psíquicos han declarado que tienen respuestas donde otros investigadores sólo han ofrecido teorías o planteado preguntas; dijeron que sus visiones remotas traen consigo conocimientos directos. También afirman que ellos esperan saber algo de la larga búsqueda de respuestas en relación a la vida más allá de la Tierra. Ellos basan su esperanza en continuar los estudios sobre las anomalías aeroespaciales.

Los espías psíquicos explicaron que su búsqueda empezó con el comando NORAD (North American Aerospace Defense, Defensa del Espacio Aéreo Norteamericano), que tiene una serie de satélites llamados DSP (Deep Espace Platforms, Plataformas del Espacio Profundo), que están a más de 500 millas en el espacio y monitorean los lanzamientos de misiles en la Tierra. Con su tecnología de radar "sobre el horizonte", estos satélites del espacio profundo pueden captar la señal de cualquier misil que se dispare en el planeta.

Pero los DSP no estaban preparados para naves de alto desempeño que les llegaran por atrás, que vinieran hacia la Tierra desde el espacio profundo. Estos objetos de movimientos rápidos se llegaron a conocer como "caminadores veloces". Morehouse afirma que la NASA dice que son pequeños meteoritos llamados "boloides".

Pero algunos de estos boloides poseían características que sugerían que tenían un origen artificial, así que los Espías Psíquicos tomaron especial interés en estos aparatos de alto vuelo y alto desempeño.

A finales de 1988, Riley recordó que sus superiores les trajeron una fotografía de satélite para que la estudiaran. La fotografía mostraba un simple objeto brillante, pero las sesiones de visión remota indicaron que el objeto tenía en él gente humanoide y que estaban suspendidos sobre una instalación de almacenamiento de armamento nuclear. Su impresión fue que estos visitantes son *bean counting*; es decir, que hacen un inventario del número de cabezas nucleares en el almacén.

No pasó mucho tiempo para que los Espías Psíquicos se dieran cuenta de que estos "caminadores veloces" contenían tecnología que no era ni estadounidense ni soviética. "Encontramos que estaba hecha por humanos, pero por nadie de aquí", sostuvo Morehouse.

Cuando los Espías Psíquicos vieron y rastrearon estos objetos desde su origen, encontraron que venían de lugares bajo la superficie de la Luna y de Marte, y que podían estar descansando en lugares bajo la superficie de la Tierra. Los lugares de estas bases fueron señalados antes por Pat Price en los setenta, y después fueron confirmados por los Espías Psíquicos a finales de los ochenta.

El capitán Frederick "Skip" Atwater, antiguo oficial de operaciones y entrenamiento de la unidad de Espías Psíquicos, se rehusó a hablar en 1994 de la entonces unidad secreta del ejército. Pero en febrero de 1998, después de que el gobierno reconoció la existencia de la unidad, Atwater habló en el séptimo Congreso Anual Internacional de OVNIS en Nevada.

Atwater, quien fue premiado con la medalla al mérito por su trabajo dentro de la unidad de Espías Psíquicos y que se convirtió en director de investigación del Instituto Monroe, asombró a su audiencia al darles a conocer que un estudio de los Espías Psíquicos había confirmado los informes previos sobre cuatro "bases" extraterrestres separadas en la Tierra.

Atwater dijo que los primeros informes de las bases provenían de Price, el policía y psíquico que lo probó en forma muy precisa durante una prueba en SRI. A finales de los setenta, mientras trabajaba en SRI, Price vio las bases y dijo que estaban ubicadas bajo el suelo a lo largo del mundo.

Según Price, la base principal con unidades volantes está ubicada bajo el monte Perdido, en los Pirineos, entre Francia y España; en un lugar de mantenimiento y reparación bajo el monte Inyangani en el país africano de Zimbawe; un centro de estudios del clima y la geología está ubicado bajo el monte Hayes en Alaska; y la cuarta base, ubicada bajo el monte Ziel en Australia, fue descrita por él como un centro de descanso y recreación para personal de otras bases.

Atwater dijo que se convirtió en oficial de entrenamiento de los Espías Psíquicos a mediados de los ochenta y que se le ordenó probar a los videntes remotos entrenados por el gobierno dándoles objetivos desafiantes. Entonces, durante una reunión formal que no era una sesión oficial, en vista de las pruebas Enigma descritas por Morehouse y Riley, Atwater envió a los miembros de la unidad a mirar esas bases descritas por Price.

Para su asombro, esta sesión de visión remota en la que se utilizaron protocolos estrictos, confirmó lo descrito por Price e incluso agregó más detalles sobre las bases y sus operaciones. Pero lo que fue más asombroso para los asistentes al congreso sobre OVNIS fue que la increíble confirmación de bases extraterrestres en la Tierra que hizo un oficial militar de inteligencia condecorado no fuera cubierta ni dada a conocer por ningún medio noticioso.[13]

Los Espías Psíquicos no hablaron con sus propios superiores de las sesiones "enigma" porque "todos hubieran pensado que nos estábamos volviendo locos, nadie de los servicios de inteligencia, particularmente de la DIA, tenía autorización para estudiar esas cosas", dijo Morehouse.

Morehouse explicó que inicialmente los Espías Psíquicos aplicaban la visión remota a casi cualquier cosa que pudiesen ver, un objetivo tras otro, una abducción aquí, un avistamiento allá, o una fotografía de un objeto que se moviera. Agregó que debido a la falta de trabajo sistemático, no eran capaces de formarse una opinión definitiva sobre lo que realmente estaba sucediendo. "En aquel entonces sólo teníamos algunos indicios dentro de la agenda, pero eran opiniones muy personales, basadas en interpretaciones individuales."

Los Espías Psíquicos trabajaron duro para estudiar sistemáticamente estos vehículos visitantes. Los videntes remotos tuvieron que aprender cómo distinguir los objetos hechos por el hombre de las cosas provenientes de la naturaleza. Morehouse dijo que los objetos creados por el hombre casi siempre tienen que ver con la tecnología de combustión y son fácilmente diferenciables para los videntes. Se examinaron más de cerca otros tipos de vehículos volantes que ellos empezaron a clasificar como de naturaleza extraterrestre.

Morehouse agregó que los Espías Psíquicos no habían sido capaces de estudiar detenidamente todos los vehículos con los que se habían encontrado en sus viajes psíquicos porque eran demasiados. Describió la visión remota como un trabajo muy difícil. "Observas una cosa a la vez. No te interesas en los alrededores. Como los pilotos de los bombarderos, el vidente está pensando intensamente en el objetivo."

En la medida en que los Espías Psíquicos trabajaban en los archivos enigma, su fascinación por estos temas aumentó, y empezaron a diferenciar los distintos seres con los que se encontraban. Admitieron haber cometido errores en sus interpretaciones de datos y dijeron que la materia completa de estos vehículos y sus ocupantes es mucho más compleja y sutil de lo que pensaron al principio. Esto se debe en apariencia a lo relacionado con el contacto entre especies no sólo de otros mundos sino de otras dimensiones.

Todos los Espías Psíquicos parecen tener la idea de que las culturas extraterrestres y las otras dimensiones son un hecho. Riley lo describe de esta manera:

Creo que cuando tratas con esto por tanto tiempo, dejas de pensar en que es algo maravilloso. Es parte de la totalidad del cosmos. Ellos siempre han estado aquí y estarán después de que nos hayamos ido.

Al sólo mirar ciertas cosas, encontramos que los OVNIS eran reales, vehículos reales y abducciones reales. Pero era algo tan esotérico que no lo entendíamos. Empecé a ver cuán complejo era el panorama sin haber hecho ningún intento de comprender sus intenciones.

Todo esto se incorporó a mi visión del universo. Soy bastante duro de convencer, no tomo por cierta cualquier cosa que alguien haya dicho. Ahora que tuve mis propias experiencias ya nada que haya afuera me sorprende.

Lo que la mayoría de la gente tomaría por extraordinario, nosotros sólo lo damos por hecho. Sabemos que está dentro de cada uno percibir esto. Ahora, si alguien no elige hacerlo, entonces es su problema.

La primera experiencia de bi-ubicación o perfecta integración a un lugar, de Lyn Buchanan fue fuera de este mundo. Fue también una sorpresa total. Él recuerda:

Fui al edificio de operaciones un día a trabajar en una sesión de práctica… Ese oficial de entrenamiento sería el monitor… así que supe previamente que el objetivo tal vez sería extraterrestre.

El monitor dijo: "Creo que he cubierto el lugar donde los extraterrestres guardan a miles de sus jóvenes en hibernación. Ellos están esperando que venga el día en que los despierten y puedan empezar a asumir el cargo. Te daré las coordenadas y me describirás qué encuentras. Ya he trabajado en esto, y encontré todo, sólo hay que confirmar la precisión del trabajo. Creo que te emocionarás con lo que encuentres."

Había una insuperable cantidad de contaminación. Debí haberme salido de la habitación en ese momento. No conozco a ningún vidente remoto ni a nadie que pueda emprender fácilmente una sesión en esas circunstancias. Pero era una sesión de práctica y tenía que trabajar en mi escritorio y no quería; así que decidí tomar una hora de descanso, darle a él lo que quería y regresar al trabajo.

Durante la primera parte de la sesión estuve jugando con las "percepciones", no era realmente una sesión de trabajo. Estaba dándole a él lo que quería escuchar, y observando sus reacciones. En esos momentos durante la sesión, cuando decía algo que no confirmaba lo que el monitor había percibido que era el objetivo, me corregía y me decía lo que debería haber dicho realmente…

Muy pronto toda la farsa me pareció aburrida, y quería terminar. Su emoción llegó a un punto que pensé que había creado un monstruo. Finalmente tuve la idea de ir intencionalmente al "blanco". Hay un momento en la sesión de VRC en que las impresiones se agotan aparentemente sin ninguna razón y no puede hacer nada. Es raro, pero quizá como estuve fingiendo, funcionó. Vi hacia arriba y dije: "¡Oh!, ¡oh! Me puse en blanco."

"No hay problema", dijo el monitor, su entusiasmo no declinó. "Estás bajo el suelo en la cámara de la colmena y necesito que te muevas cien pies más arriba y que me empieces a describir lo que encuentres allí."

Suspiré y me limité a cumplir la orden pensando: "¿Esto no terminará nunca?" Él dijo algo más que no alcancé a escuchar, y cuando levanté la mirada, ya no lo pude ver más. Vi un corredor muy oscuro y frío que se estrechaba conforme avanzaba, había una corriente luminosa en el extremo final.

No me di cuenta, pero mi desesperación por huir de la dolorosa sesión de farsa me había llevado a escaparme mentalmente al lugar geográfico al que me habían mandado. Estaba espontáneamente "bi-ubicado" en las coordenadas reales que me habían dado, sólo por huir de la miseria de lo que había sucedido. Para crédito del monitor, nada de la contaminación masiva que me había dado incluía el nombre del lugar real… No tenía idea de dónde estaba.

Camine hacia adelante a lo largo del corredor. Siempre trabajo en calcetines en las sesiones; pude sentir en el lugar montones de arena que cubrían el suelo bajo mis pies. En el otro extremo del corredor, salí a una estructura extremadamente pequeña en forma de porche de cerca de cien pies, en el lado en forma de pendiente del edificio. Desde allí había una vista que se alargaba hacia el horizonte. El lado inclinado del edificio estaba a mi izquierda y directamente detrás de mí. Me volteé poco y lo miré. La pendiente estaba al revés cómo si ascendiera. Miré hacia arriba y vi que el lado inclinado del edificio se elevaba muchos pies hasta alcanzar un punto por encima del lugar donde yo estaba.

Me volteé hacia atrás para observar lo que me precedía. Había algo erróneo en eso. El sol había salido y los cielos carecían de nubes. Pero el cielo se veía extraño. Estaba demasiado oscuro para ser de día y el sol estaba mucho más intenso de lo normal. El piso parecía rocoso y áspero, sin vegetación en él. Había allí otras cosas que se veían como posibles ruinas de otros edificios, pero estaban lejos y era difícil distinguirlas. Se veían tan gastadas y viejas como el edificio donde estaba. De pronto, el darme cuenta repentinamente de que había estado en otro lugar además de la habitación para la visión remota, me sacudió. ¿Cómo había llegado allí? ¿Qué sucedió? Tan pronto me di cuenta, me encontré a mí mismo en un lado de la mesa ante mi monitor de nuevo. El sólo darme cuenta de que había estado inmerso completamente en una realidad virtual, la había destruido.

El monitor me preguntó que dónde había estado y le respondí: "¡Eso es lo que me gustaría saber!

"Marte", me contestó con una sonrisa. "Allí están."

"¿Quiénes están ahí?", pregunté.

"¡Los extraterrestres que hibernan!"

Entonces recordé lo que había hecho: abandonar la habitación en primer lugar. "Oh, sí", mentí. "Creo que estaban allí."

Pero nadie debe malentender esto, normalmente disfruto objetivos de trabajo como los OVNIS, los eventos prehistóricos, las superficies de otros planetas y otras cosas así de esotéricas. Incluso mantengo una buena cantidad de fe en los resultados que obtengo, simplemente porque tengo un récord de rastreo en mi base de datos, que me hace dependiente del índice de éxito de mi trabajo. Sin embargo, en esa sesión, en la que me levanté antes del momento de la bi-ubicación, estaba simplemente diciéndole al monitor lo que quería escuchar. Se volvió aburrida y dolorosa. No fue un lugar excelente de contacto el que llevó a la integración perfecta al sitio, fue la necesidad de escapar.

Para ser totalmente honesto, tuve serias dudas sobre toda la sesión, y realmente me convencí de que me había dormido durante ella y de que había soñado todo. Fue dos años después, que estando en el Instituto de Investigación de Stanford, California, vi una pintura en la pared de "la cara de Marte", que no había visto nunca. En la medida en que la miraba más de cerca, encontré lo que había visto como una pirámide a lo lejos de uno de los lados. Pensé en regresar al incidente del perfecto sitio de integración, para recordar los lugares de los edificios que había visto a la distancia, sus formas y tamaños. Estudiando la fotografía cada vez más de cerca, vi que las coordenadas que me habían dado correspondían a este lugar en Marte. Pese a que mis percepciones tenían las características correctas en los lugares correctos, no puedo decir si hay o no realmente extra-terrestres hibernando allí. Sin embargo, inmediatamente antes de que recibiera la orden de trasladarme, ya estaba bi-ubicado en un lugar que percibí más como una forma de vida extrate-rreste que como un largo gusano segmentado. En la hiberna-ción estaban muy activos y a la vez no, en lo absoluto. Sólo vi hacia arriba y me di cuenta de que había un camino fuera de la habitación en la que estaba cuando recibí la orden de "tras-ládate cien pies y describe". "Qué tanto de esa parte de la bi-ubicación fue preciso", ya no me lo pregunto.

No hubo resultados, y probablemente no los habrá en toda mi vida, pero incluso no quiero preguntarme sobre la precisión de esas percepciones. Todavía imagino que la mayor parte de esta experiencia se debía a la contaminación que había recibi-do de mi monitor. Pero lo que vi, y el resultado que obtuve, fue suficiente para convencerme de que una vez en mi vida expe-rimenté lo que es estar sobre la superficie de otro planeta. Una vez, más tarde, cuando vi en la televisión las fotografías que enviaban del (*Viking*) Mars Lander, mi primera reacción fue "estar ahí, hacer eso". Es muy triste que el ejército no nos pague el viaje de estas sesiones.

Por asombroso e increíble que pueda parecer a la mayoría, ahora hay resultados de al menos algunos de los casos Enigma de los Espías Psíquicos que corroboran fuertemente lo que dijeron.

Este caso está relacionado con el *Mars Observer* —una aven-tura conjunta de las agencias del espacio de Rusia, Estados Uni-dos y Europa— que desapareció el 20 de agosto de 1993, cuando estaba ya casi a punto de entrar en la órbita de Marte. Científicos y legos de todas las agencias tenían muchas esperanzas de que el *Mars Observer* transmitiera fotos a la Tierra, que pudieran resolver algunos de los misterios –como el relieve que parece un rostro humano: "la cara en Marte" y las tres pirámides simétricas vistas en las fotografías de la NASA.

El *Mars Observer*, de 5 672 libras, pasó once meses viajando hacia nuestro planeta vecino y se planeaba que entrara en la órbita de Marte el 24 de agosto. El satélite de 980 millones de dólares iba a empezar una misión de dos a seis años describiendo el planeta con gran detalle. Iba a ser la vanguardia de varias misiones espaciales de Estados Unidos, Rusia y Japón.

Pero el contacto se rompió y no se ha oído nada de la nave desde entonces.

Los funcionarios de la NASA teorizaron al principio que no había funcionado el mecanismo de encendido del reloj, haciendo que la computadora a bordo fuera incapaz de procesar los comandos emitidos desde el Jet Propulsión Lab. Pero en la medida en que los días pasaron y la comunicación con la nave nunca se reanudaba, las esperanzas de saber con precisión qué había pasado fueron declinando. Pero los Espías Psíquicos lo sabían. A menos de una semana de que la prueba de Marte se había perdido, los Espías Psíquicos informaron que el destino del *Mars Observer* fue idéntico al del *Phobos II* soviético.

En marzo de 1989 la nave soviética no tripulada *Phobos II* se perdió también cuando estaba a punto de entrar en la órbita de Marte. La comunicación se perdió cuando el *Phobos II* pasó cerca de Phobos, el satélite de Marte que tiene el mismo nombre. Los soviéticos dispuestos a comunicarse sugirieron que la nave había tenido un prolongado descontrol debido a un comando erróneo emitido desde la Tierra.

La cuestión se mantuvo en suspenso hasta que a mediados de 1991 los funcionarios del programa espacial de Rusia les encargaron a los Espías Psíquicos estudiar la causa de la desaparición del *Phobos II*.

Se les pidió a seis videntes remotos que vieran lo que sucedió realmente cerca de Marte en marzo de 1989. Su informe final se tituló "Penetración Enigma: imagen de la anomalía de la nave soviética *Phobos II*", fue publicado el 29 de septiembre de 1991.

El informe afirmaba que:

Un poco antes de que entrara en la órbita de Marte, la nave espacial *Phobos II* parecía haber entrado en un 'ADIZ' (Air Defense Interrogation Zone, Zona de Interrogatorio de Defensa) una zona electrónica que protege las fronteras nacionales de desencadenantes de acciones conjuntas como respuesta a su presencia. Un objeto en forma de disco [objeto 1] se elevó desde la superficie del planeta para encontrar la prueba y examinarla rápido y concienzudamente; después regresó a la superficie de Marte. Otro objeto, el 2, ya en el espacio, fue también atraído. El objeto 2 se trasladó muy cerca y actuó de manera muy similar a un IFF (Interrogation, Friend or Foe, aircraft transponder, Interrogatorio, Amigo o Enemigo, señal de radar de la nave) lanzando un poderoso, directo y amplio rayo de partículas penetrantes en el interior de la nave. Muy poco después el objeto 2 se fue. La energía dirigida no fue reflejada ni absorbida por la cubierta de la nave. Sin embargo, el rayo inflingió graves daños a los componentes de la nave espacial, alterando o reacomodando su estructura material a nivel molecular, a tal grado que los circuitos se paralizan, y hace así que muchos de los sistemas sean incapaces de funcionar.

Phobos intentó reprogramarse a sí mismo pero se iba paralizando aún más en el proceso, creando cortocircuitos y cerrando los controles del sistema. Las emisiones continuas de comandos desde la Tierra causaban caos, exacerbaban la ya desesperada situación. Entonces *Phobos* cambió radicalmente

su curso, después de lo cual, un evento completamente azaroso, un pequeño meteorito, le administró el golpe de gracia,
ocasionándole un daño catastrófico. En ningún momento los
videntes detectaron intenciones hostiles en conexión con las
reacciones de los objetos 1 y 2. Además, no obstante el daño no
intencional, *Phobos II* un objeto "extraño", parecía merecerlo
tan sólo por ser un objeto de interés para la inspección superficial. Hay ciertas percepciones en relación con los objetos 1 y 2
que impiden etiquetarlos como "vehículo escolta" o "boya de
navegación" respectivamente.

Una idea paralela está conectada con otros objetos que
los videntes detectaron también en la superficie marciana durante su proyecto. Éstos tienen la forma de un edificio alto en
forma de pirámide, y sirven como "reflector angular" o como
"radar de transmisión diferida", una ayuda pasiva para la navegación.

Están en un lugar alrededor del cual la mayoría de la actividad parece concentrarse. En la vecindad de esta señal, bajo
la superficie marciana, algo existe —algo vivo— que es periódi-
camente visitado por "otros" en operaciones de "sostenimiento".
Las percepciones fuertemente conectadas con la vida que resi-
de allí, incluyen: vejez, abandono y desesperación combinados
con ideas asociadas a una tremenda tragedia, una pena y una
enfermedad.[14]

Una vez más los Espías Psíquicos habían producido un informe
que se leía como una historia de ciencia ficción. De nuevo aparece la pregunta: ¿hay algo que pruebe la validez de lo que los
videntes ven? Ingo Swann, el padre de la visión remota, pide cautela al afirmar:

En el caso de la cosa extraterrestre, puede que nunca haya resultados.

El público se emociona mucho… "¡Oh, videntes remotos muy entrenados van a tratar de ver a los extraterrestres!" ¡Creo que hay mucho interés sensacionalista en eso! Pero hay un límite. El límite dice "resultado" y sin él (todo) puede ser una pérdida de tiempo.[15]

La cautela de Swann está bien fundamentada, pero en este caso sí hubo resultados —unos asombrosos— de los mismos soviéticos. El primero vino de Alexander Dunayev, jefe de la organización espacial responsable del proyecto *Phobos II*. Dunayev anunció que en la investigación de la pérdida de la nave se fotografió la imagen de un pequeño objeto de forma rara entre ella y Marte. Eso sugería que el objeto podrían haber sido "escombros en la órbita de (la luna) Phobos" o incluso partes de una nave espacial desecha. Su tono era muy seguro.[16]

Llegaron noticias más emocionantes y detalladas en diciembre de 1991, cuando los cosmonautas soviéticos visitaron los Estados Unidos. La coronela y cosmonauta entrenada de la fuerza aérea soviética, Marina Popovich, presentó ante los reporteros en San Francisco una de las últimas fotos recibidas del *Phobos II*. Ella dijo que el cosmonauta Alexei Leonov, un oficial del programa espacial, le dio la foto; confirmó que el objeto podía ser muy bien una nave extraterrestre.

La foto mostraba la silueta de un objeto de forma extraña aproximándose a la nave. Popovich dijo que la foto fue tomada el 25 de marzo de 1989, en el espacio profundo cerca de la luna marciana Phobos, poco antes del contacto con la nave que se había perdido. La forma y el tamaño del objeto se ajusta a los dibujos de objetos extraterrestres que hicieron los videntes remotos.

"Las razones de su desaparición son desconocidas" comentó Popovich. "La foto es sólo información para pensar… información para todo tipo de decisiones."[17]

Aunque se adelantaron varias teorías sobre el objeto —algunos pensaron que podía ser un pequeño satélite marciano aún no descubierto o un simple producto del mal funcionamiento de la cámara—, el profesor emérito James Harder de la Universidad de California, en Berkeley, y antiguo director de investigación de Aerial Phenomena Research Organization (Oranización para la Investigación de Fenómenos Aéreos), afirmó: "Nadie puede responder con precisión qué es."

Los Espías Psíquicos vieron la foto como confirmación —resultado— de lo que ellos habían informado meses antes. Y si su relato sobre la pérdida de *Phobos II* es correcto, entonces hay que poner una seria atención en su afirmación de que el *Mars Observer* tuvo el mismo destino. "Parece que lo que está allá arriba no quiere que lo conozcamos."

Un micrometeorito como el que le propinó el golpe de gracia al *Phobos II*, fue descrito por dos videntes remotos distintos. Esto quizá no fue ningún accidente. Los Espías Psíquicos dijeron que parece que toda la tecnología que se pone en el espacio es analizada en detalle. Si ésta revelara actividades marcianas sería retirada. Ellos hicieron notar la similitud de destinos del *Phobos II*, del *Mars Observer* y del cohete *Titan 4*, que estalló llevando consigo un satélite espía súper secreto en agosto de 1994.

El mismo mes, perdimos nuestro satélite climatológico más nuevo. El satélite climatológico, NOAA-13, se perdió poco después de su lanzamiento, el 9 de agosto de 1993, según Prensa Asociada. Este satélite que orbitaría los polos, y que estaba diseñado para ver toda la Tierra a lo largo de un día, había funcionado con gran éxito hasta que el contacto con él se perdió de repente, dijeron los funcionarios de la National Oceanic and Atmospheric Administration (Administración Nacional de los Océanos y la Atmósfera).[19]

Después, el 5 de octubre de 1993, un nuevo satélite, el *Landsat 6* se perdió después de haber sido liberado por un cohete

Titan 2, a 180 millas naúticas de la Tierra. Nadie sabe qué le pasó. Un artículo en *Science News* dijo que la pérdida del *Landsat 6* obligaría a las compañías privadas y a las agencias gubernamentales a recurrir al *Landsat 5* para obtener imágenes de la Tierra, y que este satélite lanzado en 1984, había perdido parte de su capacidad para transmitir datos.

Un cohete, *Titan 4*, que llevaba carga militar supersecreta, explotó momentos antes del despegue el 2 de agosto de 1993. Según *Space News*, se pensó que la causa de la explosión había estado ligada a un segmento sólido del motor que estaba reparando quien lo manufacturó. Una causa menos mundana se señalaba en el artículo:

> Pero dando un extraño rodeo [el coronel de la fuerza aérea y administrador del programa *Titan 4*] Frank Stirling dijo que le habían comentado que el video del lanzamiento de la fuerza aérea mostraba un objeto no identificado golpeando al parecer a *Titán* a una altitud de cerca de 110 000 pies, muy poco antes de que el cohete explotara. Stirling no es miembro del equipo de investigación de la fuerza aérea, y no ha visto el video oficial de la fuerza aérea del lanzamiento. Su oficina, sin embargo, es la que conduce su propia investigación.[20]

Los videntes remotos creen que todas esas misteriosas pérdidas en el espacio pueden ser atribuidas a la misma causa: pequeños objetos con facetas que los videntes remotos han visto saliendo de la atmósfera de la Tierra y golpeando naves espaciales hechas por el hombre. En diciembre de 1993, cuatro meses después del desastre del *Titan 4*, Byers tuvo una visión mental del evento. Recordó:

> Terminé de identificar qué destruyó el misil. Era algo así como un pequeño proyectil del tamaño de un puño. Era brillante y

golpeó el misil. No era definitivamente un objeto natural. Golpeaba y estallaba además como una granada. Tuve la impresión singular de que no había sido hecho en la Tierra y que estaba dirigido al *Titan 4*, con el propósito destruirlo. Cualquiera que haya hecho esa cosa sabía lo que estaba haciendo. En otras palabras, cumplió el trabajo para el que había sido planeado.

Los videntes vieron que algo iluminaba al *Titan 4* y que uno de esos pequeños dispositivos detectaba esa iluminación. Entonces se desplazó de la órbita descendiendo, acelerando y golpeó al *Titan 4*. No había ningún indicio de sistema de propulsión. Byers dijo que parece como si este planeta estuviera mantenido en cuarentena. Los Espías Psíquicos produjeron relatos aún más extraños de sus incursiones en otros misterios de la Tierra.

En varias sesiones que su objetivo fue el famoso monstruo Loch Ness se tuvieron indicios físicos de la bestia: una estela en el agua, un movimiento de un cuerpo gigante bajo el agua. Sus dibujos incluso lo asemejaban a un plesiosaurio prehistórico, cuya descripción coincide frecuentemente con Nessie. Pero cuando los videntes trataban de descubrir de dónde venía el animal o adónde regresaba, todo se terminaba. Parecía que la criatura aparecía y desaparecía.

Tomando en cuenta los informes de fantasmas humanos que datan de toda la historia del hombre, los Espías Psíquicos consideraron seriamente la posibilidad de que el monstruo Loch Ness fuera nada más un dinosaurio fantasma.

Otra extraña sesión trató de la misteriosa explosión en Siberia, el 30 de junio de 1908. En esa fecha algo atravesó los cielos de Rusia y explotó antes de llegar al piso justo al este del río de Estonia, Tunguska, creando ondas de choque, una tormenta de fuego y lluvia negra. El objeto, descrito por varios testigos como un cilindro, parece haber sufrido un ligero cambio de curso antes de explotar. El estallido en el aire fue registrado por monitores de sismos tan lejanos, como los de Washington D. C., y terminó con un bosque de abetos, pero falló en producir cualquier cráter.

Las teorías de la causa de la explosión van desde la caída de un meteoro o cometa hasta un pequeño hoyo negro móvil o incluso una nave espacial tripulada por extraterrestres. Ninguna de estas teorías ha sido aceptada unánimemente por la comunidad científica.

Según los Espías Psíquicos, la explosión de Tunguska fue causada por algo fabricado por no humanos, cuyos atributos son ser máquina y ser sensorial. Estaba bajo el control de seres humanoides distantes.

En este escenario esta máquina autoconsciente penetró accidentalmente la atmósfera de la Tierra y se puso desesperada en la medida en que se acercaba al suelo. Mientras tanto, quienes la controlaban intentaron fervorosamente corregir el problema hasta que en el último momento tuvieron éxito. La nave- criatura fue retirada en toda su dimensión, pero su partida repentina provocó un estallido de energía comparable a una explosión nuclear.

Pese a lo inverosímil que pueda parecer la historia, eso es lo que explica el cambio de curso en el último momento y por qué no se encontró radiación apreciable en el sitio de Tunguska.

En la medida en que el hombre vaya comprendiendo la continua expansión del Universo, llegará un conocimiento más amplio al público en el futuro próximo. Los recientes conocimientos científicos han ampliado la conciencia del público y parecen apoyar algunas de las afirmaciones de los Espías Psíquicos.

Cuando los Espías Psíquicos regresaban de sus viajes mentales y describían múltiples dimensiones, planetas distantes, estrellas y viajes a través del tiempo, incluso sus jefes eran tan escépticos ante sus afirmaciones que se rehusaban a circular esa información entre sus altas autoridades.

Pero en una serie de libros recientes han encontrado evidencias de un "quark cima", que físicos serios consideran un elemento clave en nuestra visión actual del universo. Según algunos científicos, "es un universo donde el espacio existe en diez dimensiones, donde uno puede viajar a través del tiempo hacia el pasado; donde surgen hoyos en la fábrica del espacio que sirven como atajos a otras partes del universo, y donde el universo visible puede ser sólo una miriada de miniuniversos que coexisten como muchas burbujas de sopa en una espuma cósmica".[21]

Las afirmaciones de los Espías Psíquicos y el conocimiento científico parecen converger. Por ahora, aunque todo lo que tenemos son los elementos psíquicos proporcionados por los videntes remotos, las visiones son aceptadas por unos y rechazadas por otros, y vistas por la mayoría con una mezcla de escepticismo y profundo interés.

Los videntes remotos mismos no están preocupados por el hecho de que sus experiencias sean creíbles o no. "Nosotros tenemos conocimiento directo", dijo Morehouse. "Y el conocimiento directo no implica creencias. Está ahí. Es real. Lo hemos visto." Depende entonces de nosotros, que carecemos de este conocimiento directo cuánta credibilidad queramos darle a los videntes remotos.

Pero incluso los escépticos más ardientes deben considerar seriamente las afirmaciones de los Espías Psíquicos, especialmente porque ven a la luz de un riguroso conocimiento científico en el que participan los resultados ahora disponibles que apoyan parte de la información obtenida mediante visión remota.

Si incluso una pequeña porción de lo que afirman los Espías Psíquicos es verdadera —y el predominio de las evidencias sugiere que lo es—, entonces el género humano está ante un nuevo mundo en el siglo XXI.

La nueva frontera será la mente humana, con la que podemos explorar los límites del espacio, la historia de los tiempos remotos, incluso otras dimensiones a través de la visión remota. La visión remota puede finalmente proporcionar al curioso "conocimiento directo" sobre la inmortalidad de su alma, sobre la "verdad" de los eventos históricos, y una visión del universo en toda su majestuosidad y diversidad. Puede ser indudablemente una experiencia humillante para el ego de los humanos, pero la verdad siempre es más fuerte en el camino, que cualquier mito o ilusión.

Algo más importante; si la visión remota es aceptada y practicada por un número significativo de personas, puede probar ser verdaderamente liberadora del espíritu humano. Después de todo, ¿quién necesitaría líderes que fallan y figuras de autoridad que contengan el contexto de nuestra realidad, si todos pudiéramos obtener "conocimiento directo" a través de visión remota personal?

Los Espías Psíquicos quizá fundaron las técnicas que podrían impulsar a la especie humana hacia un futuro de conciencia, conocimiento y esperanza enaltecidos.

Sería realmente irónico que los militares de los Estados Unidos probaran tener la fuerza innovadora que introduzca al público temeroso y excitado en una expansión de la mente y en un esperanzador siglo XXI.

Las nuevas "supercarreteras" de la información pueden estar en nuestras mentes, pero si la visión remota se vuelve algo ampliamente utilizado o es reemplazada por otras habilidades mentales —o incluso si continúa dependiendo de la electrónica más que de nuestros sentidos—, una cosa parece cierta: nuestras vidas ya nunca serán lo mismo.

Para el año 2007, el fenómeno de la visión remota sólo era conocido por un pequeño número de estadounidenses, que se habían tomado el trabajo de ver materiales que no circulan para las grandes masas de clase media controladas por las corporaciones.

Pero las técnicas y el potencial de la VR no se quedaron con los Espías Psíquicos. Muchos de los videntes remotos, militares entrenados, han regresado a la vida civil a enseñar VR. Algunos continuaron hablando de sus experiencias en la visión remota militar, mientras otros siguieron adelante con otros propósitos.

Uno de los primeros Espías Psíquicos que se retiraron del ejército y empezaron a hablar de la visión remota fue Joseph W. McMoneagle. Desde que dejó el ejército, McMoneagle ha escrito numerosos libros, entre ellos: *Mind Trek: Exploring Consciusness, Time, and Space Throug Remote Viewing*; *The Ultimate Time Machine*; *Remote Viewing Secrets* y *The Stargate Chronicles*; *Memoirs of a Psychic Spy*.

Mel Riley se retiró del ejército pero nunca perdió su interés en la visión remota o en los nativos americanos. "Mi época con la unidad fue una gran experiencia", dijo. "Pero nadie nos tomó en serio. Éramos huérfanos."

Riley dijo que continúa con la visión remota. "La uso en la vida de todos los días. Expande tu conciencia." También dijo que algunas veces participa en estudios de vr para la Physics Intuition Aplications Corp. (Aplicaciones de las Intuiciones Psíquicas) (pia), una organización de videntes remotos que incluye talleres del antiguo espía psíquico Skip Water y del pionero de la vr Russell Targ.

Debido a su trabajo con los nativos americanos en 2007, Riley fue adoptado como miembro de la tribu ho-chunk, conocida anteriormente como los winnebagos. Él baila en los *powwows* tribales y utiliza la visión remota para tener acceso a la historia de los indios norteamericanos. Nombrado vice-comandante de la organización de los veteranos mohegan, Riley fue honrado con ser el portador del bastón del águila, una vara adornada con plumas de águila, que es la bandera de la primera nación. "Una cosa nada despreciable para un chico blanco", mantuvo Riley.

Ed Dames dejó el ejército con el rango de mayor y continuó su trabajo de visión remota a través de su compañía. Dane Scotts, que hacía trabajo de medios para la empresa, se convirtió en presidente de la compañía. Más tarde, ese mismo año, Scotts y Dourif se casaron. psi tech continuó anunciándose como los "fundadores de la industria de la visión remota". Dames quien se describe modestamente a sí mismo como "uno de los oficiales militares más distinguidos en la historia reciente de Estados Unidos",[1] a mediados de 2000, ofrecía al público un juego basado en visión remota titulado: "Mind Dazzle" (Deslumbramiento de la mente). Continuó promoviendo la vr y ofrecía un curso completo de vr en disco compacto: *Learn Remote Viewing* (*Aprenda visión remota*), por 299.95 dólares, además de talleres de entrenamiento.

Paul Smith, quien recibió su entrenamiento en vr de Ingo Swann, se retiró del ejército y en 1997 se volvió fundador y presidente de Remote Viewing Instruction Services Inc. (Servicios de Instrucción de Visión Remota) (rvis). Smith se unió con otros para formar la Asociación Internacional de Visión Remota. En 2007 trabajaba como presidente de esta asociación.

Otro espía psíquico entrenado por Swann fue Hill Ray, quien se unió a RVIS Inc., después de enseñar visión remota en Europa por varios años.

A Gabriella Pettingale, una miembro de Espías Psíquicos de 1987 a 1991, le encantaba hacer demostraciones con videntes remotos para los miembros del Congreso. Mientras era directora de operaciones de RVIS Inc., murió trágicamente en un accidente de automóvil.

La compañía de Smith enseña visión remota por coordenadas y visión remota extendida(VRE). Este último es un término acuñado por Frederick "Skip" Atwater cuando servía de oficial de entrenamiento para los Espías Psíquicos. El nombre viene del hecho de que una sesión de VRE siempre toma más tiempo que las de visión remota por coordenadas.

En 2007, Ingo Swann todavía estaba viviendo en Nueva York, pero pensando en mudarse. Su confortable casa de ladrillos en el Bowery todavía está llena de sus trabajos artísticos y de humo de cigarro.

El trabajo de Hal Puthoff en visión remota lo condujo a la física gravitacional y en los primeros años del siglo XXI ha sido director del Institute of Advanced Studies (Instituto de Estudios Avanzados), en Austin Texas. Está entre quienes encabezan las lista de la energía Punto Cero. Ha publicado numerosos artículos científicos como "Engineering the Zero Point Field and Polarizable Vaccum for Interstellar Flight" (La estructura del campo punto cero y el vacío polarizable en un vuelo interestelar) y "Searching for the Universal Matrix in Metaphysics" (En busca de la matriz universal en Metafísica). Dale Graff, un antiguo comandante de la unidad de los espías psíquicos, se retiró del ejército y se convirtió en conferencista y en anfitrión de un *talk show*. Entrenado como físico, en 2007 estableció Psi Internacional Alert, Inc. (Alerta Psíquica Internacional), que desempeña una actividad psíquica diseñada para evitar eventos negativos en el futuro.

Durante los años de entrenamiento en VR, Morehouse fue animado por muchos militares, retirados y no, para apelar por su dada de alta del ejército. En marzo de 2006 apeló ante la Army Discharge Review Board (Junta de Revisiones de Altas del Ejército) en Washington D. C. Los cinco coroneles que constituyen la Junta consideraron que la dada de alta de Morehouse en 1995, fue justa, pues hacia un trabajo en el que representaba a la nación.

Morehouse citó a su abogado, Gary Myers, que le dijo a la junta "que los cargos aludidos en los documentos originales eran una vergüenza para la profesión legal militar. Que de hecho eran vergonzosos para cualquier profesión legal" y que "muchos carecían de base, de cualquier fundamento y que no estaban apoyados en ninguna evidencia creíble".

Después de revisar la evidencia, la junta acordó y recomendó unánimemente al Secretario de la Armada que la dada de alta de Morehouse fuera considerada "una cuestión de honor". Esto se hizo, y Morehouse presenció "una total reivindicación de un récord injusto que había permanecido cerca de once años".

Morehouse emprendió la enseñanza de los valores espirituales en reuniones de visión remota por todo el mundo. A finales de 2005, Morehouse había entrenado a más de 23 000 personas en VRC y VRE. En 2007 Morehouse era director de entrenamiento y educación para una firma especializada en asesoría médica para el personal militar, desplegada en varios países.

Lyn Buchanan también continuó enseñando visión remota a través de su empresa: Problems, Solutions, Innovations (Problemas, Soluciones, Innovaciones) cuya central está en Alamogordo, Nuevo México.

Buchanan está también desilusionado de lo que ve en las "peleas" entre los actuales practicantes de la visión remota. "La mayor parte de la comunidad de VR está tratando de que sus métodos sean mejores que los de cualquier otro, y pelean por el próximo estudiante que pague. En este aspecto muy pocas cosas han cambiado desde los primeros días en que se convirtió en algo publico."

Buchanan dice que él y otros, como Courtney Brown del Instituto Farsight, ofrecen varios servicios de base de datos de visión remota por computadora. "Además, otros instructores no permiten a sus estudiantes saber de los servicios gratuitos, ni ellos mismos los utilizan. Así es el estado actual de la comunidad", señaló.

Un sistema de aprendices, en el que un mentor profesional guía a un nuevo alumno, podría ser una manera de educar a una nueva generación de videntes remotos, dijo Buchanan.

Buchanan y su empresa ya han proporcionado servicios de visón remota a una diversidad de clientes, entre ellos arqueólogos, hombres de negocios, ejecutivos corporativos, agencias de policía y de investigación, y el gobierno. Un interesante ejemplo de este trabajo fue una solicitud que le hizo a Buchanan una compañía que exploraba la Luna. Querían saber la manera más efectiva y menos costosa de construir una base en la Luna. Buchanan dijo:

Encontramos que había un cráter que podía hacer de paredes. Si entonces desplegabas un plástico que lo cubriera, tenías un área contenida. Sólo tenías que llenarla de aire con 16 psi de aire —la cantidad de aire que tiene la atmósfera de la Tierra al nivel del mar—, y cualquier revestimiento de plástico aguantará eso. Si un meteorito la golpea, no la romperá, sólo le hará un hoyo. Se va arriba y se cubre el hoyo con cinta de ductos, y tienes un ambiente seguro de nuevo. Así que todo lo que se necesita para erigir una base en la Luna es un gran rollo de plástico y un montón de cinta de ducto. Los clientes quedaron extasiados con eso, y es más que probable que las primeras bases en la Luna que veas consistirán solamente en eso.

Buchanan y otros antiguos Espías Psíquicos desean todos que la visión remota pueda ganar respetabilidad y estatus profesional. El hecho de que todos los Espías Psíquicos del ejército han continuado trabajando en la visión remota de una manera u otra, atestigua la legitimidad e importancia del fenómeno.

John Kovacs, de 43 años de edad, representa a una nueva generación de videntes remotos, la mayoría entrenados por los antiguos Espías Psíquicos. Aquí está su historia en sus propias palabras:

En 1998 mientras me detuve a tomar agua en un largo paseo en bicicleta, sucedió que atrapé un programa llamado *The Real X Files* (*Los expedientes secretos x reales*) en la TV. No sabía en ese momento que ese programa me lanzaría al mundo de la visión remota controlada.

Quedé fascinado cuando en el programa revelaron que el gobierno de EUA había gastado millones de dólares entrenando oficiales de inteligencia en el arte del espionaje psíquico. ¿Me habían mentido durante toda mi vida? Después de todo me contaron una y otra vez que lo psíquico no funcionaba muy bien; que no había tal cosa. Y ahora, había un documental diciéndome lo opuesto.

La siguiente mañana fui derecho a la librería de mi localidad y encontré… *Mind Trek*, de Joe McMoneagle. Leí rápidamente el libro y me pregunté si McMoneagle, que había servido al gobierno de EUA por más de 20 años, también me mentía. Empecé a pensar que no. Y entonces empecé a preguntar si podía ser entrenado en visión remota.

Supe que McMoneagle vivía y trabajaba muy cerca del Instituto Monroe (ubicado en Faber, Virgina)… Nuestra reunión duró cerca de 45 minutos con Joe hablando casi todo el tiempo. Me advirtió que hubo videntes remotos que necesitaron consulta psicológica después de pasar por el entrenamiento de VR. Le dije que había escuchado eso antes, pero cuando le pregunté si me entrenaría, me respondió: "No." Pero me dio el teléfono de Lyn Buchanan. Me dijo: "Ese hombre te entrenará."

Finalmente encontré a Lyn, y en ese tiempo hice una cita para asistir a una clase en octubre. Me sorprendí. Sólo había otros tres en mi clase. Estaba esperando que hubiera como entre 15 y 20 personas en una clase. Me sorprendió lo personal que el entrenamiento podía ser.

En el primer día abordamos la terminología de la visión remota y tuvimos algunas discusiones sobre la naturaleza del tiempo. Los siguientes dos días realmente intentamos hacer algo de visión remota.

Se colocó un sobre en la mesa frente a mí y me pidieron describir el objeto o el lugar representado dentro del sobre. No soy presumido, pero sobresalí en todos mis intentos. Por ejemplo, mi objetivo final fue paracaidismo individual. Yo escribí "paracaidismo individual". Lyn me dio una gran ovación y dijo: "Felicidades John, estás en la estructura. Permanece siempre en ella y lograrás ser un gran vidente."

…No puedo decirte cuán ridículos encontraba a los individuos que se hacían llamar videntes remotos después de un curso de tres días sobre la materia. Seguro que ahora deben tener suerte, pero sólo a través del trabajo duro y de la contemplación seria, uno puede volverse un vidente que empiece a entender la complejidad y la interacción entre la mente consciente y la mente subconsciente, en relación con el tiempo y el espacio…

Pronto empecé a explorar la técnica de visión remota asociativa. Ésta es la manera de predecir resultados binarios en el futuro, es perfecto para las apuestas en el mercado accionario y en los deportes. Utilizaría dos fotos que representaran un resultado de un futuro y otro de otro. Por ejemplo, si los Yankees juegan contra los Medias Rojas, asociaría a cada equipo con una foto. Entonces me pediría a mí mismo describir la foto del equipo ganador después del juego. Como un vidente puede alterar el continuo del espacio tiempo, si lo hace correctamente, tendrá posibilidad de ver la foto del equipo ganador. Esto puede sonar fácil, y es seguro que a veces funciona encantadoramente. Sin embargo, hay muchos matices que tienes que tratar para hacer este trabajo correctamente en el tiempo.

Entrené con Lyn por unos años y tomé sus cursos básicos, intermedios y avanzados. Como con todo lo demás en la vida, si tu practicas una disciplina serás mejor en eso. Pero incluso después de cientos de sesiones y años de entrenamiento, todavía tengo buenos y malos días. Algunas veces las cosas diarias más simples, como un dolor de cabeza, la tensión o saltarse una comida, pueden afectar la visión.

Empecé a asistir a conferencias sobre visión remota y escuché a otros videntes ex militares. Conocí a Paul Smith, quien fue entrenado por el célebre mundialmente Ingo Sawnn, y que llegó a convertirse en instructor de teoría de la visión remota del ejército de EUA. Él también manejaba un servicio de instrucción como Lyn…

Le hablé a Paul de mi interés en la visión remota asociativa y me sugirió que regresara y que me reuniera con la vicepresidente de su servicio de entrenamiento, Gabriella Petingalle. La encontré graciosa e ingeniosa y se sabía su visión remota por dentro y por fuera. Nos llevamos bien desde el momento en que nos conocimos. Antes de que dejara su entrenamiento, me sugirió que trabajáramos juntos investigando visión remota asociativa. Estaba emocionado con aquella oportunidad. Habían pasado unos pocos años desde que vi el programa de televisión sobre visión remota y ahora me invitaban a unirme con los videntes ex militares.

Empezamos trabajando juntos e hicimos grandes avances. Paul Smith se nos unió, y los tres trabajamos juntos más de un año. Entonces, el 7 de junio de 2002, Paul Smith me habló y me informó que Gabriella se había matado en un accidente automovilístico. Estaba asombrado. En cierto modo lo sigo estando todavía. ¿Cómo podía haber sido? ¿Qué conocimiento podríamos obtener de eso?

Otro vidente ex militar que conocí, fue Mel Riley. Él era parte de la unidad de visión remota; es de trato muy gentil y de pocas palabras. Sólo habla cuando tiene algo que decir y cuando es realmente importante y pone a pensar. Mel me invitó a su casa y nos hicimos amigos. Tengo un profundo respeto por Mel y su adorable esposa, Edith. Nunca fui entrenado por nadie mejor que él. Mel me introdujo en las costumbres de los nativos americanos e incluso me acompañó a *powwows* indios en los que me explicó lo que se estaba desarrollando ante mis ojos.

Otros instructores de VR cobran miles de dólares por escucharlos. Mel no cobra nada. Sus lecciones han calado muy hondo en mi vida, como para atreverme a convertirme al catolicismo, digamos. Me convertí en una persona más espiritual gracias a él.

Pero la vida de uno cambia con la visión remota. He hablado con antiguos estudiantes que me han contado la misma historia de que sus vidas han cambiado después de seguir el proceso de entrenamiento. Esto puede sonar extraño y como una conspiración, pero algunos de ellos dicen haber sido visitados por seres de extrañas formas y que raras transmisiones simbólicas suceden en sus cabezas. Debo admitir que he tenido experiencias similares. ¿Se ha alterado mi cerebro de alguna manera? ¿Mi cableado cerebral se ha modificado para que sea posible que vea esas cosas? Realmente el mundo de mis sueños se ha alterado y para decir lo menos, es muy extraño.

Ingo Swann cree que la visión remota está adelantada 400 años para la humanidad y esto además será sorprendente y tomará ventaja de ciertos elementos. A través de la visión remota creo que en algún lugar de este planeta existen *gigabytes* de datos individuales sobre cómo la mente interactúa con el espacio y el tiempo. ¿Quién posee esa información? Aquellos individuos con presupuestos ilimitados y ninguna limitación como las sustancias químicas, pueden introducirse dentro del vidente para monitorearlo simultáneamente mediante un hipersistema de computadora que mapea el cerebro y el cuerpo. Desafortunadamente nunca oirás de esto, pues la información está muy *compartimentalizada*. No hay ninguna claridad sobre estos datos, que pueden conducirte al precio final: la verdad al desnudo.

En junio de 2002, tuve el privilegio de ser testigo de uno de los más extraordinarios ejemplos de visión remota. Ocurrió en cinco minutos en el atestado y ruidoso bar de un hotel. El vidente era John Kovacs. Las notas siguientes son mis notas originales hechas en la Conferencia 2002 de la Asociación Internacional de Videntes Remotos, del 14 al 16 de junio de 2002.

Como aficionado a cuestiones de la guerra civil siempre me dejó perplejo lo del famoso "grito rebelde". Habiendo nacido en Texas siempre escuché que el grito rebelde era una suerte de alto "¡Yeehaa!", el equivalente al "¡whoop!" de los vaqueros del medio oeste. Me dejaba perplejo por qué este bullicioso grito corría por la espina dorsal de los yankees, los hacía temblar y frecuentemente huir, como se registra en numerosos libros de historia.

Con la llegada del internet, visité un sitio que proporcionaba una grabación de los años veinte en la que uno de los últimos veteranos de la Confederación daba este grito rebelde. Era como un grito ululante, similar al aullido de un coyote o un lobo que se elevaba de tono y cobraba intensidad como el ulular de una sirena.

De pronto descubrí el miedo y la aprensión que podía provocar que 12 000 hombres avanzaran a bayoneta calada mientras daban este grito de guerra. Pero, ¿cómo puedo confirmar esto? Pronto asistiré a una conferencia de la Asociación Internacional Videntes Remotos. "Allí estaba mi oportunidad", pensé. Pero nadie quiso complacerme cuando le pedí a varios videntes si le echaban una mirada al grito rebelde. El día final de la conferencia, estaba sentado cerca de John Kovacs en el bar del hotel. Estaba atestado y ruidoso esa tarde. Sólo había lugar para estar parado. Los parroquianos casi gritaban para oírse entre el alto volumen de la música y la televisión a todo volumen.

Por si acaso, mencioné que tenía un objetivo para visión remota pero que nadie quería conducir una visión para mí. Le pregunté a John si lo haría, se encogió de hombros y accedió.

Por más de dos días había andado por todas partes con un programa de la conferencia con mi pregunta acompañada de una coordenada que le había agregado.

La pregunta que había escrito abajo del programa era: "Describe el sonido del grito rebelde como se dio en la batalla de Gettysburg en julio de 1863". Los números de las coordenadas que yo había asignado a esta pregunta eran 4281/2468.

Me senté viendo a la multitud alrededor mientras John se ponía un papel del hotel en frente y empezaba a mirar fijamente en el espacio. Rápidamente empezó a garabatear en las pequeñas hojas de notas, primero en una, después en otra. En cinco minutos, me dio siete hojitas de notas, llenas de letras y dibujos gruesos.

Con un suspiro le dije que no podía descifrar las hojas y le pedí que me escribiera un simple resumen. Le pasé una servilleta del bar. Escribió: "El objetivo es hecho por el hombre… plata, trompo, en constante movimiento, un lugar abierto y aireado, que es más grande de lo que parece, el movimiento es semejante al de un ciclotrón. Hay soldados vestidos de gris, el concepto del objetivo (blanco) es impulsar para aterrizar en el objetivo."

Estaba emocionado. En su primera línea, puede claramente imaginar los 12 000 hombres del general George Pickett avanzando con las bayonetas plateadas fijas a través del abierto, aireado y soleado campo en frente del Cementerio Ridge, todo el espectáculo, más grandioso que el retratado en los grabados y las fotografías. Mi pregunta —y la verificación de la grabación del viejo veterano— vino después con sus palabras "semejante a un ciclotrón". Un ciclotrón es un aparato que descarga partículas atómicas alternando el campo magnético y el movimiento circular. Ésta es la base de la sirena, la excéntrica manivela de las sirenas de asalto. El grito ululante del viejo veterano fue confirmado por la visión remota.

Las palabras: "soldados vestidos de gris" me confirmaron que Kovacs estaba en lo correcto en su objetivo. Su descripción del objetivo de la sesión o blanco —el grito rebelde— como "impulsar para aterrizar en el objetivo" de nuevo era perfecto. El grito era para infundir coraje en los hombres mientras se desmoralizaba al enemigo ayudando así a tener éxito en alcanzar el objetivo o blanco.

Estaba asombrado. Aquí hubo una sesión de visión remota casi perfecta hecha en las circunstancias más molestas y en cinco minutos. Esto es entonces la maravilla de la visión remota. Y recuerden, las pruebas de SRI demuestran que la VR no está limitada por el tiempo y el espacio, y que todos tenemos la habilidad de contactar con otros planos de la existencia, además del propio. Pero les advierto. Cambiará su vida.

GOBIERNO DE ESTADOS UNIDOS
CRONOLOGÍA DE LA VISIÓN REMOTA

1970. Se publica el libro de Sheila Ostrander y Lyn Schroeder, *Psychic Discoveries Behind the Iron Curtain* (*Descubrimientos psíquicos tras la cortina de hierro*).

1971. Ingo Swann y la doctora Janet Mitchell acuñan el término visión remota para describir un experimento, no una habilidad psíquica.

1972. La CIA se preocupa con la investigación soviética y contrata al doctor Hal Puthoff para que lleve a cabo estudios en el Stanford Research Institute (SRI).

1973. 23 de mayo. El proyecto SCANATE (mapeo por coordenadas) es iniciado en SRI. Según Ron McRae fue "el experimento científico más rigurosamente monitoreado en la historia". Se utilizaron verdaderas coordenadas geográficas.

1974. El psíquico Pat Price nombró el objetivo 20 minutos antes de que los investigadores llegaran, probando que la VR no está limitada por el tiempo o por el espacio. Price llevó a cabo esta proeza en siete de las nueve pruebas contra probabilidades calculadas de 100 000 a 1.

1975. La CIA acosada por los escándalos, deja caer SCANATE después de la muerte de Price.

1976. El jefe del equipo de Inteligencia de la Armada, el general Edward Thompson forma una unidad "negra", destacamento G o GRILL FLAME, para estudiar el uso de la VR en Inteligencia.

1977. La unidad queda bajo el mando del comando del ejército recientemente formado de Inteligencia y Seguridad (INSCOM).

1980. El coronel John Alexander publica "The New Mental Battlefield" en *Military Review*. Él dijo más tarde que estaba al tanto de los estudios psíquicos y que eran "reales y efectivos".

1981. El general de brigada Albert Stubblebine encabeza INSCOM, que informa al secretario de Defensa. La corta cadena de mando asegura la secrecía.

1983. Oficiales de Inteligencia militar empiezan a entrenar en SRI bajo las órdenes de Ingo Sawnn.

1984. El general Albert Stubblebine es reemplazado por el general Harry E. Soyster.

1985. La Defense Intellingence Agency (DIA) toma la unidad que es supervisada por el Technical Intelligence Directorate de la DIA.

1995. Un informe de Ray Hyman y Jessica Utts provoca un comunicado de prensa de la CIA. La conexión oficial del gobierno de los Estados Unidos con los resultados de la visión remota.

La pelota de "Bucky"

Objeto que se ve como un espejo metálico gris-plateado, tiene caras, es muy duro, como espejo liso, brilloso, estructura cristalina.

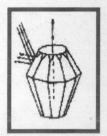

Cortesía de Jim Marrs

¿Una amenaza extraterrestre?

Nombrado así por los diseños geodésicos de Buckminster Fuller, varias de estas "pelotas de Bucky" fueron vistas en órbita alrededor de la Tierra. Son como del tamaño de una granada gigante. Se ha informado que estos multifacéticos objetos cayeron de órbita causando varios percances como la pérdida en 1993 de los cohetes *Titan 4* y *Mars 96*.

SOLDADO DE ATAQUE GRUÑÓN

El mayor de la armada David Morehouse quien dijo ser "el soldado raso de tropa de asalto, de cabeza afeitada, alto y tieso" nunca pensó que se convertiría en uno de los más precisos videntes remotos de los Espías Psíquicos. Sus facultades mentales se expandieron años antes cuando su casco fue golpeado por una bala mientras servía en el Medio Oriente.

Cortesía de
Jim Marrs

Cortesía de Jim Marrs.

A TRAVÉS DEL TIEMPO Y EL ESPACIO

Joe McMoneagle, uno de los espías psíquicos originales, también fue uno de los primeros en retirarse del ejército. McMoneagle escribió después de eso libros en los que describía sus experiencias de vidente remoto, que van desde el origen del género humano hasta el asesinato de John F. Kennedy.

Cortesía de
Joe McMoncagle.

BASES EXTRATERRESTRES EN LA TIERRA

El capitán del ejército Frederick "Skip" Atwater fue oficial de operaciones y entrenamiento de los Espías Psíquicos. Como prueba, una vez encargó a los videntes buscar cuatro bases extraterrestres en la Tierra, previamente identificadas por Pat Price. Para su asombro los videntes confirmaron la información de Price en relación con las bases extraterrestres.

EL VIDENTE NATIVO AMERICANO

El sargento del ejército Mel Riley, uno de los Espías Psíquicos originales, experimentó la visión remota cuando era un joven al que se le apareció un antiguo pueblo de indios norteamericanos mientras andaba de excursión, uno de los indios que apareció reconoció su presencia.

Cortesía de Skip Atwater.

Cortesía de Jim Marrs.

LAS OFICINAS DE LOS ESPÍAS PSÍQUICOS

Estas dos edificaciones de madera en terrenos del Fort Meade Marylands sirvieron como oficinas de los Espías Psíquicos por casi dos décadas. Utilizados anteriormente, durante la Segunda Guerra Mundial, como escuela de panadería, estas estructuras se tiraron a mediados de los noventa. Era aquí que los oficiales de inteligencia militar utilizaban métodos de pruebas de laboratorio para buscar secretos militares tras la cortina de hierro.

UNA VARIEDAD DE OVNIS

Cortesía de Jim Marrs.

Aunque no todos ellos hablaran abiertamente de esto, cada uno de los videntes remotos entrenados experimentaron de primera mano el conocimiento de objetos voladores no identificados. A algunos les fue encargada la tarea de buscar OVNIS, pero la mayoría se les cruzaron en sus experiencias psíquicas. Ellos informaron de una diversidad de tipos y también de una variedad de seres que los tripulaban. Estos son dibujos de algunos de los vehículos que observaron.

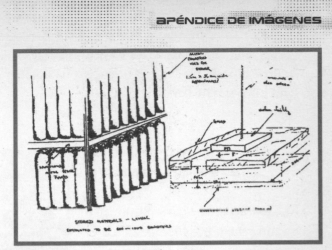

Pie de figura. Cortesía del gobierno de EU.

armas químicas en irak

Este dibujo de los Espías Psíquicos describe un almacén de armas químicas que pertenecía a Sadam Hussein. Los funcionarios del gobierno estaban temerosos de que Sadam Hussein pudiera haber dejado armas de destrucción masiva en la ciudad de Kuwait. Después de la Guerra del Golfo Pérsico envío a los Espías Psíquicos a buscar armas nucleares y biológicas. No se hallaron.

Cortesía de Jim Marrs.

el hombre desintegrado

Lyn Buchanan, un antiguo entrenador de los Espías Psíquicos, que enseña ahora visión remota en su casa de Nuevo México. Durante una misión al experimentar con armas secretas soviéticas en una instalación de pruebas, Buchanan se colocó a sí mismo en una partícula del rayo que emitía el arma.

Físicamente sintió los efectos de perder solidez y de convertirse en una corriente masiva de partículas, una experiencia que otros seres humanos no han tenido.

EL PADRE DE LA VISIÓN REMOTA

Cortesía de Jim Marrs.

El científico, psíquico y pintor Ingo Swann estuvo involucrado desde el principio en la visión remota, incluso acuñó el término. Un psíquico dotado naturalmente, aplicó estándares científicos al fenómeno y diseñó la visión remota por coordenadas como método de prueba. Los viajes mentales de Swann han ido de la Tierra a las estrellas.

¿EL MARS OBSERVER INTERCEPTADO?

Cuando el Mars Observer se perdió en agosto de 1995, los videntes remotos entrenados militarmente dijeron rápidamente que había sufrido el mismo destino que la nave soviética *Phobos II*, perdida en marzo de 1989, al entrar en órbita con Marte. En este dibujo de un vidente un dispositivo o antena del Mars Observer se muestra arriba en la esquina izquierda, y el planeta Marte es descrito como un globo en la esquina de abajo derecha, con anillos que representan capas de la atmósfera. Un extraño objeto rectangular (marcado con un círculo) se mueve desde Marte hacia el Mars Observer. Llegaron unos resultados impresionantes, cuando una visitante, ex cosmonauta soviética mostró una de las últimas fotos transmitidas a la tierra por *Phobos II*, que mostraban un objeto similar aproximándose a la nave.

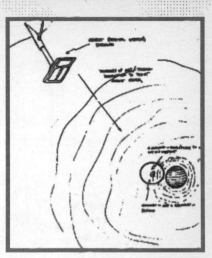

Cortesía del gobierno de EU.

RESULTADOS DE LA VISIÓN REMOTA

Cuando el autor Jim Marrs fue invitado a Nuevo México en octubre de 1992, para visitar la oficina de una compañía de visión remota, decidió tratar de probar por su propia mano este estudio gubernamental de los fenómenos psíquicos. A la izquierda de este dibujo está el plano del suelo de un complejo de oficinas de un solo piso que él logró "ver" antes de su viaje. Cuando llegó a Nuevo México Marrs se desilusionó de encontrar que la "oficina" era una casa en forma de rancho. Más de un año después, sin embargo, se quedó atónito de saber que la firma había de verdad instalado sus oficinas en un nuevo complejo y que el plano oficial del piso, a la derecha, se ajustaba cien por ciento a su dibujo; era de la llamada "área de recepción" y de la "sala de conferencias". Increíblemente, esta oficina había sido construida después de los intentos de Marrs en 1992.

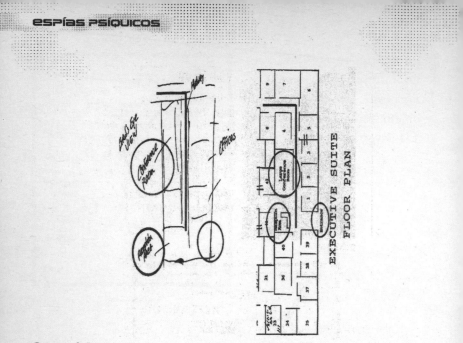

Cortesía de Jim

NOTAS

PREFACIO

1. R. Jeffrey Smith, "Pentagon Has Spent Millions On Tips From Trio of Psychics", *The Washington Post*, 29 de noviembre de 1995, p. Al.
2. Ibid.
3. Ibid.
4. J. Antonio Huneeus, "UFO Chronicle", *Fate*, vol. 46, núm. 9, septiembre, 1993, p.32.

CAPÍTULO 1

1. David Morehouse, entrevistas con el autor primavera y verano de 1993.
2. Registros de la Armada. Breve registro del oficial David Allen Morehouse, 2 de marzo de 1989.

CAPÍTULO 2

1. Ph. D. Richard S. Broughton, *Parapsychology: The Controversial Science*, Ballantine Books, 1991, p. 103.
2. Ibid.
3. Trent C. Butler (ed. gral.), *Holman Bible Dictionary*, Nashville, Tenn: Holman Bible Publishers, 1991, p. 1142.
4. Broughton, *op. cit.*, pp. 50-1.

5. Brad Steiger, *American Indian Magic: Sacred Pow Wows & Hopi Profecies*, New Brunswick, N.J.: Inner Light Publications, 1986, p. 114.

6. Steve Wall y Harvey Arden, *Wisdomkeepers: Meetings With Native American Spiritual Leaders*,Oregon, Beyond Words Publishing, 1990, pp. 32-33.

7. Arthur C. Parker, *The Indian How Book* Nueva York Hillsboro, Dover Publications, 1975, p. 286.

8. *The Missionary Society of St. Paul Apostle in the State of New York*, Native North American Spirituality Mahwa, N. J., Paulist Press, 1979, pp. 92-93:

9. Frederick W. Turner III, *I Have Spoken: American History Through the Voices of the Indians* Nueva York, Pocket Books, 1972, p. 153.

10. Justine Glass, *The Foresaw the Future: The Story of Fulfilled Prophecy*, Nueva York G. P. Putnam'Sons, 1969, p. 86.

11. Stephan A. Schwartz, *The Secrets, Vaults of Time: Psychic Archealogy and the Quest for Man's Beginnings* Nueva York, Grosset & Dunlap, 1978, p.207.

12. Glass, *op. cit.* pp. 32-35.

13. David Wallechinsky, Amy Wallace e Irving Wallace, *The Book of Predictions* Nueva York, Bantam Books, 1981, p. 346.

14. Ibid.

15. Glass, *op. cit.*, p. 95.

16. Ibid., pp. 96-98

17. Ibid., pp. 352-355.

18. Erika Cheetham, *The Prophecies of Nostradamus* Nueva York, G.P. Putnam'Sons, 1974; Edgar Leoni, *Nostradamus and His Prophecies* Nueva York, Bell Publishing Co., edición 1982.

19. Ibid.

20. Ibid.

21. Ibid.

22. Ibid.

23. Ibid.

24. Ibid.

25. Ibid.

26. Time-Life, *The PsychicsPsychics: Misteries of the Unknown*, Alexandria, Va., Time-Life Books, 1992, p. 74.

27. Broughton, *op. cit*, p. 55.

28. Colin Wilson, *The Supernatural* Nueva York, Carroll & Graf, 1991, p. 69.

29. Broughton, *op. cit.*, p. 56.

30. Wilson *op cit.*, pp. 81-88.

31. Ibid., p. 83.

32. Ibid., p. 87.

33. Ibid.

34. William Denton, *Soul of Things: Psychometric Researches and Discoveries*, Wellesley, Mass., Mrs. E.M.F., Denton Publisher, 1873, pp. 345-346.

35. Ibid., p. 273.

36. Broughton, *op. cit.*, p. 64.

37. Ibid., p. 65.

38. Ibid., p 67.

39. Wilson, *op. cit.*, p. 215.

40. Broughton, *op cit.*, p. 294.

41. Ibid., p. 72.

42. Michael Colmer, *Anglo American Spiritualist Ministries*, clearlight.com.

43. Tim Rifat, *Remote Viewing: The History and Science of Psychic Warfare and Spying*, Londres, Century, 1999, p. 66.

CAPÍTULO 3

1. Broughton, *op. cit.*, p. 98.

2. Ibid.

3. Ibid., pp. 102-105.

4. Ibid., p. 279.

5. Ibid., p. 296.

6. Ibid., p. 286.

7. Ibid., p. 286.

8. Ibid., p. 287.

9. Ibid., p. 288.

10. Hal Puthoff, entrevista con el autor, 23 de julio de 1993.

11. Ingo Swann, entrevista con el autor, 27 y 28 de julio de 1993.

12. Ingo Swann, *To Kiss Earth Good bye* Nueva York, Dell Publishing, 1975, pp. 118-119.

13. Ibid., pp. 218-219.

14. Ibid.

15. Ibid.

16. Peter Tomkins y Christopher Bird, *The Secret Life of Plants* Nueva York, Avon Books, 1973, p. 27.

17. Editores de los libros Time-Life, Psychic Voyages, Mysteries of the Unknown, Alexandria, Va., Time-Life Books, 1987, p. 39.

18. Swann, *op. cit.*, pp. 135-136.

19. Ibid.

20. Ingo Swann, "On Remote-Viewing, UFOs, and Extraterrestrials", Fate, vol. 46, núm. 9, septiembre de 1993, p. 76.

21. Swann, *loc. cit.*, p. 75.

22. Ibid., p. 78.

23. Ibid.

24. Ibid.

25. Russell Targ y Harold E. Puthoff, *Mind-Reach: Scientist Look at Psychic Ability*, Nueva York, Delacorte Press, 1977, pp. 18-19.

26. Ibid., p. 20.

27. Ibid., pp. 22-23.

28. Ibid., p. 24.

29. Ibid., p. 25.

30. Time-Life, Psychic Voyages, *op. cit.*, p. 41.

31. Targ y Puthoff, *op. cit.*, p. 26.

32. Ibid., pp. 26-27.
33. Ibid.
34. Ibid., p. 27.

CAPÍTULO 4

1. Ronald M. Mc Rae, *Mind Wars: The True Story of Government Research into Military Potential of Psychic Weapons*, Nueva York, St. Martin's Press, 1984, p. 32.
2. Time-Life, *The Psychic, op. cit.*, p. 71.
3. Shiela Ostrander y Lynn Schroeder, Psychic Dicoveries Behind the Iron Curtain Nueva York, Bantam Books, 1970, p. 6.
4. Ibid., p. 9.
5. Ibid., pp. 417-418.
6. Ibid., pp. 253-254.
7. McRae, *op. cit.*, pp. 33-34.
8. Ibid.
9. Ibid.
10. Ingo Swann, *Carta a Dr. Alex Imich*, 8 de noviembre de 1992. Copia de los archivos del autor.
11. Editores, *The New Enciclopedia Britanica*, 15ava edición revisada, Chicago, 1991, vol. 9, p. 147.
12. Martin Ebon, *Psychic Warfare: Treat or Illusion?* Nueva York, Mcgraw Hill Book Co., 1983, pp. 257-260.
13. Time-Life, *The Psychics, op. cit.*, p. 76.
14. Ibid., pp. 79-80.
15. Jack Anderson, "Psychics Kept on U.S. Payroll for Secrets Studies", *Washington Merry-go-round*, 12 de agosto de 1985.
16. Time-Life, *The Psychics, op. cit.*, p. 81.
17. McRae, *op. cit.*, pp. 99.
18. Ibid.
19. Kenneth A. Kress, "Parapsychology In Intelligence: A Personal Review and Conclusions", *Journal of Scientific Exploration* (enero

de 1999), p. 71. Este artículo fue originalmente publicado en el número de invierno de 1977 de *Studies in Intelligence*, una publicación interna clasificada de la CIA, abierta al público en 1996.

20. Targ y Puthoff, *op. cit.*, pp. 2-4.
21. Ibid.
22. Ibid.
23. Swann, *loc. cit.*, p. 79.
24. Ibid.
25. Ibid.
26. Targ y Puthoff, *op. cit.*, pp. 34-35.
27. Ibid.
28. Ibid., p. 36.
29. McRae, *op. cit.*, pp. 98.
30. Ibid.
31. Targ y Puthoff, op. cit., p. 37.
32. Ibid.
33. Ibid., p. 44.
34. Ibid., p. 47.
35. Ibid., p. 44-48
36. Ibid.
37. Ibid., p. 50.
38. Ibid.
39. Ibid., p. 50.
40. Russel Targ y Keith Harary, *The Mind Race Understanding and Using Psychic Abilities*, Nueva York, Villard Books, 1984, pp. 57-58.
41. Editores de Time-Life, *Pychic Powers: Mysteries of the Unknown* Alexandria, Va., Time-Life Books, 1987, p. 61.
42. Targ y Puthoff, *op. cit.*, p. 69.
43. Ibid., p. 71.
44. Ibid., p. 74-75.
45. Ibid., p. 79.

46. Ibid., p. 84

47. Ibid., p. 90.

48. Time-Life, *Psychic Voyages*, *op. cit.*, p. 32.

49. Targ y Puthoff, *op. cit.*, p. 61.

50. McRae, *op. cit.*, p. 102.

51. Ibid., p. 103.

52. Time-Life, *The Psychics*, *op. cit.*, p. 82.

53. McRae, *op. cit.*, pp. 111.

54. Ibid., p. 109.

55. Alan Vaughan, "Remote Viewing: ESP for Everyone", *Psychic Magazine*, julio-agosto, 1976, p. 32.

56. Kress, *op. cit.*, p. 79.

57. Russel Targ y Keith Harary, *op. cit.*, p. 58.

58. Ibid., p. 103.

59. *The Chicago Tribune*, 13 de agosto de 1977.

CAPÍTULO 5

1. Mel Riley, entrevista con el autor, primavera y verano de 1993.

2. Kress, *op. cit.*, p. 69.

3. Ibid.

4. Lyn Buchanan, entrevistas con el autor, 1993 1994 y 2007.

5. Jim Schnabel, "Tinker, Tailor, Soldier, Psi", *Independent on Sunday*, Londres, 27 de agosto, 1995, pp. 10- 13.

6. Registros militares de Riley. Copias del archivo del autor.

7. Presentación de Joseph McMoneagle en la Conferencia del Proyecto Awarness, Clearwater Florida, 14 de noviembre de 1999.

8. Joseph McMoneagle, *The Ultimate Time Machine*, Charlotsville, Va., Hampton Roads Publishing Company Inc., 1998, p. 37.

9. Lugarteniente coronel John Alexander, "The New Mental Battlefield: 'Beam Mc Up Spock'", *Military Review*, diciembre de 1980, p. 47.

10. Coronel John B. Alexander, mayor Richard Groller y Janet Morris, *The Warrior Edge: Frontline Strategies for Victory on the Corporate Battlefield* , Nueva York, Avon Books, 1990, p. 205.

11. Alexander, Groller y Morris, *op. cit.*, p. 48.

CAPÍTULO 6

1. Broughton, *op. cit.*, p. 103.

2. McMoneagle, *op. cit.*, pp. 20-21.

3. Editores de Time Life, *Psychic Voyages, op. cit.*, p. 32.

4. Paul Tyler, M.D. capitán retirado de la Marina de EUA Entrevista con el autor, 16 de agosto de 1993.

5. Daniel Druckman y John A. Swets (coord.), *Enhancing Human Performance*, Washington D. C., National Academy Press; 1988, p. 22.

6. Ibid., pp. 170-171.

7. Ibid., p. 171.

8. Ibid.

9. Ibid., p. 173

10. Ibid.

11. Ibid.

12. Broughton, *op. cit.*, p. 323.

13. Ibid., p. 324.

14. Coronel John B. Alexander, "A Challenge to the Report", *New Realities*, (marzo-abril), 1989, p. 10.

15. Ibid.

16. Ibid., p. 11.

17. Ibid., p. 12.

18. Ibid., p. 13.

19. Ibid., p. 12.

20. Ibid., p. 13.

21. Ibid.

22. Druckman y Swets, *op. cit.*, p. 252.

CAPÍTULO 7

1. Informes de las pruebas en los archivos de Morehouse.
2. Promocional de J. M. Davis Arms & Historical Museum, www. state.ok.us/~jmdavis/
3. GRILL FLAME "Documento de trabajo", 1 de agosto de 1980.
4. Ibid.
5. Ibid.
6. Ibid.
7. Ibid.
8. "Session Sumary" (resumen de la sesión), 6 de febrero de 1989. Copias de los archivos de David Morehouse.

CAPÍTULO 8

1. www.tvr-psitech.com/flash/topbar_menu.swf.
2. Mark Sauter, "Special Assignement: Psychic Spooks", KIRO News, Seattle, Washington, al aire en el otoño de 1990.
3. Ibid.
4. De la compañía de literature de PSI TECH.
5. McMoneagle, *op. cit.*, p. 29.
6. Títulos de los informes de PSI TECH. Copias del archivo del autor.
7. Ibid.
8. Ruth Sinai, "U. N. enlist psychic firm to find Iraqis' weapon sites", *The Washington Times*, 19 de noviembre de 1991.
9. Informe de PSI TECH, "Clandestine Iraqi Biological Weapons Facilities", 9 de noviembre de 1991.
10. Ibid.
11. Ibid.
12. Sinai, *op. cit.*
13. George G. Byers, entrevistas con el autor, 19 de mayo y 29 de agosto de 1994.
14. McMoneagle, *op. cit.*, p. 72.

CAPÍTULO 9

1. Howard Blue, *Out There*, Nueva York, Simon and Shuster, 1990, pp. 33-38.
2. Swann, *op. cit.*, p. 149.
3. B. Humphrey, "Swann's Remote Viewing Probe of Jupiter", SRI International Report (Menlo Park, Calif., 17 de marzo de 1980.
4. Targ y Puthoff, *op. cit.*, pp. 210-211.
5. *Time*, 19 de marzo de 1979, p. 87.
6. Targ y Puthoff, *op. cit.*, p. 211.
7. "Science News of the Week: The Strange and Cratered World of Mercury", *Sciences News*, vol. 105, 6 de abril de 1974, p. 220.
8. McMoneagle, *op. cit.*, p. 34.
9. Courtney Brown, Cosmic Voyage, Nueva York, Dutton, 1996, p. 76.
10. Informe final del proyecto "Atmospheric Ozone Depletion—Projected Consequences and Remedial Technologies", PSI TECH (12 de marzo de 1992).
11. Ibid., pp. 1-4.
12. Ibid.
13. Notas del autor durante el discurso de Atwater en el Congreso Internacional Annual de OVNIS, 5 de febrero de 1998.
14. Informe final, "Enigma Penetration: Soviet Phobos II Sapce Craft Imagen Anomaly", informe de PSI TECH (29 de septiembre de 1991), pp. 1-2.
15. Vicki Cooper, "The Business of Remote Viewing", UFO, vol. 8, núm. 3, 1993, p. 27.
16. Patrick Huyghe, "Martian Mystery: Is the Red Planet host to a third lunar body or UFOs?", *Omni*, mayo de 1993, p. 79.
17. Jack Vlots, "Soviet Photo of a UFO Near Mars", The San Francisco Chronicle, 7 de diciembre de 1991.
18. Ibid.
19. Associated Press, "New Weather Satellite Lost", *Los Angeles Times*, 23 de agosto de 1993.

20. Ben Iannota, "Titan 4 Motor is Prime Suspect", Space News, 23-29 de agosto de 1993, p. 1.
21. William F. Allman, "Alternative Realities: Beyond the top qurk lies a bizarre new realm of theoretical physics", *U. S. News & World Report*, 9 de mayo de 1994, p. 59.

EPÍLOGO

1. www.learnvcom/eddames.cfm.
2. John Kovacs, correspondencia con el autor, marzo de 2007.

APÉNDICE A

1. Ronald Mc Rae, *op. cit.*, p. 99.

Jim Marrs es originario de Fort Worth, Texas. Obtuvo una maestría en periodismo en la Universidad del Norte de Texas y un grado en el Tecnológico de Texas antes de seguir la carrera de periodista. Desde 1980 es escritor independiente, autor y asesor de relaciones públicas. También publicó un periódico semanal rural, junto con un tabloide de turismo mensual; tiene un programa de televisión por cable y varios videos.

Periodista ganador de premios, está en las listas de Quién es Quién en Estados Unidos y el mundo; ha sido galardonado con diversas distinciones de escritura y fotografía.

Es invitado frecuente en las principales cadenas de televisión abierta y por cable; y también en numerosos programas nacionales y regionales de televisión y de radio en Estados Unidos. Actualmente es miembro de la Society of Professional Journalists, Sigma Delta Chi, y del Investigative Reporters and Editors.

Es autor de los best sellers: Alien Agenda, Rule by Secrecy, The Terror Conspiracy y Crossfire, que sirvió como base de la película *JFK* de Oliver Stone.